마녀의 역사

History of Witchcraft

Future Publishing 지음
강영준 옮김

AK TRIVIA BOOK

Welcome to
⚜ HISTORY ⚜
of
WITCHCRAFT

마녀의 역사에 오신 것을 환영합니다

유행병, 전쟁, 종교 갈등. 격동으로 황폐해진 세상 사람들 앞에 더욱 큰 위협—말레피시움
(maleficium, 악의를 품은 마술)—이 나타났다. 그로부터 안전을 장담할 수 있는 인간은
없었으며, 누구든 마술을 쓴다거나 악마와 손을 잡았다고 비난받을 위험과 이웃하며
살았다. 왕비나 귀족도 예외가 아니었다. 이 책은 중세에서 근세까지 유럽과 미국 식민지에
피비린내 나는 소동을 일으킨 마녀사냥과 마녀재판의 전모를 파헤친다. 잉글랜드
랭커셔주 펜들 힐 지역에서 열린 재판부터 스무 명을 사형대로 보낸 광기의 세일럼
마녀재판까지, 마을을 집단 히스테리에 빠뜨린 공황과 파라노이아(강박관념)의 실체를
쫓으면서, 커닝 포크(잉글랜드에서 민간주술을 직업으로 삼는 사람들)는 실제로 어떤 도구,
재료, 마술서를 사용했는지, 또 위궤양과 같은 병에 어떤 약을 조합했는지 등을
살펴본다. 그리고 악마술 용의자를 닥치는 대로 벌하는 것을 사명으로 여긴, 악명
높은 자칭 '마녀사냥 장군' 매튜 홉킨스의 발자취를 쫓는다. 강렬한 일러스트와
풍부한 해설이 실린 이 책은 역사의 어둠에 관심이 있는 모든 사람들에게 적절한
안내서가 되어줄 것이다.

History of WITCHCRAFT

마녀의 역사

Contents

124

112

88

72

6 마녀사냥
마녀사냥이란 과연 무엇이었는가.
그리고 무엇이 이러한 참사를
일으켰을까.

12 마녀의 출현
마술에 대한 고대 세계의 믿음은
어떻게 왜곡되고 위험해졌는가.

18 15명의 가장 악명 높은 마녀
오늘날 우리가 알고 있는 마녀의
전설을 만든 사람들

26 타오르는 장작
중세 유럽에서, 왜 대중을
타락시키려는 어둠의 비밀결사가
두려움을 사게 되었을까.

30 왕들의 어머니 군힐드
군힐드의 전설은 현실과 환상이
뒤섞인 경계를 보여준다.

36 왕족의 마녀, 나바르의 잔
요술을 썼다는 혐의로 규탄당한
잉글랜드 왕비

40 성전기사단의 배신
성전기사단은 어떻게 규탄받고,
해산되고, 처형당했는가.

48 공작부인의 파멸
마녀로 비판 받으며 대중 앞에서
모욕을 당하고 평생 유폐되었던
공작부인.

54 백장미의 여왕 엘리자베스
우드빌과 흑마술
에드워드 4세와 엘리자베스 우드빌의
결혼 이면에는 정말로 요술이 작용하고
있었을까?

62 제임스 6세와 마녀들
스코틀랜드 왕 제임스 6세는
마녀들에게 무자비한 싸움을 걸었다.

70 스코틀랜드 플리커의 하루
17세기 스코틀랜드 마녀사냥꾼의 하루

72 펜들 힐의 공포
권력, 미신, 내분이 아름다운 펜들 힐
지역을 광란에 빠뜨리다.

78

26

12

40

82

현대 초기까지
계속된 의심과 미신

78 이웃한 망령
커닝 포크와 그 마력은 두려움을
사면서도 일상생활의 일부를
이루고 있었다.

82 비신성 로마 제국
독일은 어떻게 유럽 마녀사냥의
중심지가 되어갔는가.

88 암흑의 카리스마, 매튜 홉킨스
'마녀사냥 장군' 매튜 홉킨스는
점찍은 자를 악마의 수하라며
닥치는 대로 처벌했다.

96 마녀사냥꾼의 활동
마녀의 특정과 근절은 혼과
목숨의 구제가 달린 중대사였다.

100 마녀의 마술서
마녀가 예로부터 사용해온
주문이나 주술을 기록.

104 바스크 마녀재판
스페인의 바스크 지방에서
휘몰아친 마녀열.

110 뷔르츠부르크 마녀재판
사상 최악의 대량 마녀재판의 무대.

112 세일럼 마녀재판
혹독한 시련 속에 숨겨진 진실

**122 이성과 정의, 요술을 둘러싼
법의 역사**
수 세기에 걸쳐 죄와 벌에
대한 관점에 변화가 생기다.

124 요술의 종언
유럽의 마녀박해를 끝낸 계기는
무엇이었을까.

104

Witch hunting
마녀사냥

근세 유럽과 미국의 마녀사냥꾼들은
수천 명의 사람들을 고문하고 사형대로 보냈다.
그런데 마녀사냥이란 과연 무엇이었는가.
그리고 무엇이 이러한 참사를 일으켰을까.

아주 잠깐만 상상해 보자. 당신은 17세기 유럽의 농사꾼 여성이다. 남편을 여의고 유산으로 남겨진 작은 집에 살며 작은 밭에서 각종 채소와 약초를 재배하고 있다. 신심이 깊어 늙은 몸이 허락하는 대로 교회에 다니고 있으며, 밤에 숲에서 사탄의 지시를 받거나 '악마의 향유'를 등에 바르거나 소중한 가축에게 저주를 건다는 마녀의 이야기에는 딱히 관심이 없다.

얼마 전 마을 사람이 이교 신앙으로 고발당해 주교의 사자들이 재판소로 끌고 갔다. 하지만 이것은 어디까지나 마을에 떠도는 소문일 뿐 자신이 걱정할 일은 전혀 없다. 하지만 어느 날 아침, 교구의 제복을 입은 무장한 남자들이 집으로 찾아와 당신을 심문해야 하니 연행하겠다고 했다. 당신은 반론하려 했지만 그들은 들어주지 않았다. 분명 무슨 오해가 있을 것이다. 메인 스트리트를 건너고 이웃사람의 집 앞을 지나는 당신에게 마을사람들은 의심스러운 시선을 던졌다. 당신은 처음에는 당황하면서도 오해가 금방 풀릴 것이라고 믿었지만, 문득 방앗간 안주인도 이처럼 끌려가 요술의 혐의로 유죄를 선고받았다는 것을 떠올렸다. 그러자 공포심이 스멀스멀 올라와 생명의 위험을 느끼기 시작했다.

재판소에는 세 명의 판사와 기록 담당 서기가 한 명 있었다. 기록부에 당신의 이름이 적히고 기소 내용이 낭독되었다. 듣자하니 몇 년 전부터 알고 지내던 이웃사람이 자기네 우유를 당신이 요술로 썩게 만들었다고 교회에 보고한 모양이다. 이 농가 부부는 당신이 계절에 맞지 않는 비를 내리게 한 탓에 작물이 자라지 않았으며, 당신이 재배한 약초로 만든 미약 때문에 부부의 딸의 색욕이 자극됐다고 고발했다. 그래서 판사는, 요술은 특별한 죄지만 무죄라면 주께서 지켜주실 테니 당신에게는 변호사도 대변자도 필요 없다고 선고했다.

당신은 당연히 마녀라느니 죄를 저질렀다느니 하는 이야기를 부정했다. 말도 안 되는 소리다. 그 사람들과는 눈이 마주친 적도 없고 자신을 내쫓기 위해 마녀라고 고소하는 어리석은 사람들일 뿐이다. 그렇게 부인한 당신의 발언은 기록되기는 했으나 요술을 매우 중대한 죄라고 여기는 재판소는 솔직하게 자백하면 관대한 형을 내리겠다고 제안했다. 당신은 거래에

근세의 가혹한
마녀사냥의 시대 동안
7만 명 가까운 사람들이
처형당했다고 추측된다.

스코틀랜드
1715년
불운한 케이트 네빈이 최후의 마녀로 처형당했다. 3주에 걸친 수색 끝에 체포되어 화형을 당했다.

뉴잉글랜드
1662년
수십 년 동안 마녀사냥이 벌어졌고 그중에서도 세일럼 마녀재판은 특히 악명 높은 마녀사냥이다. 수년 동안 열린 하트포드 마녀재판은 마녀재판의 논리적 근거를 보여주는 흥미로운 케이스다.

덴마크
1590년
개신교도 스코틀랜드 왕 제임스 6세(훗날의 잉글랜드 왕 제임스 1세)는 새 아내 아나 애 단마르크를 맞이하러 가는 항해 중, 악천후를 만났다. 태풍은 마녀의 탓이라 하여 바로 재판이 열리고 용의자들이 처형당했다.

잉글랜드
1612년
잉글랜드사상 가장 악명 높은 마녀재판, 펜들 마녀재판에서 10명이 사탄 숭배 의식에서 살인을 저질렀다는 혐의로 처형당했다.

잠비아
1935년
밤카피라 불리는 '마녀사냥꾼'이 벰바족 마을에 출몰해 용의자들을 재판하여 마을 사람들을 공포에 빠뜨렸다.

악명 높은 세일럼 마녀재판의 모습

응하지 않고 규탄을 부정했기 때문에 추가 심문을 위해 감금실로 끌려갔다. 그곳에서 특별히 임명된 행정관이 당신의 옷을 벗기고 몸에 숨겨진 마녀의 증표를 수색했다. 당신의 엄지를 바이스 같은 장치에 끼우고 조이면서, 자신이 마녀임을 인정하느냐고 다시 물었다. 첫날은 극심한 고통을 견디면서 고문에 굴하지 않았다. 지레로 팔다리가 벌어지고 관절이 빠지자 엄청난 고통 때문에 눈이 핑핑 돌았다. 그러자 그것이야말로 사탄에게 도움을 구하는 확고한 증거로 받아들여졌다. 결국 당신은 어쩔 수 없이 자백한 뒤 바로 다음날 다른 다섯 마녀들과 짐마차에 올라타 화형대

"이교의 로마법은, 문명을 덮치는 재난의 대부분은 주술이 원인이라고 믿었다"

로 보내졌다.

고대부터 마녀사냥이 휘몰아친 시대까지 수 세기 동안 권력자들은 요술을 사회를 위협하는 어리석은 미신으로 여겼다. 8세기 이탈리아의 기독교도 왕 카롤루스 대제(Carolus Magnus)는 요술을 믿는 자들을 비웃고 마녀를 화형에 처한 자를 처형했다. 마찬가지

로 11세기 덴마크의 하랄 2세(Harald II)의 궁정에서는 요술을 믿는 것을 요술 자체보다 위험하다고 여겨 마녀사냥꾼들을 엄벌에 처했다.

중세에는 요술이 허용되었기 때문에 비웃음당하거나 벌을 받는 일은 드물었다. 신고당해도 기껏해야 죄목에 따라 투옥되거나 벌금을 내는 정도였으나 12세

인도
2011년
많은 개발도상지역에서는 여전히 미신과 요술을 믿고 있다. 인도에서는 60대 노인 세 명이 흑마술을 썼다는 혐의로 집단 린치를 당해 살해당했다.

사우디아라비아
현재
사우디아라비아 당국은 흑마술을 신성모독과 마찬가지로 엄벌에 처하고 있다. 요술을 쓴다고 여겨진 자(대체로 여성)는 예외 없이 참수형에 처한다.

기 가톨릭교회의 이단 심문이 시작되자 상황이 완전히 달라졌다. 본디 이단 심문은 교회에서 일탈하여 로마의 권력을 위협하는 세속신앙을 노린 처치였으나 14세기 초에는 범위가 확대되어 요술을 교조로 받아들인 기독교 분파 등, 요술사도 심문의 대상이 되었다. 프랑스의 카타리파도 그중 하나여서 가톨릭교도들은 사탄의 교회라 불렀다.

중세 후기가 되면 가톨릭 신앙으로 정해지지 않은 마술은 더더욱 위험해졌다. 1484년, 교황 인노첸시오 8세(Innocentius Ⅷ)가 유아를 살해한 악마숭배자를 단죄하는 내용의 칙서를 발표한 직후, 독일에서는 요

술을 몰아내기 위해 두 종교 재판관, 야콥 슈프랭거(Jacob Sprenger)와 하인리히 크라머(Heinrich Kramer)를 임명했다. 그들은 당시 막 발명된 인쇄기를 바로 이용해 『마녀를 심판하는 망치(Malleus Maleficarum)』를 간행했다. 요술과 마녀에 관한 이 전문서는 악명을 떨쳐 큰 영향력을 미치게 되었다. 요술이 실존함을 입증하고, 요술을 판별하고 박해하기 위해 관리들을 교육하며 재앙의 대가를 여성들에게 떠넘기는 것을 목적으로 삼아 폭넓은 독자층을 얻었다. 그러나 몇 년 지나지 않아 가톨릭교회에서 경원시되었다. 가톨릭교회가 눈엣가시로 여기던 세속신앙과 엮여 인기를 누

렸기 때문이다. 하지만 종교개혁이 다가오면서 이 책 및 유사 서적들은 가톨릭교회와 교황청이 금지했기 때문에 개신교 교회에게 정당하다고 인정받았고, 마녀사냥의 유행은 박차를 가했다. 유럽 각지에 개신교 교회가 설립되면서 마녀사냥이 본격적으로 벌어졌으며 덴마크와 스코틀랜드 등 수많은 왕실이 힘을 보탰다. 종교탄압으로 탄력을 받은 히스테리가 파도가 되어 밀려와 처형자가 급증했다. 여성들은 '질병, 죽음, 재앙(자연재해, 그 외)을 일으켰다', '마을 외곽에 살고 있다', '이상한 사람으로 보인다', '이방인이다'라는 이유만으로, 혹은 우연히 장소와 타이밍이 좋지 않아 마

당신의 마녀도를 체크

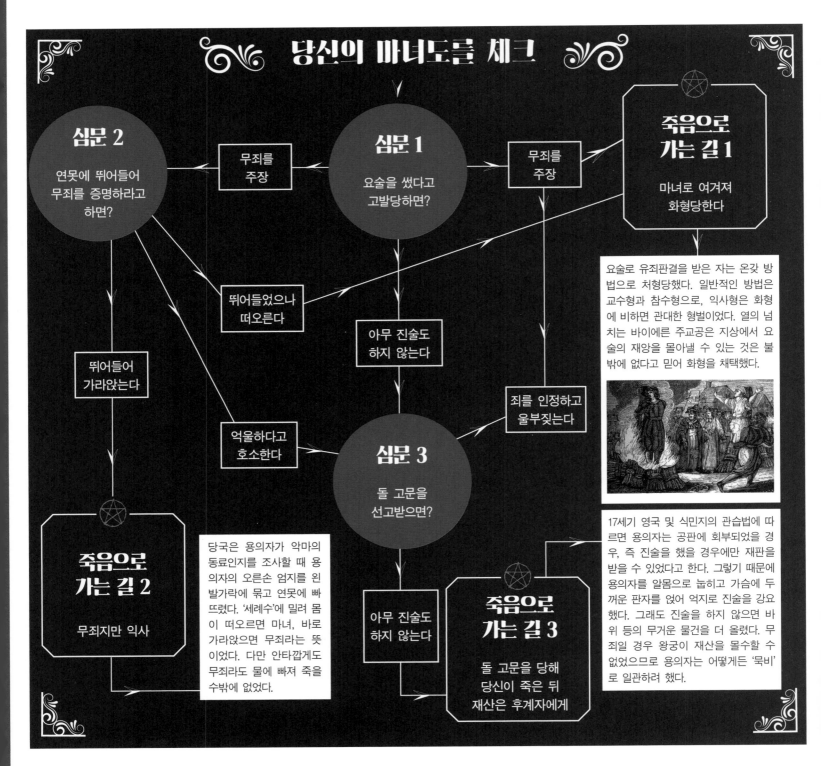

심문 2

연못에 뛰어들어 무죄를 증명하라고 하면?

심문 1

요술을 썼다고 고발당하면?

죽음으로 가는 길 1

마녀로 여겨져 화형당한다

무죄를 주장

무죄를 주장

뛰어들었으나 떠오른다

아무 진술도 하지 않는다

요술로 유죄판결을 받은 자는 온갖 방법으로 처형당했다. 일반적인 방법은 교수형과 참수형으로, 익사형은 화형에 비하면 관대한 형벌이었다. 열의 넘치는 바이에른 주교공은 지상에서 요술의 재앙을 몰아낼 수 있는 것은 불밖에 없다고 믿어 화형을 채택했다.

뛰어들어 가라앉는다

억울하다고 호소한다

죄를 인정하고 울부짖는다

심문 3

돌 고문을 선고받으면?

죽음으로 가는 길 2

무죄지만 익사

당국은 용의자가 악마의 동료인지를 조사할 때 용의자의 오른손 엄지를 왼 발가락에 묶고 연못에 빠뜨렸다. '세례수'에 밀려 몸이 떠오르면 마녀, 바로 가라앉으면 무죄라는 뜻이었다. 다만 안타깝게도 무죄라도 물에 빠져 죽을 수밖에 없었다.

아무 진술도 하지 않는다

죽음으로 가는 길 3

돌 고문을 당해 당신이 죽은 뒤 재산은 후계자에게

17세기 영국 및 식민지의 관습법에 따르면 용의자는 공판에 회부되었을 경우, 즉 진술을 했을 경우에만 재판을 받을 수 있었다고 한다. 그렇기 때문에 용의자를 알몸으로 눕히고 가슴에 두꺼운 판자를 얹어 억지로 진술을 강요했다. 그래도 진술을 하지 않으면 바위 등의 무거운 물건을 더 올렸다. 무죄일 경우 왕궁이 재산을 몰수할 수 없었으므로 용의자는 어떻게든 '묵비'로 일관하려 했다.

녀라고 비난받았다. 고발 동기도 독단적이어서 마녀가 공동체에 재앙을 일으켰다고 정말로 믿었던 경우도 있는가 하면 권력자의 사회 통제나 피고의 재산을 몰수하는 것을 노린 악의적인 사례도 있었다. 스코틀랜드의 마녀사냥 유행은 18세기까지 이어졌는데 대상은 미신에 빠진 괴짜부터 사탄에게 영혼을 팔고 사바트라 불리는 반기독교 미사를 벌인 위험한 악마 숭배자까지 폭넓었다. 1563년부터 약 150년 동안 요

술은 불법이었다. '플리커(바늘 꽂는 사람)'가 마녀를 밝혀내는 데 활약했는데, 마녀 혐의를 받은 여성의 몸을 바늘로 찔러 피가 나오지 않으면 고발이 정당하다는 증거였다.

고문은 재판을 통해 바로 혐의가 풀리지 않은 여성들에게서 정보를 쥐어짜기 위한 상투수단이었다. 마녀재판의 절정기에 증거 경시와 불합리한 히스테리가 횡행한 것은 사실이나 고문은 꼭 독단적으로 벌어지지

는 않았으며 정해진 절차가 있었다. 일반적으로 고문의 강도와 잔인성은 단계적으로 높아졌다. 모든 심문은 서기가 관찰하고 기록했는데 여기에는 자백을 받아내고 고문 없이도 피고가 진술을 반복하도록 하겠다는 목적이 있었다. 피고는 유죄로 추정되었으며, 누차 자신의 무죄를 주장한 사람이라도 오래도록 끔찍하고 잔인한 짓을 당해 극심한 고통에 결국 시키는 대로 죄를 인정했다. 고문을 당하고 무죄 판결을 받

세일럼 마녀재판

1692년, 청교도(Puritans)가 사는 뉴잉글랜드의 세일럼에서 역사상 가장 악명 높은 마녀재판이 몇 달 동안 벌어졌다. 한 의사가 목사 새뮤얼 패리스의 딸과 조카에게 마녀가 저주를 걸었다고 진단해 세일럼 마을에 비난의 소용돌이가 몰아쳤다.

그녀들을 비롯한 사람들의 모호한 증언은 사태에 박차를 가해 여성은 물론 남성과 아이 하나를 포함한 150명 이상의 사람들이 말려들었다. 재판은 촌극이나 다름없었으며, 증인이 일시적 흥분이나 환각에 빠지면 피고의 짓으로 여겨지고 이것이 결정타가 되어 유죄판결을 받았다.

피고 150명 중 여성 14명과 남성 4명이 교수형을 당한 한편, 지극히 냉정한 자일스 코리라는 남성은 한 마디도 진술하지 않아서 가슴을 돌로 누르는 고문을 받았다. 이틀 뒤 그는 목숨을 잃었으나 마지막까지 굴하지 않았다. 광기의 소용돌이가 몰아치고 5개월 뒤, 매사추세츠 총독은 세일럼 마녀재판을 해산시켰고, 신용도 높은 증언에 따른 심리가 이루어져 판결을 기다리던 수많은 사람들이 방면되었다.

순회재판소 (Oyer and Terminer)
매사추세츠 총독이 임명한 특명관리가 신뢰할 수 있는 세일럼 주민에게서 원고 측의 증언을 듣고 피고에게 판결을 내린다.

배심원 (Jury)
특명관리와 마찬가지로 배심원도 세일럼 주민 중에서 선택되었다. 대배심원이 기소를 결정했을 경우 피고는 순회재판소에서 다른 배심원과 대치하게 된다.

피고 (Defendant)
애석하게도 세일럼 마녀재판에서 피고는 단순한 부랑죄나 눈에 띈다는 것만으로 유죄판결을 받았다.

증인 (Witnesses)
세일럼 마녀재판에서는 피고가 동석할 때 증인이 흥분이나 환각상태에 빠지면 유죄판결은 확정된 것이나 다름없었다. 이러한 일은 빈번히 일어났다.

> "고문은 재판으로
> 바로 혐의가 풀리지 않은 여성들에게서
> 정보를 쥐어짜기 위한 상투수단이었다"

는 일은 지극히 드물었다.

1542년 요술금지령이 반포되자 잉글랜드에서는 마녀를 엄벌에 처하게 되었다. 금지령은 1562년과 1604년에 수정되어 '성직자 특전'(성경을 읽을 수 있는 자에게는 모두 주어졌다) 등의 규칙이 폐지되었다(그 결과, 성직자도 재판을 받게 되었다). 1612년의 펜들 마녀재판은 잉글랜드의 가장 유명한 마녀재판으로 10명(대부분 여성)이 교수형을 당했다. 개신교도인 잉글랜드 왕 제임스 1세(James 1)는 요술을 특히 눈엣가시로 여겨 박멸에 힘썼다. 그 때문에 성찬식을 위해 잉글랜드 국교회 미사를 거절한 랭커서주 펜들 힐 지역의 경건한 가톨릭교도가 현지의 치안판사 로저 노웰(Roger Nowell)에게 주목받게 되었다. 노웰이 조사한 결과, 이러한 자들이 개신교도에게 마녀로 간주된다

는 것이 판명되었다. 그녀들은 공동체에서 병을 치료하거나 약을 처방했는데 17세기에 이렇게 생계를 꾸리는 것은 지극히 평범한 일이었다. 드바이스라는 집안에서 세 명을 소환한 노웰은 마찬가지로 조약과 주문이 생업인 라이벌 차톡스 집안이 동네에서 네 사람을 죽였다는 이야기를 듣는다. 차톡스 집안도 출두를 명받자, 마을에서 고발과 변호의 응수가 벌어져 10명이 유죄판결을 받고 교수형을 당했다.

유럽의 다른 지역과 북미의 식민지에서도 똑같은 사태가 벌어졌다. 독일에서는 메르가 비엔(Merga Bien) 부인이라는 임신한 여성이 남편을 저주해 죽이고 악마의 아이를 배었다는 혐의로 유죄 판결을 받고 사형됐다. 덴마크에서는 북해에서 왕실의 배가 전복당할 뻔해 장비부족 책임을 지게 된 대신이

마녀에게 책임을 전가했다. 마녀 중 하나로 여겨진 안나 콜링스(Anne Collings)는 태풍을 일으켰다고 고발당해 유죄판결을 받고 화형당했다.

18세기가 되어 드디어 이성과 과학의 시대가 찾아왔다. 갈릴레오와 뉴턴을 비롯한 신진기에 천문학자와 과학자는 미신이 아닌 관찰을 통해 세상의 섭리를 확인하는 경험중시세대를 열었다. 요술을 믿거나 '마녀'를 박해하는 일은 빈축을 사게 되었으며 훨씬 관대한 문화가 도래했다.

조지 2세 통치기에 반포된 1735년의 요술행위 금지령은 자신이나 타인에게 마력을 가지고 있다고 한다거나 마녀로 부르는 것을 위법으로 정했다. 이에 타국도 뒤따라 2세기 동안 이어진 광기에 종지부가 찍혔다. 근세의 가혹한 마녀사냥의 시대를 거쳐 7만 명 가까운 사람이 처형당했다고 추정되나, 공식적으로는 1만 2천 건 정도밖에 기록되지 않았다.

The Dawn of the Witch

마녀의 출현

고대에 마법은 일상생활의 일부였으나,
문화가 발전하고 새로운 종교가 등장하면서
요술이라는 개념도, 요술을 실천하던 사람들도
사악하고 악마 같다는 인식이 생겼다.

현대에는 거의 모든 문화에 마녀라는 개념이 확인된다. 사소한 차이는 있으나 마녀는 대체로 어둡고 사악한 무언가, 무시무시한 무언가를 상징한다. 하얀 옷을 두른 무구한 처녀와는 대조적으로 마녀는 늙고 추하며, 솥 앞에서 허리를 굽히고 있고 무방비한 희생자에게 재앙과 다툼을 부를 계략을 꾸미고 있다. 마녀는 여성의 어두운 면을 상징하며, 착란에 빠졌고 강대한 힘을 지니고 있다. 마녀는 감당할 수 없는 여성이라는 뜻이다. 이러한 마녀의 이미지는 새로운 것이 아니라 마녀가 조합하는 약처럼 오랜 세월 동안 신화, 종교, 탄압이 섞여 달여진 것이다. 초기의 마녀는 지금의 사악한 이미지와는 달리 병을 치유하고 사회를 지키는 존재였다. 예컨대 고대 중동에서는 여신을 숭배했으며, 전문

> 예술가들은
> 마녀에게 인간을
> 동물로 바꾸는 힘이
> 있다고 주장하여
> 마녀사냥의 열기를
> 부추겼다

훈련을 받은 여성들이 여신을 중심으로 신성한 의식을 치렀다. 지혜로운 고대의 마녀들은 사회에 꼭 필요한 존재여서 왕과 매우 가까웠고 군대의 의뢰를 받아 신성한 의식을 치렀으며, 출산할 때도 힘을 보탰다. 고대사회에서 이렇게나 존경받고 숭배되던 마녀는 어떻게 오늘날처럼 요사스러운 악인으로 변화하였을까.

마녀라는 존재가 어떻게 변화했는지에 대해서는 여러 설이 있다.

하나는 인도, 유럽의 선조 일족이 서방으로 확대되면서 전사, 싸움, 사나운 남신 중심의 남성우위 문화가, 이전에는 우세했던 온화하고 수동적인 여신 숭배를 대신했다는 설이다. 현대에도 인도, 유럽의 조상에 대해서는 불명확한 점이 많은데 남성우위사회와 종교가 발전하면서 마법과 마법을 쓰는 여성들에 대한 시선이 바뀌어간 것은 확실하다.

고대 로마에서는
초기 기독교도가
흑마술로
규탄받기도 했다.

에덴동산 이야기에는 여러 버전이 있는데
유혹하는 뱀이 여성의 모습으로 그려지는
경우도 있다.

라미아는 악마와 결부되어 뱀과 함께 그려지는 경우가 많다.

키르케는 강력한 마법으로 남성에게서 힘을 빼앗는 이기적인 여성으로 여겨졌다.

그리스 비극시인 에우리피데스의 희곡에서 메데이아는 복수심에 사로잡혀 자신의 아이를 죽인다.

마녀에 대한 시선의 변화를 구체적으로 알아보는 가장 좋은 방법은 신화 속 등장인물에 주목하는 것이다. 마법을 다룰 수 있는 신비로운 여성들은 많은 고대신화에 공통으로 등장하는 원형이 되었다. 유대신화에 등장하는 릴리스는 이런 위험한 '마력을 지닌' 여성의 원초적 예시로, 아이를 유괴하는 분방한 밤의 악마다. 그녀는 아담을 유혹하지만 그에게 헌신하기를 거절하고 에덴동산을 떠났다고 한다. 무섭도록 강대한 존재이며 지닌 힘으로 사람들을 괴롭혔다. 남성중심 종교가 이러한 이야기를 이용했기 때문에 요술을 전수하는 행위는 이 교숭배에 버금가는 위험한 범법행위가 되었다. 여신숭배 사회와 조우한 유대교는 이렇게 자신의 종교의 우위성을 확립했다.

그리스 신화에도 마법을 쓰는 여성이 여럿 등장하지만 릴리스처럼 백안시되지는 않았다. 고대 그리스 신화에 등장하는 마녀 메데이아는 이아손에게 주문, 약, 마법을 전수하여 모험을 도왔다. 메데이아와 이아손은 결혼하고 두 아이를 낳는다는 해피엔딩을 맞이했으며, 그녀는 남성 영웅에게 마력을 주는 조력자의 위치에 있었다. 이 이야기에서 마법은 이아손의 성공을 돕는 긍정적인 것이며 마법을 전수하는 여성은 끝까지 겸허하게 행동한다. 그녀에게 영웅을 돕고 결혼하고 아이를 낳는 것은 의무였다. 키르케가 보여주는 마녀상은 다르다. 『오디세이아(Odyssey)』에 등장하는 키르케는 오디세우스의 부하들을 돼지로 바꿔버리는 위험한 여성으로, 약을 쓰며 지팡이로 마법을 걸고 자신의 모습을 감출 수도 있다. 하지만 오디세우스는 남신 헤르메스에게 받은 마법 약으로 그녀를 이겼다. 반항적인 키르케도 결국 오디세우스에게는 마법을 쓰지 않겠다고 맹세한 뒤 그의 부하들을 대접하고 오디세우스와 맺어졌다. 강력한 여성이 남성을 계략에 빠뜨리려 하나 마지막에는 연인, 아내로서 '걸맞은' 입장을 받아들인다.

그리스 신화에는 흉포한 충동을 억누르지 못하는 마녀라는 부정적인 이미지도 그려졌다. 라미아는 원래 아름다운 여왕이었으나 아기를 잡아먹는 무시무시한 마물로 변해버렸다. 뱀의 꼬리와 같은 하반신에 착란한 악마와 같은 라미아의 모습을 그린 그림도 있으며 어머니들이 자식들을 혼낼 때 말을 잘 듣지 않으면 라미아가 온다고 겁을 줄

성경에 등장하는 죽은 자를 부르는 엔돌의 마녀는 신학자들의 논쟁의 대상이 되었다.

"마법을 다룰 수 있는 신비로운 여성들은 많은 고대신화에 공통으로 등장하는 원형이 되었다"

키르케의 궁전에 도착한 오디세우스를 그린 작품.

마녀들의 이신, 헤가테

초기 그리스 신화에서 헤카테는 황야와 출산을 관장하는 여신이었으나 시간이 흘러 마술의 여신, 망령의 여왕으로 받아들여졌다. 보통 머리가 셋 달린 모습으로 그려지는데 이것은 달, 대지, 명계, 처녀, 노파와 같은 그녀의 다양한 면모를 나타낸다. 마술을 관장하는 여신 헤카테에게는 악령을 물리치는 힘이 있다고 믿어져서 건물의 출입구나 성문에 그려졌다. 하지만 반대로 화내게 하면 악령을 부른다는 잘못된 설이 퍼져 이세상과 저세상의 경계를 지키고 있다고 여겨지게 되었다. 기독교들이 주장한 강력한 마녀라는 개념은 완전히 부정적인 것이 되어 암캐나 뱀과 결부되었으며, 검은 개로 변신하는 능력은 더욱 악마적인 성격을 키워 마녀는 자유롭게 변신할 수 있다는 설을 만들어내었다. 15세기경 헤카테는 마녀들의 숭배대상이 되어 모든 마녀의 여신이라는 이미지가 사회에 녹아들었다. 셰익스피어의 희곡 『맥베스』에도 '마녀들은 창백한 헤카테에게 제물의 의식을 치른다'는 대사가 있다.

릴리스의 이야기는 아름답고 방종한 여인에게 빠지지 말라고 남성들에게 경고하고 있다.

네오 페이거니즘(신이교)에서 헤카테는 특별한 존재였다.

만큼 두려움을 샀다. 이러한 끔찍하고 오싹한 여성의 이야기가 사회에 침투한 탓에 마법과 마법을 다루는 여성들의 이미지가 나빠졌다는 것은 쉽게 상상할 수 있으리라.

그러나 그리스인이 마법을 마냥 적시하지는 않았다. 신들의 힘을 기원하는 의식에서는 독특한 종교적 마법이 쓰였다. 그들이 눈엣가시로 여긴 것은 오히려 분수를 모르는 여성으로, 마법 약을 팔거나 주문을 외웠다는 것만으로 사형을 당한 여성의 사례도 있다. 그리스인은 마법의 힘을 굳게 믿고 두려워한 나머지 사회에서 마법을 근절하려 했다. 신에게 드리는 예배 등 국가가 통제하는 마법과는 별개로 하층계급, 특히 여성이 마법을 다루는 것을 위험시했으며 일반사회는 그녀들을 괴짜로 보았다.

그리스 신화의 영향을 강하게 받은 로마 문화에서도 악마적인 존재와, 선량하고 순종적인 어머니와 같은 마녀라는 공통개념은 뿌리 깊게 남았다. 로마인도 마술을 당당하게 인정하고 국교의 일부로 받아들여서 많은 사람들이 마법이 제국에 번영을 가져온다고 믿었다. 종교는 유력 계층이 관리하여 로마법과 직접 결부되었다. 마력을 지녔다고 자칭하는 종교나 종파도 등장하였으나 이는 로마의 가부장적 권력의 균형을 해칠 위험이자 모독적인 존재로 받아들여졌다.

> 라미아는 눈을 뺄 수 있다고 하며 그 때문에 예언능력이 있다고 믿어졌다.

여성은 힘으로는 남성을 이기지 못하지만 마법과 종교를 이용하면 반항할 수 있다. 과거의 그리스인이 그랬듯 로마인도 힘을 가진 여성을 무엇보다 싫어했다. 남성도 여성도 요술을 사용하였으나 박해의 대상은 여성이었다.

로마법에서는 흑마술이나 이를 부리는 자를 단죄하고 요술로 작물을 시들게 하거나 병을 유행시킨 자에게는 중죄를 물었다. 로마 사람들은 마녀에게

이집트 문명으로 촉발된 일부 그리스 문학에서는 헤카테는 개, 뱀, 말의 머리를 지니고 있다고 한다.

키르케는 오디세우스에게 마법을 걸기 위해 약을 주었다.

MAGIC IN THE ANCIENT WORLD
고대의 마술
마술은 원초문명 시절부터 존재했다

이스라엘

고대 유대교에서 마술은 표면상 금지되었으나 헤브라이 문화에는 현대인의 관점에서 '마술'로 분류될 수많은 사상이 목격된다. 비약 조합이나 주문도 발견되었으며 액막이나 다양한 부적, 주발(악령으로부터 몸을 지키기 위해 주문을 새긴 사발), 주술을 통한 의술의 흔적이 확인되었다. 유대교 지도자들 중에는 이러한 행위를 금지하는 자도 있었으나 보통은 금지하기는커녕 응용했다.

이집트

요람부터 무덤까지, 고대 이집트에서는 온갖 상황에서 마술을 이용했다. 부적, 의식, 마력을 품은 그림이 일상생활에 받아들여지고 신관은 고도의 목적을 위해 마술의 신인 헤카테에게 힘을 보태 달라고 기원했다. 마술과 의술은 떼려야 뗄 수 없는 관계로, 주술의사와 마술사가 협력해 '초자연적'으로 병이 치유되기를 신들에게 기원했다.

나일강이 매년 범람하는 것은 이시스가 오빠이자 남편인 오시리스를 위해 눈물을 흘리기 때문이라고 믿었다.

독을 만들고 죽음을 불러오고 날씨를 좌우하고 변신마저 하는 능력이 있다고 믿었다. 마녀의 화형은 로마 시대까지 거슬러 올라가지만 빈번하게 집행된 것은 기독교 시대였다. 로마의 통치자에게 요술 탄압은 이교로 귀의한 자 등 여러 바람직하지 않은 인간들을 처분할 더없는 기회였다.

탁월하고 경이적인 신 이시스의 숭배는 한창 발흥하던 초기 기독교의 기세를 꺾을 정도의 영향력이 있었다. 이시스는 이집트뿐만 아니라 로마 제국 각지에서 숭배되었으며 완벽한 어머니이자 아내면서 마력을 품은 여신이다. 신화에 흔히 나오는 부정적인 이미지와는 달리 이시스는 마법을 부리는 여성의 이상적인 모습이었다. 핍박받는 사람들의 친구면서 사회적 엘리트층과도 가깝고 신을 위해 마력을 쓰는 좋은 어머니였다. 원래 이시스 신앙은 로마 제국에서 환영받지 않았으나 황제 칼리굴라의 지지를 얻고 널리 퍼졌다. 기독교가 현저하게 발전한 것과 같은 시기에 이시스 신앙도 크게 발전하여 신성한 어머니 이시스와 예언자인 아들의 이미지가 초기 기독교에 영향을 주었다는 설도 있다. 이 두 종교는 각각 같은 시기에 발전했으나 결코 공존하지는 않았으며, 언젠가 한 쪽이 다른 쪽을 능가할 운명이었다. 기독교의 성전은 요술에 단호한 태도를 취해 성경에는 '너는 무당을 살려두지 말라'(출애굽기 22장 18절), '진언자나 신접자나 박수나 초혼자(招魂者, 죽은 혼을 부르는 자-역주)를 너희 가운데에 용납하지 말라, 이런 일을 행하는 모든 자를 여호와께서 가증히 여기시나니'(신명기 18장 11-12절)라고 적혀 있다. 기독교에게 요술은 종교와 대립하는 것, 악마와 결부된 것이며 이시스와 그 마력은 꺼림칙한 이교였다. 기독교가 보급되면서 이시스와 같은 신들의 신앙은 금지되었으며 6세기에는 그때까지 수천 년 동안

357년, 콘스탄티우스 2세는 마술을 다루는 자는 인류의 적이라며 마술을 금지했다.

수메르

수메르 사회는 정교한 악마론이 떠받치고 있었다. 세계는 악의를 지닌 영으로 가득 차 있다고 믿었으며 각자에게는 악마로부터 자신을 지켜주는 수호령이 있었다. 부적, 주문, 액막이 등으로 이루어진 마술은 이러한 초자연의 적과 싸우는 유일한 무기였다.

아시리아

수메르와 마찬가지로 온갖 병의 원인은 악마가 들었기 때문이라 믿었으며, 약초 조합이나 주문으로 치통 등의 일반적인 증상에 대처했다. 또 흡혈귀의 존재를 확신했으며 '아시리아의 일곱 악령'은 흡혈귀로 여겼다.

바빌로니아

마술은 일상생활의 일부이며 죽은 자의 영을 불러내 조언을 구하거나 산 자의 몸에 들게 하고는 했다. 돌과 풀에 마력이 있다고 믿었으며 특정한 목적을 위해 그것들로 조각이나 부적을 만들었다.

칼데아

칼데아는 강력한 마법의 교의가 유명하여 페르시아 제국에 흡수된 뒤에도 주문이나 마술에 정통한 계층을 가리킬 때 '칼데아'라는 말이 쓰였다. 수많은 주문이 쓰여서 신관은 다양한 악마, 유령, 영을 믿었으며 점으로 미래를 예언하거나 마법 원을 그리거나 악령을 퇴치하곤 했다고 한다.

순례지였던 필라에 신전(현 이집트)을 기독교도 유스티니아누스 1세(Flavius Iustinus)가 폐쇄했다.

기독교는 간통한 여성도 악마의 화신으로 보고 '사탄이 타락시킨 분방한 여성이 무수한 여인의 무리와 함께 짐승의 등에 탄다고 공언한다'라고 규탄했다. 이러한 이교도 여성들에게는 '불의'의 죄를 물었으며, '불성실의 함정'에 빠졌다고 비난했다. 이시스와 같은 강력한 여성 마법사가 단죄된 경위를 따라가면 기독교가 보급되면서 위험한 여성이라는 이미지가 (몰아내지지 않고) 굳어진 과정을 쉽게 이해할 수 있다. 기독교 자체가 처음부터 완성된 형태로 태어난 것이 아니라 오랜 노력과

이시스
신앙은 영향력이 매우 강했으며 클레오파트라는 이시스가 환생한 여신이라며 떠받들어졌다.

고생 끝에 발전했으므로 주변 종교에 영향을 받지 않았다고 보기는 어렵다. 이러한 종교는 대부분 요술과 마술신앙 위에 성립하였으나, 기독교는 요술은 미신이며 실재하지 않는다고 단정했다. 초기 기독교에서는 요술을 믿는 것 자체가 악마에 현혹된 증거이며, 단죄할 대상으로 여겼다. 이 때문에 기독교와 당시 융성했던 수많은 종교가 대립해 기독교가 우위에 서는 밑바탕이 다져졌다. 요술을 믿는 것은 많은 종교의 핵심이지만, 기독교에서는 그것만으로 악마가 들렸다고 간주해 이단이라며 모조리 단죄했다. 그리스인과 헤브라이인, 로마인처럼 기독교도도 마술이나 요술을 희생양, 특이한 사람들을

악인으로 여기는 수단으로 이용했다.

마술을 금지하는 법률은 마술과 마찬가지로 예로부터 존재하였으나, 다양한 종교가 전파되고 자신들과 공존할 수 없는 신비로운 신앙체계와 대립한 결과, 요술과 이를 다루는 자는 적대적인 시선을 받게 되었다. 유대교나 융성해진 기독교에서도 같은 일이 일어났다. 그리스와 로마 등 마술을 이용하던 사회에서도 법률로 엄격하게 '허용범위'를 정의했다. 신화에서 나오는 마술사의 묘사를 바탕으로 사회, 특히 여성들은 어때야 하는가와 같은 이상상이 침투했으며, 이의를 제기하려는 자는 악마와 결탁했다며 처단했다.

신화에서 채택된 이러한 명예롭지 못한 여성상은 수세기 동안 일반적인 마녀의 개념을 확대하는 데 이용당해 수백, 수천 명의 죄 없는 사람의 목숨을 빼앗는 불을 지폈다.

15 MOST Notorious Witches

15명의 가장 악명 높은 마녀

진위는 어쨌든 마녀라 불린 여성들에게 주목하고
마녀에 관한 민간전승의 형성을 따라가 보자.

마 녀재판이나 재판에 관한 사건은 다루기 미묘한 테마다. 왜냐하면 현대 역사가가 보기에 이러한 일들은 폭력적이면서 기묘하게 보이며, 마술의 죄로 고발하거나 재판에 회부하는 일은 문명사회의 사건이 아니라 마치 영국 코미디 그룹 몬티 파이선의 쇼처럼 보이기 때문이다. 하지만 당시의 사람들에게는 우습기는커녕 목숨이 걸린 중대사였다는 것은 말할 필요도 없다.

수 세기 동안 수천 명의 사람들이 요술로 고발당해 지극히 잔인한 방법으로 고문당하고 처형당했다. 마녀재판의 시대, 도시에서든 시골에서든 인생에는 경건하게 지내거나 지옥행이거나라는 양자택일밖에 없었으며, 그 결과 일정한 표적 패턴이 생겨났다. 사회의 변두리에서 생활하는 여성과 두세 번 결혼한 여성, 의료행위를 하는 여성이다. 풍작이고 가축이 건강할 때는 이러한 존재도 허용되나, 한거울의 혹한으로 작물이 시들거나 가족이 병으로 쓰러지는 상황은 인간의 이해의 범위를 넘어, 마을 외곽에 사는 외부인이 의혹의 시선을 받았다.

온갖 사건이 겹쳐지면서 뿌리 깊은 공포와 불안이 히스테리로 바뀌어 이웃사람이 악마와 손을 잡았다거나 아기를 먹었다거나 사이가 나쁜 사람의 작물을 시들게 했다거나 갈퀴를 타고 하늘을 날았다는 죄로 고발당하게 되었다. 재판은 이미 악마와의 싸움이 아니라 적대자에 대한 원한을 털어내는 곳이 되었다.

피고에게는 한줌의 희망도 없었다. 무죄를 증명하기는 매우 어려워서 수많은 죄 없는 행위가 요술이나 마술의 증거로 여겨졌다. 대부분 끔찍한 운명에서 벗어나지 못하고 고문을 당해 자백을 뱉어낸 뒤에는 대개 교수형이나 화형, 익사형, 참수형이 기다리고 있었다.

이소벨 가우디

Designed Etched & Published by George Cruikshank, Nov. 1830
"John" Chastising the Witches

자퀘타는 자백할 때 '블랙 존'이 찾아와 반항적인 마녀들을 혼냈다고 진술했다.

장소: 스코틀랜드, 네덜란드
고발연도: 1662년

이 책에서 이소벨(Isobel Gowdie)을 거론하는 이유는 두 가지다. 첫 번째로 그녀의 상세한 증언을 통해 유럽의 마녀사냥 시대 말기의 요술을 둘러싼 민간신앙에 대한 이해가 진보했기 때문에. 두 번째로 그녀가 고문 없이 자발적으로 정보를 제공했기 때문이다.

이소벨의 인생에 대해 알려진 것은 많지 않다. 하층민 출신이며 아마 읽고 쓰기는 못했겠지만 체포당했는지 자수했는지 기록이 남아있지 않다. 고문 없이 자발적으로 자백한 것은 분명하다. 자백 사흘 전인 1662년 4월 10일, 추밀원은 고문으로 마녀 용의자에게 자백을 받기를 금지했다.

이소벨은 교육수준도 사회적 신분도 낮았으나 이를 메우고도 남을 만큼 달변이었다. 자백은 어떻게 세례를 저버리고 악마의 증표를 받았는지, 악마와 어떻게

성관계를 가졌는지, 또 유아의 시체를 파낸 일, 말을 타고 하늘을 난 일, 요정 여왕과 수다를 떤 일, 새로 변신한 일, 악마가 만든 엘프(정령)의 화살로 인간과 동물을 죽인 일, 노래나 주문의 상세 등 매우 다양했다. 또 마녀 동료의 이름을 거론해 41명이 체포되었다.

이소벨의 죽음에 대한 기록은 없으나 1678년 이전의 스코틀랜드에서 추밀원이 재판에 회부한 마녀는 대부분 교수당한 뒤 화형을 당했다.

룩셈부르크의 자퀘타

장소: 잉글랜드, 워릭
고발연도: 1469년

베드퍼드 공작부인 자퀘타(Jacquetta)는 잉글랜드 왕 에드워드 4세비 엘리자베스의 모친으로, 수많은 유력자와 연줄이 있었는데도 마녀로 고발당했다.

고발자는 워릭 백작 리처드 네빌(Richard Neville)의 하인 토머스 웨이크(Thomas Wake)로, 고발당한 타이밍은 최악이었다. 같은 해, 에드워드 4세는 워릭 백작에게 구속당하고 자퀘타의 남편과 아들도 백작에게 목숨을 빼앗겼다. 웨이크는 워릭 성에 가 납으로 만들어진 남성 조각상을 제시하며 자퀘타가 요술에 사용했다고 진술했다. 또 교구의 목사 존 다운거(John Daunger)를 설득해 자퀘타가 다른 두 조각을 만들게 했다고 보고하게 했다. 하나는 왕, 또 하나는 왕비의 조각으로, 이것으로 딸의 결혼을 성취시키기 위해 요술을 썼다는 것이다. 자퀘타는 체포당해 워릭 성으로 연행되었다.

"자퀘타에 대한 고발은
기세를 잃었다."

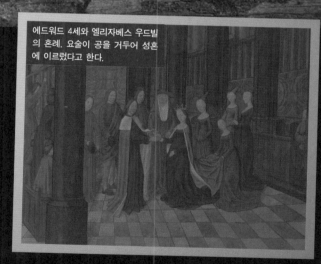

에드워드 4세와 엘리자베스 우드빌의 혼례. 요술이 공을 거두어 성혼에 이르렀다고 한다.

하지만 그녀는 얌전히 운명을 받아들이려 하지 않고 런던의 고관에게 연락해 자신이 앙주의 마르그리트(Marguerite d'Anjou)를 설득한 덕분에 런던이 랭커스터 가문의 손에 넘어가지 않았다는 것을 상기시켰다. 고관들은 그녀를 구하기로 하고 바로 워릭 백작의 맹우인 클라렌스 공작과 접촉했다.

자퀘타에 대한 고발은 기세를 잃고, 에드워드 4세가 해방되자 완전히 막을 내렸다. 1470년 1월, 자퀘타는 국왕의 각료회의에서 자신에게 오랜 원한을 품은 웨이크를 비난했고 웨이크가 모아 온 '증인들'도 증언을 뒤집어 그녀는 무죄 방면되었다. 결백함이 완전히 증명되지는 않았으나 그녀는 공식기록에 자신의 무죄를 기재하도록 요구했으며 요구는 그 해 2월 10일에 받아들여졌다.

마더 시프턴의 예언은 매우 정확해서
노스트라다무스에 필적한다고 여겨졌다.

마더 시프턴

장소: 잉글랜드, 요크셔, 나레스보로
고발연도: 불명

추하고 매부리코에 뺨이 홀쭉하고 사마귀투성이에 새우등. 이러한 마녀의 이미지는 16세기의 악명 높은 여성 예언자 마더 시프턴(Mother Shipton)의 전설이 기원이라는 설이 있다.

동굴에서 태어난 마더 시프턴, 본명 어슐러 사우틸(Ursula Southeil)은 날 때부터 이가 다 나 있었고 눈은 튀어나온 기이한 용모였다고 한다. 모친인 애거서 사우틸도 마녀로 여겨져서 어슐러는 악마의 아이라 불렸으나 마을 주민으로 받아들여지기는 했다고 한다.

용모와는 별개로 그녀의 예지능력은 전설로 전해 내려오게 되었다. 예언이 매우 정확했기 때문에 엄청난 인기를 끌어 그녀의 말을 듣기 위해 먼 곳에서도 사람들이 찾아왔다. 사람들은 다툼을 해결하기 위해 종종 그녀의 말에 기댔고 그 현명한 말에 악행을 저지르던 자도 죄를 고백했다고 한다. 예언의 스케일은 점차 커져갔다. 한 설에 따르면 스코틀랜드 여왕 메리의 처형부터 아르마다 해전에서 스페인이 패배한다는 것과 1665년 런던의 흑사병까지 온갖 일을 예언했다고 한다. 마더 시프턴은 1561년경 타계하고 리처드 헤드(Richard Head)라는 인물이 그녀의 예언을 책으로 엮어 1684년에 발행했다. 헤드는 훗날 그녀의 책 대부분을 자신이 각색했다고 고백했으나 지금도 마더 시프턴은 영국에서 가장 유명한 예언자로 기억되고 있다.

앙젤 드 라 바르트

장소: 프랑스, 툴루즈
고발연도: 1275년

앙젤 드 라 바르트(Angéle de la Barthe)의 목숨을 앗아간 혐의는 악마와 성교한 것, 그리고 늑대의 머리와 뱀의 꼬리가 달린, 아기를 잡아먹는 괴물을 낳은 것이다. 가톨릭교회가 이단으로 간주하던 영지주의적 기독교분파인 카타리파를 열심히 신봉했던 것도 발목을 잡았다. 고발한 사람은 종교재판관 위고 드 브누아(Hugues de Beniols)로, 앙젤이 괴물 같은 자기 아이를 기르기 위해 유아를 납치해 살해했으며 지난 2년간 일어난 유아 행방불명의 범인은 그녀라고 주장했다. 바르트는 심한 고문을 받아 있는 일 없는 일을 자백했으며, 아이를 먹는 괴물은 추궁의 손을 피하기 위해 떠났다고 증언했다. 그녀는 유죄판결을 받고 화형을 당했다.

앙젤은 오랫동안 중세의 마녀재판에서 이단마술의 사유로 처형당한 최초의 인물로 여겨졌으나, 재판소 기록에는 공판 기록이 전혀 없어서 지금은 그녀의 이야기가 허구라는 견해가 일반적이다. 또 흥미롭게도 당시 악마와 성관계를 하는 것은 위법이 아니었다. 과격한 신자의 입장에서 바르트는 절호의 표적이었다는 의견도 있다. 그녀는 좀처럼 사회에 녹아들지 못하는 존재였으리라. 광신적인 종교와 '타인'에 대한 온갖 의심의 희생양이 된 것이다.

실재하는 인물이었는지는 제쳐두고 앙젤의
이야기는 중세의 마녀재판에서 고발당한
여성의 말로—화형—의 전형이다.

사라의 재판을 계기로 고발의 파도가 일어나 마녀로 간주된 여성들이 처형당했다.

메레트 욘스도터

장소: 스웨덴, 엘브달렌
고발연도: 1668, 72년

1668년부터 76년에 걸쳐 스웨덴 각지에서 일어난 마녀사냥의 회오리는 'The Great Noise(대소동)'이라 불렸다. 메레트(Märet Jonsdotter)는 사건의 발단이 된 불운한 여성이다. 물 위를 걸은 혐의로 심문받은 12살 소녀 겔트루드 스웬스도터(Gertrud Svensdotter)가 악마의 동료, 즉 메레트에게 능력을 받았다고 증언한 것을 계기로 메레트는 광기의 회오리에 삼켜졌다. 종교재판관이 소녀를 유도 심문한 것은 명백했다. 다만 한 가지 문제가 있었다. 스웨덴의 법률은 자백 없는 처형을 금지했으며, 메레트는 꿋꿋하게 무죄를 주장했다. 하지만 유죄판결은 기정사실이었기 때문에, 사제들은 지시를 받고 그녀에게 자백 없이도 처형당하지만 자백하면 성체의 비적을 받아 천국으로 갈 수 있다고 설득했다. 그럼에도 그녀는 무죄를 주장했으며 당국은 어쩔 수 없이 그녀를 다시 감옥에 가두었다.

그녀가 감옥에서 강경하게 무죄를 주장하는 동안 메레트의 재판에 이어 모라 마녀재판이 열려, 스웨덴은 히스테릭한 공포에 휩싸였다. 이 재판에서는 60명이 고발당하고 14명이 그 해에 처형당했다.

1672년 4월 16일 당국은 기다리다 지쳐 증언과 손가락의 멍을 악마의 증거로 삼아 메레트에게 유죄판결을 내리고 9월 33명의 사형수와 함께 처형했다. 또 1674년 재판소는 사형을 면하기 위해 무죄를 주장하는 피고가 있다며 요술 혐의에 자백은 필요 없다고 판단하기에 이르렀다.

사라 굿

장소: 미국, 매사추세츠주, 세일럼
고발연도: 1692년

세일럼 마녀재판은 거의 전설이 되었으며, 히스테리와 인간이 지극히 쉽게 남을 적대하는 모습은 공포가 어떻게 폭력을 일으키는지를 여실히 드러낸다.

사라 굿(Sarah Good)은 재판의 첫 희생자 중 한 명이다. 그녀는 첫 남편의 빚을 갚느라 집과 재산을 잃고 마을에서 구걸을 해야 할 처지에 몰렸다. 도와주지 않는 사람에게 저주의 말을 뱉은 적도 있다고 하나 실망과 당혹으로 인한 이런 행동이 훗날의 자기 목을 조이게 되었다.

1692년 2월 25일, 애비게일 윌리엄스(Abigail Williams)와 엘리자베스 베티 패리스(Elizabeth "Betty" Parris)는 사라에게 저주를 받아 경련을 일으켰다며 그녀를 고소했다. 3월 15일에 시작된 공판에서 윌리엄스와 패리스는 사라를 보고 흥분상태에 빠졌고, 그중 한 명이 사라는 영혼을 부려 자신을 괴롭히고 찔러 죽이려 했다고 주장하며 망가진 단도를 증거로 제출했다. 한 방청인이 자신이 버린 단도라며 나섰으나 귀를 기울이는 자는 없었다. 광란은 멈출 줄 몰랐으며 사라의 남편이 아내의 등에 마녀의 증표가 있다고 증언하고 그녀의 딸(당시 4, 5세)도 물은 흔적이 있는 손가락을 보이며 모친에게 받은 뱀에게 물렸다고 진술했다.

사라는 1692년 7월 19일 교수형을 당했다. 처형 전, 세일럼의 목사 니콜라스 노이스(Nicholas Noyes)가 죄를 고백하기를 권했으나 "내가 마녀라면 당신은 마법사다. 내 목숨을 빼앗으면 주께서 네 피를 들이킬 것이다"라고 답했다. 훗날 노이스는 뇌출혈로 타계했다.

모라 마녀재판을 그린 독일의 그림. 메레트의 재판을 계기로 히스테리가 일어나 재판으로 이어졌다.

15명의 가장 악명 높은 마녀

몰은 레너드타운의 주민에게
저주를 걸었다고 하였다.

앨리스 카이틀러

장소: 아일랜드, 킬케니
고발연도: 1324년

앨리스(Alice Kyteler)에 대한 고발에는 두 가지 새로운 사항이 있다. 유럽의 첫 마녀재판이었다는 것, 그리고 악마와의 성교가 보고된 최초의 케이스였다는 것이다. 앨리스는 이전에도 첫 남편을 살해한 혐의로 고소당한 적이 있었다. 1324년에는 네 번째 남편 존 르 포어(John le Poer) 경이 병을 앓아서 그녀가 독을 먹이지 않았는지를 우려했다. 존이 타계하자 예심이 시작되었고 다른 아이들은 앨리스가 부친에게 독을 먹이고 저주했다고 비난했다. 또 앨리스뿐만 아니라 사용인과 아들도 기독교를 부인하고 이단에 빠졌다, 악마를 위해 동물을 제물로 바쳤다고 비난당했다. 고발이 수리돼 앨리스를 비롯한 사람들은 이단, 약으로 기독교도에게 해를 입힌 죄, 살인, 악마와 성관계를 한 죄 등 다양한 혐의로 심문받았다.
앨리스는 죄를 인정하려 하지 않았으며 손을 써서 소송을 담당하던 주교 리처드 드 레드레드(Richard de Ledrede)를 체포시켰다. 이 때문에 수석재판관 존 다시(John Darcy)는 킬케니를 방문해 현황을 확인하고 주교를 석방한 뒤, 앨리스를 조기 체포하는 일에 진지하게 임했다. 먼저 항복한 사람은 하인이었던 페트로니야 드 미스(Petronilla de Meath)로, 심한 고문을 받은 끝에 요술을 썼다고 자백했다. 페트로니야는 아일랜드에서는 처음으로 마녀로서 화형대에 올랐으며, 박해자들은 앨리스를 공격할 재료를 얻었다. 앨리스는 1325년 유죄판결을 받았으나 사형 집행 전날 밤 도망쳤다. 잉글랜드로 도망쳤다고 추측되나 그 뒤를 아는 사람은 없다.

몰 다이어

장소: 미국, 메릴랜드주, 레너드타운
고발연도: 1697년

몰(Moll Dyer)은 흥미로운 인물이다. 왜냐하면 현재 그녀의 이야기가 허구라는 사실은 널리 알려졌으나 그 재판은 마녀를 둘러싼 히스테리의 전형을 보여주고 있기 때문이다. 그녀는 아일랜드 귀족으로 추정되며, 추악한 과거로부터 도망치기 위해 고국을 떠났을 것이다. 몰은 외진 곳에 집을 지어 살며 이따금 약초로 치료를 했는데, 현지 사람들은 이런 행실에 눈살을 찌푸리고 그녀를 마녀라고 단정했으나 얌전히 있으면 딱히 두려워할 일은 없었다. 하지만 불운하게도 몇 가지 자연현상이 연이어 일어나 상황이 바뀌었다. 1697년, 메릴랜드의 겨울은 매우 혹독하여 수많은 사람이 죽고 살아남은 사람은 식량난에 허덕였다. 몰에게 불신의 시선이 쏠리고 그녀가 마을을 저주했다는 소문이 돌았다. 그때 역병(인플루엔자로 추정)이 맹위를 떨쳐 많은 사람이 목숨을 잃었다. 주민으로서는 견딜 수 없는 사태여서 몰에게 비난이 집중되었다. 어느 얼어붙을 듯이 추운 밤, 마을사람이 그녀의 집에 불을 질렀고 몰은 숲으로 도망쳤다. 힘이 다한 그녀는 바위 위에 무릎을 꿇고 한손을 바위에, 다른 한손을 다른 바위에 두고 땅과 박해자를 저주했다. 그녀의 시신은 며칠 뒤 옮겨졌으나 저주를 잊지 않으려는 듯 바위 위에 손자국이 남아 있었다고 한다.
현재 바위는 레너드타운 재판소 밖에 있으며 손자국은 보이지 않으나 다가갔더니 아픔을 느꼈다는 여러 보고가 있었다. 하얀 드레스를 입은 긴 백발의 여성이 혹한의 밤에 숲을 걷고 있었다거나, 하얀 개가 몰 다이어 거리에서 교통사고를 일으킨다는 이야기도 있다.

티투바는 초기에 고발당했으나, 많은 피고가 처형당한 가운데 목숨을 건졌다.

티투바

장소: 미국, 매사추세츠주, 세일럼
고발연도: 1692년

미국 원주민이자 새뮤얼 패리스(Samuel Parris) 목사의 노예였던 티투바(Tituba)는 명예롭지 못하게도 훗날 세일럼 마녀재판이라 불리는 사건에서 처음으로 고발당한 여성이다. 애비게일 윌리엄스와 엘리자베스 패리스는 요술을 부려 자신들에게 경련을 일으켰다며 맨 먼저 티투바의 이름을 거론했다. 그리고 사라 오스본(Sarah Osborne)과 사라 굿에게도 같은 주장을 반복했으며, 티투바는 죄를 인정하고 요술을 쓰는 다른 자들의 이름을 거론했다. 이것은 수많은 마녀재판에서 보이는 전형적인 패턴이다. 마녀로 고발당한 데다 이방인인데도 불구하고 티투바가 사형을 면한 것은 의외라고 할 수밖에 없다. 패리스가 구치비용을 내지 않은 탓에 13개월 동안 투옥됐으나, 수수께끼의 인물이 비용을 내고 그녀를 마을에서 데리고 나갔다. 그녀가 그 뒤 어떻게 되었는지는 아무도 모른다.

아그네스 워터하우스

장소: 잉글랜드
고발연도: 1566년

마더 워터하우스, 본명 아그네스 워터하우스(Agnes Waterhouse)는 잉글랜드에서 가장 유명한 마녀로, 자신도 악평을 즐긴 듯 보였다. 그녀는 종교재판소가 아닌 세속재판소에서 고발당해 재판받은 최초의 마녀이기도 하다. 당시 교회가 개입하지 않은 마녀재판은 드물었다.
워터하우스는 사탄이라는 이름의 고양이를 길렀으며, 이 아이는 동물을 죽일 수 있다고 이야기했다(고양이는 훗날 두꺼비로 전해졌다). 그녀의 딸 조안(Joan Waterhouse)은 이웃집에 사는 아그네스 브라운(Agnes Brown)에게 먹을 것을 나눠받지 못해 이 두꺼비에게 도움을 구했다. 그러자 두꺼비는 영혼을 바치면 도와주겠다고 했고 조안은 조건을 받아들였다. 그러자 두꺼비는 검은 개로 변해 브라운을 괴롭혔다. 이 일은 워터하우스 재판의 핵심이 되었다. 브라운은 뿔이 달린 검은 개에게 단도로 협박당했다, 검은 개에게 너의 '여주인'은 누구냐고 물었더니 머리를 흔들며 워터하우스의 집을 가리켰다고 증언했다.
그것으로 충분했다. 결심 재판으로부터 이틀 뒤, 워터하우스는 처형당했다. 재판 내내 대담하게 위세를 부리던 그녀도 죽음 앞에서는 신에게 용서를 빌었다고 한다.

세속재판소에서 재판을 받은 최초의 마녀 아그네스를 그린 목판화.

카트린 몽부아쟁

장소: 프랑스, 파리
고발연도: 1680년

라 부아쟁을 그린 17세기의 판화. 날개 달린 악마가 초상화를 들고 있다.

라 부아쟁(La Voisin), 본명 카트린 몽부아쟁(Catherine Monvoisin)은 독살 사건에 관여한 악명 높은 프랑스의 마녀다. 검은 미사를 연 그녀는 일련의 살인사건의 주범으로 여겨져 마녀로서 화형당했다. 예언, 미약, 조산술에 정통한 라 부아쟁은 파리의 귀부인들 사이에서 인기가 많았으나 1675년 이후 톱니바퀴가 어긋나기 시작했다. 브랭빌리에 후작 부인이 아버지와 형제에게 독을 탄 죄로 재판에 회부되어 유죄판결을 받고 처형당했는데, 이를 계기로 여러 의문사에 이목이 모여 연금술사와 점쟁이가 체포돼 심문을 받았다.
독을 쓰는 데 정통한 점술사 마리 보스(Marie Bosse)가 라 부아쟁의 이름을 거론한 탓에 체포돼 국왕의 정부 몽테스팡 후작 부인을 비롯한 수많은 거물 궁정 귀족의 이름을 거론했다. 협력적으로 행동한 보람도 없이 라 부아쟁은 요술과 독살의 혐의로 유죄판결을 받고 파리의 중심인 그레브 광장에서 화형당했다.

영화와 드라마의 소재가 된 마녀들

마녀와 마녀재판은 과거의 사회를 이해하는 귀중한 단서임과 동시에 현대의 문화 산업에서도 다양한 캐릭터나 스토리의 모델이 되었다.

『더 위치THE WITCH』(2015년)

모델: 17세기 일반
실존하는 마녀를 모델로 삼지는 않았으나 감독 로버트 에거스는 마녀재판을 면밀하게 조사해 당시의 분위기를 재현하는 데 성공했다. 장녀가 마녀의 혐의를 받아 광기와 비극에 빠지는 가족의 이야기로 곤경, 식량난, 미신 때문에 도리를 벗어나는 사람들의 모습을 훌륭하게 그리고 있다.

신세계 미국에서도 각지에서 마녀 용의자가 검거되었다.

『아메리칸 헌팅AN AMERICAN HAUNTING』(2005년)

모델: 벨 위치 사건
1817년 여름, 미국 테네시주에서 벨 위치라 불리는 사건이 일어났다. 영화는 존 벨 일가, 특히 딸 벳시를 중심으로 전개된다. 마녀는 존을 죽여 버리겠다고 말했고, 1820년 존은 타계한다. 사인은 마녀가 탄 독으로 전해졌다. 영화는 이 비극을 부풀리고 세부를 각색하여 유아학대 테마까지 이야기를 넓혔다.

벨 위치 사건의 희생자 벳시 벨.

『아메리칸 호러 스토리: Coven』
AMERICAN HORROR STORY: COVEN』(2013년)

모델: 마리 라보
『아메리칸 호러 스토리』의 시즌 3 『Coven(마녀들의 집회)』에는 실존하는 인물을 모델로 한 캐릭터가 여럿 등장한다. 그중에서도 안젤라 바셋이 연기한 부두교의 여왕, 마리 라보는 확연하게 1800년대 뉴올리언스에서 악명을 떨친 동명의 마녀를 모델로 했다. 그녀의 인생에 대해 자세한 사항은 거의 알려지지 않았으나 특히 뉴올리언스에서는 전설적인 인물이다.

뉴올리언스에서 부두교의 여왕 마리 라보를 모르는 자는 없었다.

"요술의 이야기를 들은 왕은 격노했다"

앨리슨 드바이스

장소: 잉글랜드, 랭커셔
고발연도: 1612년

앨리슨 드바이스(Alizon Device)와 존 로(John Law)의 사건은 지방 판사 로저 노웰의 주의를 끌어 펜들 마녀재판으로 발전했다.
발단은 사소했다. 마녀로 알려진 뎀다이크의 노파의 손녀 앨리슨은 트로든 포레스트로 가는 길목에 행상인 로와 마주쳐, 바늘을 베풀어 달라고 부탁했다. 17세기, 바늘은 치료와 연애 마술에 쓰였다. 그녀에게 돈이 없었기 때문인지, 아니면 소량으로 팔고 싶지 않았기 때문인지는 알 수 없으나 로는 부탁을 거절했다. 앨리슨은 하는 수 없이 떠났으나 그 뒤 로는 낙마했다. 아마 무언가 발작을 일으킨 것이리라. 로는 당초에는 앨리슨에게 해를 입었다고 주장하지 않았으나, 훗날 그녀 자신이 자신의 힘 때문이라고 믿고 사죄했다.
앨리슨과 그녀의 어머니, 형제가 노웰의 앞에 출두해, 앨리슨은 악마에게 영혼을 팔았다고 자백하고 형제는 그녀가 한 아이에게 마법을 걸었다고 증언했다. 그녀는 앤 위틀(Anne Whittle)에 대해서도 심문을 받았다. 앤은 마찬가지로 요술사로 알려진 위틀 일족의 여가장이

아버지를 포함한 4명의 남자를 살해한 혐의로 기소된 앤 위틀

다. 드바이스 집안과 위틀 집안은 대립했으며, 앨리슨은 앤이 요술로 네 명의 남성을 저주해 죽였다고 주장했다. 재판 결과 앨리슨은 갤로우즈 힐에서 교수형 당했다.

아그네스 샘슨

장소: 스코틀랜드, 네더 키스
고발연도: 1590년

아그네스(Agnes Sampson)는 70명이 처형당한 노스 버윅 마녀재판의 첫 희생자로, 요술을 부려 국왕 부부에게 해를 끼친 용의로 유죄판결을 받았다.
계기는 할로윈 밤, 사탄이 주최하는 마녀 집회인 사바트에 아그네스가 출석한 것이었다. 사바트 동안 마녀들은 스코틀랜드로 향해 중인 왕비 아나 애 단마르크(Anne of Denmark)의 배를 전복시키고자 마법으로 북해에 맹렬한 태풍을 일으켰다. 아나는 항해를 포기할 수밖에 없었으나 배는 가라앉지 않았다.
아그네스는 어떻게든 목적을 달성하고자 또 북해에 거친 태풍을 불렀다. 다음 표적은 스코틀랜드 왕 제임스 6세가 탄 배였다. 요술 이야기를 들은 왕은 격노해 1590년 스코틀랜드에서 열린 일련의 재판에서 스스로 마녀를 심문했다. 당초 왕은 아그네스의 유죄를 확신하지 않았지만 그녀의 목적을 듣고 생각을 바꾸었다. 아그네스는 유죄가 되어 시칼을 차고 고문을 받은 뒤 캐슬 힐에서 화형당했다.

발푸르가 하우스매닌

장소: 독일, 딜링엔
고발연도: 1587년

발푸르가(Walpurga Hausmännin)는 과부로, 19년 동안 조산사로 일했으나 요술, 흡혈행위, 유아살해 혐의로 고발당해 체포되었다. 고발의 근거는 명확하지 않지만 고문을 받고 수많은 무시무시한 일들을 자백했다. 그녀가 걸어온 '타락'의 인생은 1556년 남편을 잃은 직후로 거슬러 올라간다. 그녀는 당시 업무 동료와 밀회를 약속했으나 상대가 오지 않고 대신 악마가 찾아와 그녀와 성관계를 맺었다. 페더린이라는 이름의 악마는 만족스러웠던 듯, 그 뒤에도 그녀를 만나 사탄에게 충성을 맹세하면 빈곤과 연이 없는 생활을 약속하겠다고 제안했다. 그녀는 이를 받아들였고 페더린은 그녀를 하늘을 나는 갈퀴에 태우고 올드스크래치(악마의 속칭)에게로 데려가 계약을 맺고 아이를 구워 먹이고 성교했다. 그녀는 페더린에게 받은 연고로 작물, 아이, 어른,

동물에게 해를 끼친 데다 조산사로서 일할 때는 세례를 받지 않은 아이를 40명 죽이고 그 피를 마시고는 다른 마녀들과 함께 먹었다고 자백했다.
교회도 제국재판소도 그녀에게 유죄를 선고하고 사형판결을 내렸다. 그녀는 거리에 조리돌려지고 수많은 지점에서 멈춰 세워져 고문당했다. 대여섯 지점에서는 두 유방, 양팔, 왼다리를 철기로 찢겼다. 처형장에 도착하자 과거 조산사로서 맹세를 했던 오른손을 절단당한 뒤 화형을 당하고 재는 강에 떠내려려갔다.

마녀를 유혹하는 사탄이라는 테마는 많은 마녀재판에서 다루어졌다.

풀다 마녀 재판에서 기소된 마녀들의 감옥으로 사용된 탑

메르가 비엔

장소: 독일, 풀다
고발연도: 1603년

독일의 풀다는 괴짜가 살기 좋은 마을은 아니다. 메르가(Merga Bien)에게도 이상적인 마을은 아니었을 것이다. 메르가는 1603년부터 06년까지 풀다 마녀 재판에서 처형당한 마녀 중 가장 유명한 여성이다. 광신적일 정도로 경건한 인물인 수도원장 발타자르 폰 데른바흐(Balthasar von Dernbach)가 온갖 재앙의 원인은 마녀에게 있다고 선언하고 대대적인 마녀사냥을 벌인다는 흔한 패턴을 보이는 듯했으나, 얄궂게도 발타자르 자신이 부적절한 행동으로 고발당해 추방처분을 받았다. 그러나 추방이 풀리자마자 마녀사냥을 재개하고 온갖 신심 없는 행위를 근절하려 했다.
불운하게도 메르가는 우연히 풀다에 귀성했던 참에 말려들었다. 마을에는 공포와 의심이 만연해 있었는데 그녀는 자신이 임신했다는 것을 깨달았다. 그것 자체는 흔한 일이지만 그녀의 경우 결혼한 지 14년이나 지나도록 아이가 생기지 않았다. 드디어 임신한 그녀를 보고 마을 사람들이 악마의 아이를 품었다고 숙덕인 것도 의외는 아니다.
메르가는 체포당해 두 번째 남편과 아이들, 또 지금 남편의 고용주의 아이를 죽였다고 고백하고 사바트에 출석했다고 진술했다. 또 뱃속의 아이는 사탄이라는 자백을 강요받았다.
그녀는 유죄판결을 받고 1603년 가을 화형당했다. 풀다 마녀재판에서 고소당해 처형당한 사람의 수는 200명을 넘는다고 한다.

Lighting the Pyre
타오르는 장작

**중세 유럽의 사람들은 마력을 믿지 않았다.
그런데 왜 대중을 타락시키려는
어둠의 비밀결사가 두려움을 사게 되었을까.**

중세의 이미지는 온갖 분야에서 부정적이다. 마녀의 역사 분야에서는 이웃 사람의 비방이나 '지혜로운' 점쟁이라는 소문만을 근거로 노파를 화형대로 보내는 과격한 이단심문관을 떠올리겠지만 사실은 꼭 그렇지만은 않았다. 실제로 유럽과 북미의 마녀 재판과 열광을 낳은 것은 르네상스와 계몽운동이다. 왜냐하면 중세시대 미신의 속박에서 풀려난 인간은 매우 명석하고 과학적인 주장을 통해 마녀가 자신들 사이에 실존한다고 확신하고 불로써 근절하자고 생각했기 때문이다. 셰익스피어의 작품과 같은 중세의 소설과, 17세기 전반 제임스 1세 시대의 희곡에서 마법을 어떻게 다루는지를 비교해보면 좋을 것이다. 전자에서는 마법은 존재하지만 기상천외, 즉 요사스러운 것이라는 대전제를 세우고 있는 것과는 달리 엘리자베스 1세나 제임스 1세 시대의 잉글랜드에서 마술은 상상의 산물에서 실존하는 위험으로 변질되었다. 중세에서 마술과 조우한다는 것은 요정의 세계에 발을 들인 것을 의미하며 셰익스피어나 말로의 작품에서는 이웃한 강령술사가 마술을 도맡았다.

서로마 제국의 붕괴부터 르네상스의 여명기까지 긴 기간 동안 요술의 개념은 일반 대중에게 널리 받아들여짐과 동시에 공적으로는 밀리하게 되었다. 이와는 대조적으로 로마법은 요술을 벌해야 한다고 정하였으

> 남편의 손에서
> 벗어나려면 벌꿀을 몸에
> 바르고 알몸으로 밀가루
> 위를 뒹군 뒤
> 그 가루로 남편을 위한
> 빵을 구우면 된다

단려왕 필리프 4세의 대관에게 고문을 당한 뒤 심문받는 성전기사단 총장 자크 드 몰레.

성전기사단을 둘러싼 재판

기독교와 솔로몬 신전의 빈곤한 기사, 즉 성전기사단의 붕괴는 유럽사의 중대한 사건이며 요술과 이단의 개념을 확립하는 데 중요한 역할을 했다.

프랑스 국왕 필리프 4세는 성전기사단의 재산을 몰수하고 기사단에게 진 막대한 채무를 소멸시키기 위해 기사단을 해체하기로 했으나, 이를 실행하기에는 명분이 부족했다.

기사단은 비밀주의로 알려져 있었으며, 그들의 생활에 관한 소문이 분분했다.

1307년 10월 13일 금요일 새벽, 왕의 대관들이 기사단 총장과 간부를 체포하고 각지에서 고문했다. 소환장은 '주께서는 기뻐하시지 않는다. 왕국에는 신앙의 적이 있다'라는 서두로 시작한다.

그들은 차마 말할 수 없는 가혹한 고문을 받고 이단행위, 모독행위, 요술을 고백했다. 이러한 죄상을 뒷받침하는 증거는 거의 없었으나 필리프 4세가 재판관들에게 압력을 가한 탓도 있어 총장 자크 드 몰레의 단죄, 처형 및 기사단 해산을 이끌어내는 데 충분했다. 이 사건은 유럽 사람들의 의식에 요술과 이단이 한 쌍이라고 심어두어 훗날의 마녀재판에서 중요해지는 또 하나의 요소를 제시했다. 교회가 아닌 세속권력이 요술을 심판한다는 그림이다.

저주판. "나는 트레시아 마리아와 그 목숨, 마음, 기억, 간과 폐 등, 말, 생각, 추억을 저주한다. 그녀가 어떤 것이 숨겨져 있는지, 숨을 수 있는지를 말할 수 없도록"이라 적혀 있다(대영박물관에서 번역).

나 황제는 예언자를 여전히 곁에 두었다. 로마 시대에는 저주판(해를 가하고 싶은 상대에게 보내는 저주의 말이 새겨진 판)이 흔히 쓰였으며 공평한 재판이나 경찰이 존재하지 않는 시대에는 청산 수단으로 허용되기도 했다. 하지만 도를 넘은 행위나 강령술사에게 의존해 타인을 죽게 한 자는 로마법에 따라 화형당했다.

이와는 대조적으로 8세기 카를 대제가 반포한 법전은 누군가를 마녀로 단정해 화형시키는 자에게는 살인죄를 묻고 처형한다고 제정했다. 이 역전은 요술을 미신으로 여기는 가톨릭교회의 주장에 호응한다. 성 아우구스티누스의 논지에서도 10세기의 『주교법령집(Canon Episcopi)』에서도 마녀의 힘은 허구의 존재일 뿐이며 이러한 힘이 실존한다고 믿는 것이야말로 이단으로 보았다. 확실히 교회법의 일부인 카논법(jus canonicum, 가톨릭교회의 성문법 및 불문법-역주)에는 흉포한 짐승을 타고 밤에 비행한다고 공언하는 여성에 대해 적혀 있으나 그런 것이 가능하다고 믿는 여성들을 '생각이 부족하다', '어리석다'고 보고 있다. 마력을 '허구'로 여기는 카논법은 마력의 실존 자체가 아니라 악마에게 현혹되어 이러한 힘이 실존한다고 믿는 것이야말로 죄라고 여겼다.

하지만 훗날의 의심 많은 마녀사냥꾼의 눈에는 일반적인 전통행위나 부적에 마력이 있는 것처럼 보였다. 예컨대 농부가 물개의 모피로 번개로부터 몸을 지키거나 처녀에게 부탁해 올리브 나무를 식재해 풍작을 기원한다는 관습으로, 이런 일은 사회에서 흔히 일어났다. 중세에서 요술을 행사하는 것은 현실적인 문제였으나 이러한 일들을 다루려면 학습과 교육이 필요하다고 여겼기 때문에 고소당하는 사람은 대개 남성이었다. 학문의 언어인 라틴어를 읽을 수 있는 여성은 거의 없었기 때문이다.

당시 요술은 '네크로맨시(Necromancy, 강령술)'라 불리며, 죽은 자를 불러오는 행위를 가리켰다. 중세에서는 구약성서의 사무엘과 엔돌의 신접한 여인 이야기를 근거로 이런 일이 가능하다고 믿었다. 불레셋인의 침공에 골머리를 썩으며 젊은 다윗을 질투했던 이스라엘 왕 사울은 마녀(신접한 여인)에게 부탁해 예언자 사무엘의 영을 황천에서 불러왔다(『사무엘기상』 28장). 그러자 사무엘의 영은 사울에게 여호와께서 그의 나라를 빼앗고 내일 불레셋인이 그의 군대를 처부수며 그가 죽을 것이라고 선고했다. 이 성경의 이야기가 뒷받침되어 점을 통해 죽은 자를 불러내거나 수수께끼를 풀 수 있다고 믿게 되었다. 하지만 그 수단은 대부분 마술서나 마법 지침서에 적

MALLEVS MALEFICARVM, MALEFICAS ET EARVM hæresim frameâ conterens

『마녀를 심판하는 망치』는 훗날 마녀재판의 논리적 증거를 세운 주요문서 중 하나.

혀 있었으며, 의식을 치르는 법은 부호나 라틴어로 쓰여 있었다. 그래서 이른바 강령술사에게는 읽기와 쓰기뿐만 아니라 라틴어의 소양도 필요했다. 14세기 전반 강령술로 고발당한 사람이 대부분 남성이었던 데는 이러한 배경이 있다.

하지만 15세기부터 16세기까지 변화가 생겼다. 이유는 복잡하지만 14세기 흑사병이 거듭 유행하면서 발생한 심각한 혼란과 그 결과로 이단종파가 전파된 것이 주된 요소다. 중세의 세계관에서 이러한 재난은 사회가 신의 가르침으로부터 일탈해서 일어나는 일이었다. 그렇게 희생양 찾기가 시작됐다. 첫 희생자는 유럽의 유대인 공동체로, 사람들은 열기에 들떴고 의혹이 순식간에 퍼졌다. 과거에는 마력의 실존을 부정했던 교회 당국은 이러한 힘이 존재한다는 이론을 지지하게 되었으며, 사바트에서 여자들이 악마와 손을 잡고 온갖 악행을 저지른다고 믿게 되었다.

> 예로부터의 신앙을 지키는 사회에서 소외된 자가 실제로 마녀의 의식을 치렀다고 주장하는 학자도 있다.

악마와의 계약이라는 개념이 받아들여지자 이전에는 강령술사만이 행사했던 강력한 마술의 힘이 학식 없는 사람들에게도 열렸다. 즉 명백히 마술에 필요한 지식을 갖추고 있지 않은 시골 아낙도 악마와 계약을 맺으면 자신에게 부족한 지식을 얻게 된다.

신학자는 이러한 개념의 영향에 대해 연구했고 사태는 파멸적인 전개를 맞이했다. 강령술사가 단독으로 활동하고 있었던 것과는 달리 조직적인 비밀숭배와 결부된 마녀집회는 반사회적인 성격을 지녔다. 그리고 성가시게도 비밀숭배자는 신자 사이에 섞여 있었다. 적은 안에 있었다. 마녀재판이 폭발적으로 증가한 것은 이러한 사태에 대한 반응이었다.

1420년 이전까지 유럽에서 마녀재판이 열린 횟수는 100건 이하였으나 그 뒤 10년 동안 갑자기 증가해 200명이 처형당했다. 과거에는 악마의 책략이 일으킨 환상의 마술은 사탄과의 적극적인 공모, 최악의 이단으로 분류되었다. 요술과 악마와 이단의 관계는 유럽의 엘리트 계층이 받아들여서 성립했으며, 이로써 인간의 모습을 한 악마가 풀려나는 환경이 갖춰졌다.

그러나 엄청난 영향력을 지닌 파멸적 발명인 인쇄기술이 없었다면 이러한 개념은 유럽 교회 및 세속 엘리트층 밖으로 나올 일은 없었을 것이다. 인쇄기술은 인류사상 가장 유익한 발명 중 하나지만 적어도

어떤 분야에서는 재앙을 불러왔다. 책과 전단이 널리 보급되면서 악마와 손을 잡은 사악한 마녀라는 개념이 유럽 사회 전반에 퍼진 것이다.

1487년 하인리히 크라머의 『마녀를 심판하는 망치』가 간행되었다. 여기에 정리된 악마에 관한 개념은 훗날 유럽의 마녀재판, 특히 마녀를 식별하는 지침이 되었다. 과거에 이브는 에덴동산에서 아담에게 선악과를 권했다. 크라머에 따르면 이 일화를 통해 알 수 있듯 여성은 날 때부터 영적으로 허약하고 악에 빠지기 쉬우며 악마의 감언에 약하다. 이러한 주장이나 빗자루를 탄 노파의 목판화, 세익스피어의 『맥베스』나 말로의 『포스터스 박사의 비극』 등의 문학에서 정점을 맞이한 문화에서의 마녀와 요술의 통속화, 근세의 마녀에 대한 개념을 형성한 다양한 사고의 집합이 합쳐져 거의 완벽한 환경이 갖

취졌다. 이제 필요한 것은 최후의 요소, 즉 식자층에게 마술이 실존함을 확신시키는 것이었다. 그 확신을 가져온 것이 르네상스의 인문주의자들이었다. 고대 지식의 재발견 중에서도 특히 중요한 것이 고대 이집트의 심원한 지혜, 피타고라스교단 및 카발라주의의 고찰이었다. 마르실리오 피치노(Marsilio Ficino)와 에라스뮈스(Desiderius Erasmus)를 비롯한 인문주의자들은 이를 고도의 마술로 보았는데, 그 실존을 인정하는 것은 필연적으로 그 반대인 흑마술을 인정한다는 뜻이었다.

엘리트 식자층이 수비학(Numerology, 숫자와 사람, 장소, 사물, 문화 등의 사이에 숨겨진 의미와 연관성을 공부하는 학문-역주)과 점성술에 빠진 시대에, 유사한 악마적 그룹이 모여 세계를 파멸시키려 한다는 상상은 별로 뜬금없지는 않았다. 마녀 박해 시대의 막이 열리려 했다.

> 마술의 고발자는 대부분 이웃사람으로, 마을의 긴장이 패닉을 일으켰다고 추측된다.

"그리고 성가시게도 비밀숭배자는 신자 사이에 섞여 있었다. 적은 안에 있었다."

『맥베스』의 세 마녀는 요술이 근세에서 어떻게 발전하고 변화를 이루었는지를 보여준다.

13세기 이단교파인 발도파의 행동 중 일부는 훗날 요술이 실재한다는 확신의 근거가 되었다.

Gunnhild, Mother of Kings

왕들의 어머니 군힐드

요술, 마력, 책모가 가득한 군힐드의 전설은
현실과 환상이 뒤섞인 경계를 보여준다.

세나라를 다스린 악명 높은 바이킹의 왕비 군힐드는 여왕, 마녀, 어머니 등 다양한 이름으로 불리며, 왕가에 재앙을 불러온 인물로 여겨진다. 현재 그녀에 대해 알려진 사항은 여러 설화와 적대자의 비방을 긁어모아 만들어진 것이리라. 그녀는 다양한 캐릭터가 섞인 가공의 인물로, 후세의 작가들이 각색해 정치적 이야기에 등장시켰다는 설도 있다.

그녀의 출신은 수수께끼에 싸여 있으나 10세기의 노르웨이 및 노섬브리아를 다스린 혈부왕 에리크 1세(Eirik Blodoks)의 아내로, 열녀였다는 사실은 알려져 있다. 덴마크의 노왕 고름(Gorm den Gamle)의 딸이라 하며, 부친이 연 잔치에서 에리크를 만났다. 이렇게 들으면 노르웨이의 욍글링 가문과 덴마크 왕가의 동맹을 위해 결혼했다고 상상할 수 있으나 아이슬란드의 사가(중세 북유럽에 전해지는 산문형식의 영웅전설)에 적힌 이야기는 더욱 수상쩍다. 이에 따르면 그녀는 노르웨이 북부 할로갈란드의 오주르 토티(Ozur Toti)의 딸로, 에리크는 미발왕이라 불린

부친 하랄 1세(Haraldr I Hárfagri)에게 군함 다섯 척을 받고 긴 바다 여행—최종적으로 노르웨이의 머나먼 북동부 핀마르크에 다다른다— 도중 그녀를 만났다.

일행은 두 핀인(또는 수오미인, 핀란드 및 북유럽에 거주하는 민족-역주)에게 사로잡혔던 미녀, 군힐드를 발견했다. 두 사람은 핀마르크에서 견줄 자가 없는 마법사로, 그녀에게 마법을 전수하고 있었는데 둘 다 그녀와 결혼하기를 원했다. 그들은 개처럼 코가 좋아 누구도 놓치지 않았으며, 화나면 대지를 뒤집어 모든 생물을 떨어뜨려 죽일 수 있었다. 군힐드는 일행에게 지금까지 오두막에 찾아온 남자들은 하나같이 두 마법사가 죽여 버렸기 때문에 그들에게 몸을 숨기고 기다려 달라고 청했다. 핀인 마법사들이 돌아오자, 군힐드는 그들을 안심시키고자 부재 중 아무도 오지 않았다고 말했으나, 두 사람은 밤이 되어도 서로에게 질투심을 불태우며 깨어 있었다. 군힐드는 두 사람을 침대로 데려가 푹 잠들 때

"군힐드는 속이 시꺼멓고 감당할 수 없는 여성에서, 냉혹하고 위험한 정치적 존재로 바뀌었다."

까지 기다렸다. 그리고 재빠르게 그들을 구속하고 머리에 자루를 씌웠다. 숨어 있던 남자들은 신호와 함께 뛰쳐나와 순식간에 마법사를 죽이고, 다음날 배로 돌아갔다. 군힐드는 부친에게 결혼 허락을 받기 위해 에리크 일행과 함께 할로 갈란드로 향했다. 부친은 결혼을 허가하고 모두 함께 남쪽으로 여행을 떠났다.

현대의 독자들이라면 두 남자에게 구속당해 있었던 군힐드에게 공감할지도 모른다. 하지만 당시 이러한 이야기는 민족의 역사로 쓰인 것이어서 반응이 전혀 달랐다. 독자는 군힐드가 마녀이며 살인자이므로 왕의 아내에 어울리지 않다고 여겼다. 사람들의 마음에는 불신의 씨앗이 뿌려졌고 이후의 전제적이면서 잔혹한 에리크의 치세의 원인은 군힐드에게 있다는 생각이 싹텄다. 이야기가 진행되면서 그녀의 평가는 더욱 나빠져서 전설의 영웅 에길 스칼라그림손(Egill Skallagrímsson)의 적으로 그려지게 되었다. 에길은 『에길의 사가(Egil's Saga)』의 주인공으로, 가장 오래된 사본은 12세기까지 거슬러 올라간다.

에길과 군힐드의 인연은 질겨서 죽음과 배신으로 가득 찬 두뇌 싸움을 여러 차례 펼친다. 이 질긴 악연은 수호령에게 바치는 잔치에서 시작되었다. 에길은 잔치를 주최한 군힐드와 에리크를 모욕하고 대접을 내쳤다. 군힐드는 보복으로 에길을 죽이기 위해 독을 탔으나, 마술에 정통했다고 알려진 에길은 이를 예측해서 뿔잔에 룬문자를 새기고 자신의 피를 넣어 저주를 걸고, 감시인을 죽이고 도망쳤다. 에길은 몇 번이나 군힐드의 복수를 피했으며, 모욕당하고 복수에 매번 실패하는 그녀의 분노는 점점 심해질 뿐이었다.

이야기 중반, 군힐드는 속이 시꺼멓고 감당할 수 없는 여성에서, 냉혹하고 위험한 정치적 존재로 바뀌었다. 80세가 된 미발왕 하랄 1세는 왕국의 통치권을 에리크에게 넘기고 모든 영토의 단독지배권을 주었으며, 군힐드의 아들 하랄을 후계로 지명했다 (훗날의 하랄 2세). 에리크의 동생들은 이 결정에 분노했다. 치열한 싸움이 벌어져 두 세력에 수많은

희생자가 나왔다. 명예롭지 못하게도 에리크는 네 명을 죽였고, 수많은 얄(북 유럽의 고위 귀족)들은 탐욕스럽게 권력을 추구하는 군힐드가 에리크를 조종하고 있다고 비난했다. 왕비가 마녀를 고용해 잔치에서 흑발의 할프단(Halfdan the Black)을 독살하려 했다는 소문이 퍼져, 불신에 빠진 사람들은 에리크의 동생인 시구르를 후계자로 선택했다. 권력을 계속 잃어만 가는 에리크와 군힐드는 무슨 수든 써야 했다. 하랄 1세가 죽은 뒤, 형제간 싸움이 일어났다. 에리크는 대군을 조직해서 톤스버그에서 승리를 거둬, 동생 올라프와 시구르를 죽이고 지배권을 확보했다. 하지만 승리에 취한 에리크에게 비극이 닥쳤다. 아들 레군바르드가 전투에서 에길에게 살해당한 것이다. 에길은 마치 쐐기를 박듯 군힐드 일행을 저주했다. 영웅전설의 사가에는 그 비참한 저주가 상세히 기록되어 있다.

마법사 에길은 곶의 끄트머리에 서서 광대한 바다를 내려다보았다. 그리고 개암나무로 만든 지팡이를 들고 화살에 룬문자를 새겼다. 이것은 최악의 상황일 때만 쓰이는 방법이다. 그는 땅에 기둥을 세우고 참수한 말의 머리를 기둥 끄트머리에 꽂고, 머리가 파도 쪽을 보도록 했다. 그리고 군힐드와 에리크가 있는 방향을 보며 하늘을 향해 저주의 말을 외치고 자신을 모함하려 한 군힐드에게 내리는 벌로서 토지의 수호령에게 두 사람을 노르웨이에서 쫓아내 달라고 빌었다. 전설에 따르면 저주에 걸린 에리크와 군힐드는 추락의 소용돌이에 휘말려 에리크는 죽음에 이르게 되었다.

하랄 1세의 죽음으로부터 1년 뒤, 그의 아들 호콘(Haakon Haraldsson, 훗날의 호콘 1세)은 형 에리크가 노르웨이에서 저지른 폭정을 듣고 그를 물리치기 위해 잉글랜드에서 출항했으나, 배는 날뛰는 바다에 농락당했다. 호콘이 바다에서 소식이 끊겼다는 소식이 노르웨이에 전해져도 군힐드는 눈썹 하나 까딱하지 않았으며, 에리크에게 호콘이 살아 있다고 단언했다. 사람들은 이를 수상하게 여겨 요술

바이킹의 마녀 볼바의 무덤에서 발견된 상자형 브로치. 980년경.

노파의 모습으로 그려진 군힐드의 초상화.

사가 속의
권력과 섹스

사랑하는 연인을 저주한 군힐드

군힐드는 여러 장면에서 자신의 성적 매력을 무기로 삼았다. 에리크가 타계하자 그녀는 당당하게 젊은 남자를 애인으로 삼았는데, 특히 서방에서 배를 타고 노르웨이로 건너온 젊은 아이슬란드인 플루트를 총애했다. 유산을 가로챈 소티라는 남자를 쫓는 플루트에게 군힐드는 공공연히 도움의 손길을 내밀고, 친구 오츨과 함께 자신의 곁에서 겨울을 나라고 권유했다. 군힐드와 같은 강력한 바이킹 왕비의 후원을 받아 그의 인생은 뒤바뀌었다.

사가에는 남자들의 거친 포옹에 어쩔 줄 모르는 여성들이 등장하는데, 파격적인 군힐드는 내연 관계를 숨기려고도 하지 않고, 남들의 이목도 신경 쓰지 않고 플루트에게 입맞춤하고 포옹했다. 2주 동안 둘이 지내며 밤마다 침실에 틀어박힌 적도 있다. 당당하게 정사에 빠진 군힐드였으나, 날의 사가(Njáls saga)에는 이 이야기를 하면 목숨을 빼앗아가겠다며 경비들을 협박하는 장면이 있다. 동시대의 사람들에게 무엇보다 큰 스캔들은 두 사람의 나이 차이였다. 군힐드는 플루트보다 열 살 이상 연상이었으나 둘 다 개의치 않았다. 플루트는 군힐드에게 받은 두 척의 배로 덴마크로 건너가 소티를 쫓았다. 그 뒤 귀환한 그는 말수가 확 줄어들었다. 그녀는 바다 건너에 연인이 생겼느냐고 몰아붙였으나 그는 부정할 뿐이었다. 그러나 플루트는 얼마 지나지 않아 아이슬란드로 돌아가야 한다며 하랄 2세에게 출발 허가를 구했다. 출발 전, 군힐드는 그에게 아름다운 금팔찌를 주고 팔찌를 직접 그의 팔에 끼우며 이별의 말—주문—을 속삭였다. 플루트가 아이슬란드에서 몰래 결혼해도 결코 성적인 기쁨을 느끼지 않도록.

사모하던 운이라는 여성과 결혼한 플루트는 자신이 성불구자는커녕 정력과다임을 깨달았다. 사가에서는 케닝(하나의 명사 대신 비유적으로 여러 말을 합치는 것)이라는 용법이 흔히 쓰여, 플루트는 '창을 닦는 자', '활을 당기는 자'라 불리는 경우가 많은데, 그의 이름 자체가 거세당하지 않은 숫양을 의미하는 것은 얄궂다고 할 수 있다. 결국 운은 아버지에게 '그의 봉에 저주가 걸려 있다'고 밝혔고, 많은 아버지가 그렇듯 운의 아버지도 딸에게 조언했다. 꾀병을 가장해 플루트에게 거리를 둔 뒤 증인들을 침대에 불러 모아 합법적으로 이혼하라(바이킹의 이혼 성립 관습)는 것이었다. 플루트가 귀환했을 때 아내는 이미 떠나 있었다. 군힐드의 저주는 이루어지고 복수가 끝났다. 그녀는 사랑하는 연인을 저주한 것이다.

노르웨이 왕 호콘 1세는 스토르드에서 덴마크인을 격퇴했으나 화살을 맞고 목숨을 잃었다.

10세기에 군힐드의 오라비, 청치왕 하랄 1세가 덴마크에 세운 옐링 분묘군. 룬문자로 그의 아버지 고름 노왕과 어머니 튜라를 칭송하는 구절과, 왕국이 기독교에 귀의했다는 글이 새겨져 있다.

핀인의 마법 군힐드가 다룬 북방의 흑마술

군힐드가 혹한의 북방에서 핀인 마법사에게 마술을 배웠다는 이야기는 널리 알려져 있다. 당시 노르웨이의 이야기꾼들은 핀인과 사미인(Sámi, 스칸디나비아 반도 북부지방의 소수민족-역주)을 하나로 묶어 불길한 북방에 사는 미개하고 사악한 마법사라 여겼으며, 여러 사가에도 그들에 대한 편견이 목격된다. 과거 그들의 토지는 신성하게 여겨졌으나 기독교가 퍼지면서 부정한 토지로 받아들여지게 되었다. 이러한 관점은 후세의 식민지 독립 이후 보이는 소문에 바탕을 둔 편견으로도 이어진다. 북방은 수수께끼로 가득 찬 사악한 땅이 되었으며, 영웅들은 자신을 뛰어넘기 위해 북방으로 향했다. 그래서 할로갈란드와 같은 지역은 군힐드를 비롯한 사가의 악당을 낳은 땅으로 여겨졌다. 당시 북유럽에서는 출신지에 따라 인간의 타입이 정해졌다. 전설에서 군힐드가 북방 출신인 것, 핀인의 마법에 정통했던 것은 인신공격의 빌미가 되어 훗날 악정의 토대가 되기도 했다. 핀인의 마법도 당시 설화의 친숙한 테마였다. 그들을 읽어내는 키워드를 몇 가지 소개한다.

군힐드가 시키는 대로 핀란드인 마법사를 베어 죽이는 에리크.

정찰

올라프 트뤼그바손 왕의 사가에서 청치왕 하랄 1세는 마법사에게 정찰을 명한다. 마법사는 돌고래로 변신해 목적지가 네 명의 랜드베틸(자연의 정령), 드래곤, 독수리, 수소, 거인이 지키고 있다는 것을 밝혀냈다.

항해

중세 덴마크의 역사가 삭소 그라마티쿠스의 말에 의하면 핀인은 항해술에 능해 복잡하고 얼음으로 뒤덮인 항로를 건널 수도 있었다. 항해하면서 돌이나 눈이 내리게 했고, 그것들은 큰 산과 거친 강이 되어 퇴각을 도왔다.

변신

할프단, 에위스테인의 사가에 나오는 마법사는 동물로 변신할 수 있으며, 해마로 변해 열다섯 명의 남자를 죽였다.

추적

13세기 아이슬란드 호수계곡의 사가(바튼달 계곡 사람들의 사가)에서 소년 잉기문드르(Ingimundr)는 마녀에게 자신이 언젠가 아이슬란드를 여행하며 잃어버린 부적을 찾을 것이라는 예언을 들었다. 잉기문드르는 마녀의 말을 확인하고자 북방에서 온 세 남자에게 의뢰했다 그는 남자들에게 자기 대신 아이슬란드로 가 부적을 찾고 그 땅의 상황을 알려주면 양철 용기에 들어간 버터를 주겠다고 했다. 남자들은 마법사여서, 잉기문드르에게 자신들을 오두막에 숨기고 결코 이름을 밝혀서는 안 된다고 했다. 사흘이 지나고 마법사들은 답을 찾아내 잉기문드르에게 부적을 찾을 때까지의 경위, 그리고 세 피오르드가 만나는 곳을 알려주었으나, 부적을 붙잡으려 할 때마다 놓쳐버린다고 말했다. 마법사가 어떠한 사실을 알아내기 위해 영적인 여행을 하는 것은 핀인의 마법 이야기에 흔히 나오는 패턴이다.

군힐드와 에리크가 탄 것과 같은 타입의 바이킹 범선.

있는 노섬브리아 해안으로 밀어 보냈다. 벗어날 수 없다는 것을 깨달은 에길은 에리크와 군힐드에게 가서 화해를 청했다. 그럼에도 군힐드의 분노는 가라앉지 않아, 에리크는 에길을 다음날 아침 처형해야 한다고 선언했다. 에길은 마지막까지 포기하지 않고 어떻게든 군힐드의 마음을 움직이고자 새벽까지 에리크를 칭송하는 뛰어난 시를 지었고 노림수는 성공했다.

군힐드와 에리크는 954년경까지 노섬브리아에서 지냈으나, 잉글랜드에서 일어난 정변의 영향으로 에리크는 노섬브리아를 떠나기로 했다. 그러나 동란이 온 나라에 퍼져서 에리크가 스테인모어 전투에서 잉글랜드군에게 사로잡혀, 그가 죽으면서 잉글랜드 북부의 바이킹 통치에 종지부가 찍혔다.

부고가 날아오자 군힐드의 인생은 뒤바뀌었다. 잉글랜드인은 에리크의 잔혹한 처사는 군힐드 때문이라고 비난했다. 군힐드는 기지를 발휘해 모든 재산을 모으고 부하와 배를 최대한 끌어 모아 다 함께 다시 오크니로 도망쳤다. 두개골을 깨부수는 자라고 불린 오크니 백작 토르핀 톨프 에이날슨(Thorfinn Torf-Einarsson)은 일행을 맞이했고 군힐드와 자식들은 잠시 세력을 얻었다. 한편 군힐드의 오라비이자 덴마크를 다스리던 청치왕 하랄 1세는 호콘을 증오스럽게 여겨 군힐드에게 협력을 구했다. 겨우 노르웨이로 귀국할 길이 보이게 된 그녀는 오크니에서의 동맹을 확보하기 위해 딸 라군힐드를 토르핀과 결혼시키고 하랄 1세에게 의탁해 토지를 얻었다.

군힐드는 덴마크에서 오래 체류했는데 그녀의 아들들은 호콘에게서 아비의 영지를 탈환하기 위해 움직여 대군을 결성하고 961년 피셔르의 전투에서 대승했다. 아무래도 에길의 저주의 힘이 다했던 모양이었다. 호콘은 어깨에 화살을 맞아 치명상을 입었고, 또 군힐드의 마력이 승리를 거두게 하고 노르웨이 왕국 탈환을 성공시켰다는 소문이 퍼졌다. 아들이 하랄 2세로 즉위하자 군힐드도 권력을 손에 넣어 국가 통치에 강한 영향을 휘둘렀다. 그녀는 '왕들의 어머니'로 불리게 되었다.

971년경, 오라비 하랄 1세가 노르웨이의 귀족과 결탁해 하랄 2세를 암살하자 군힐드의 통치도 끝났다. 초로의 군힐드는 다시 가족과 딸 라군힐드가 있는 오크니로 도망쳐, 일족은 그녀의 입김이 닿은 자들이 타계할 때까지 권력을 쥐었다.

아내와 어머니로서 남편과 자식들을 먼저 떠나보내는 아픔을 겪은 군힐드는 6년 뒤 977년 치명적인 타격을 입었다. 오라비 하랄 1세에게 요술의 혐의로 규탄당해 늪지에서의 익사형을 당한 것이다. 이렇게 왕들의 어머니는 가족의 손으로 몰락했다.

"에리크는 에길을 다음날 아침 처형해야 한다고 선언했다."

왕에 대한 구절이 새겨진 당시의 동전은 유럽 각지에서 발견된다.

을 부리고 있다고 군힐드를 비난했다. 요술이 아니면 호콘이 살아 있는지를 알 수 있을 리 없기 때문이었다. 군힐드의 말대로 호콘은 살아 있었다. 여름, 노르웨이의 얄은 호콘을 왕위에 앉히기 위해 군사를 일으켰다. 군힐드와 에리크는 속수무책으로 당해 아이들을 데리고 오크니 섬으로 도망쳐 왕으로 맞이되었다.

그 다음의 전개는 애매하다. 에리크와 군힐드가 바이킹의 지배권 밖인 잉글랜드를 다스리는 애설스탠(Athelstan)에게 노섬브리아의 왕위를 양도받았다는 설도 있으나, 애설스탠이 양자인 호콘을 왕위에 앉히기 위해 고향으로 돌려보냈던 것을 생각하면 이 설의 신빙성은 낮다. 요크 대주교 울프스탄(Wulfstan)이 그들을 불러냈다고도, 잉글랜드 연안에 다다랐으나 에리크가 군힐드를 남기고 죽었다고도 한다. 아이슬란드 사가에 따르면 두 사람은 북동 연안을 공격해 가는 곳마다 철저하게 파괴하고 952년 요크에 정주해 일가가 세례를 받았다고 한다.

하지만 여행도 군힐드의 분노를 누그러뜨릴 수는 없었고, 그녀의 에길을 향한 원한은 사그라지지 않았다. 그녀는 자신을 만날 때까지 그가 아이슬란드에서 평온하게 지낼 수 없도록 저주를 걸었다. 1년 뒤, 에길은 애설스탠을 만나러 잉글랜드로 출발했다가 군힐드의 마수에 걸리게 된다. 배가 난파하고 태풍은 에길을 군힐드가

왕들의 어머니 군힐드

Joan of Navarre, the Royal Witch

왕족의 마녀, 나바르의 잔

**모든 일이 언제나 보이는 대로라는 보장은 없다.
요술을 썼다는 혐의로 규탄당한 잉글랜드 왕비
나바르의 잔의 생애처럼…**

잉글랜드 왕비 나바르의 잔에 대해 모른다 해도 부끄러워할 필요는 없다. 마술과 요술을 다루며 의붓자식 헨리 5세를 독살하려는 음모를 꾸민 혐의로 고발당했으나, 헨리 8세의 아내와 딸들처럼 이름이 알려진 여성 왕족에 비하면 눈에 띄지 않는 존재이기 때문이다. 그녀의 인생은 사랑, 죽음, 모략, 그리고 불의의 연속이었다. 요술의 혐의로 투옥당한 잉글랜드 왕비의 발자취를 따라가 보자. 잔은 1368년경 사악왕, 나바라 국왕 카를로스 2세(Karlos II.a Nafarroakoa)와 발루아의 잔(Joan of Valois)의 딸로 태어났다. 어린 시절에 대해서는 거의 알려져 있지 않지만 나바라 왕국의 산타클라라 수도원의 기록에는 그녀의 양육비로 매일 1플로린(중세 유럽의 금화, 현대 가치로는 약 40만원-역주)을 지불했다고 적혀 있다. 공주이므로 당연히 혼인정책의 수단으로 쓰여 12살에 이미 약혼자가 있었다. 하지만 약혼은 파기되었으며 1386년 공

> 잔과 형제들은 아버지 카를로스 2세의 담보로서, 단기간 파리에서 인질로 있었다.

령에서 막대한 지참금을 받고 브르타뉴 공작 장 4세(John IV, Duke of Brittany)와 결혼했다.

두 사람의 결혼은 성공적이어서 부부는 행복했던 듯하다. 아홉 명의 자식을 낳고 일곱 명이 무사히 성인이 되어 잔은 아내로서 의무를 다했다. 과거 두 번의 결혼에서 후계자를 얻지 못했던 브르타뉴 공은 무척 안도했을 것이다. 거의 10년 동안 끊임없이 임신했던 그녀는 브르타뉴의 정치에 개입할 여유도 없었으나 1399년 남편이 타계하자 사태는 급변했다. 당시 10세였던 아들 장 5세(John V, Duke of Brittany)의 섭정이 되어 뛰어난 수완을 발휘해, 남편의 생전부터 이어져 온 내분을 해결한 것이다.

이 시기에 잔의 인생은 전기를 맞이했다. 남편이 죽고 3년 뒤, 잉글랜드 왕 헨리 4세와 재혼하기 위해 스스로 몰래 교섭을 시작한 것이다. 당시의 과부로서 이것은 전대미문의 행동이었다. 장이 아직 살아 있었을 때, 잔과 즉

유명한 19세기의 아그네스 스트릭랜드의 전기 『잉글랜드 왕비들의 생활(Lives of the Queens of England)』에 수록된 나바르의 잔의 초상.

왕족의 마녀, 나바르의 잔

위 전의 헨리 4세는 이미 만난 적이 있었다. 두 사람 사이에 애정이 싹터 훗날의 재혼으로 이어진 듯했다. 당연하게도 재혼에 세간은 기절초풍하여 의문을 던졌다. 재혼은 하였으나 잔이 왕국에 큰 이익을 가져다준 것도 아니었고, 새로운 왕비에 걸맞은 부도 인맥도 없었다.

한편 재혼은 그녀에게 많은 특전을 주었다. 그녀의 과부 연금은 연 1만 마르크로, 당시의 잉글랜드 왕비로서는 파격적인 액수여서 많은 고용인을 데리고 브르타뉴 지방 사람들로 주위를 굳혔다. 그 때문에 의회와 대립하고 의회는 해산되었다. 공비에서 잉글랜드 왕비로 신분 상승한 데 더해 헨리 4세에게는 네 명의 적출 남아가 있었기 때문에 후계자를 낳아야 한다는 압박감도 없었다. 잔은 두 딸을 데리고 잉글랜드로 건너갔으며 브르타뉴의 통치자로는 백부인 부르고뉴 공을 섭정으로 세웠다. 동시대의 기록에는 그녀는 매력적이며 상냥하고 새 가족과 안정적으로 우호 관계를 맺었다고 적혀 있다.

이러한 상황을 고려해 보면 1413년 남편을 여읜 잔이 잉글랜드에 남겠다고 결정한 것도 의외는 아니다.

의회가 공공연히 지불을 수차례 미루었지만 그녀는 막대한 과부 연금을 계속 받아서 아름다운 드레스와 보석으로 치장하고 비싼 향신료, 식사, 와인을 즐기며 제2의 고향에서의 생활을 만끽했다. 프랑스와 잉글랜드가 1415년 아쟁쿠르에서 전투를 벌여도 신왕 헨리 5세와 양호한 관계를 유지했다. 아쟁쿠르 전투에서 헨리 5세가 압승하고, 잔의 친아들이 중상을 입었으며 사위도 전사했다. 그럼에도 과부 왕비는 의붓아들에게 불평하지 않고 이전과 다를 바 없는 생활을 이어나갔다.

하지만 갑자기 모든 것이 바뀌었다. 1419년, 잔의 고해신부 존 랜돌프(John Randolph)와 그녀의 두 고용인이 흑마술, 요술, 왕 독살 계획의 혐의로 잔을 고발한 것이다. 잔은 반역죄로 체포됐고 재산도 압수당했다. 그녀는 3년 동안 여러 감옥을 전전하다 마지막에는 페번시 성과 리즈 성에 유폐되었다. 랜돌프도 왕비를 요술에 끌어들인 죄로 런던탑에 유폐되었으나, 미친 남자와

의 격투에 말려들어 1429년 옥사했다.

요술의 소문 하나로 인생이 역전돼 공포 속에 빠지게 되기도 한다. 그렇게 생각하면 잔이 요술의 죄로 고발당했는데도 불구하고 유폐지에서 비교적 쾌적한 생활을 영위했다는 사실은 기묘하게 느껴진다. 그녀는 일반적으로 생각하는 것처럼 사회로부터 말살되지는 않았다. 윈체스터 주교(당시) 헨리 보퍼트(Henry Beaufort), 카모이스 경(Baron Camoys) 등 유력자를 만난 것을 보아도 이 사실은 명백하다. 후계자 헨리 5세의 동생인 글로스터 공작 험프리(humphrey of gloucester)도 그녀를 찾아갔다. 유폐 중의 고용인단 회계부로 보아 규모는 축소했을지언정 여전히 사치스러운 생활을 했으며 고용인 월급과 마구간 유지비도 지불했다(즉 승마도 허가되었다). 즉 잔은 신병을 구속했다기보다 국왕이 감금해 두었을 뿐이라고 보는 편이 옳다. 이러한 사항을 생각하면 그녀가 정말로 요술의 혐의를 받은 것이 맞는지 의문

교황에게 사촌 이내인 자들 간의 결혼 특별 허가가 신청되었다.

"잔이 요술의 죄로 고발당했음에도 불구하고 유폐지에서 비교적 쾌적한 생활을 보낸 것은 기묘하게 느껴진다."

첫 남편 브르타뉴 공작 장 4세의 무덤 앞에 선 잔과 아들 알튜르.

전환기
1399년 11월 1일 브르타뉴 공작의 죽음
첫 남편 장 4세가 타계하고 그녀는 공국의 섭정이 되었다. 왕은 유언으로 잔에게 평생 과부 연금을 지불하도록 했으나 잉글랜드의 과부연금과 마찬가지로 그녀는 연금을 수령하는 데 고생했으며 특히 잉글랜드로 넘어간 뒤에는 더욱 어려워졌다.

잔은 스스로 헨리 4세와 재혼 교섭에 나섰다.

전환기
1403년 2월 7일 성혼
교황에게 사촌 이내의 결혼 특별 허가를 받은 잔과 잉글랜드 왕 헨리 4세는 지난해에 대리결혼식을 치른 뒤 윈체스터 대성당에서 결혼했다. 약 3주 뒤인 26일, 잔은 정식으로 잉글랜드 왕비로 대관했다. 첫 결혼처럼 두 번째 남편과의 결혼생활도 애정이 넘쳐 행복했다고 한다.

이 생긴다.

　그로부터 약 20년 후, 글로스터 공작 험프리의 아내인 엘리노어 코브햄(Eleanor Cobham)도 요술과 강령술로 헨리 6세에 대한 음모를 꾸민 혐의로 규탄되었으나 잔이 받은 대우와는 하늘과 땅 차이였다. 엘리노어도 고소당해 유죄 판결을 받았는데, 험프리와 이혼하고 무기징역을 받았으며 런던 각지에서 굴욕적인 속죄의 고행을 대중 앞에서 강요받았다. 한편 잔은 재판은 물론 이러한 벌을 받은 적도 결코 없었다. 이를 통해서도 잔에 대한 규탄이 기만이었음을 알 수 있다. 현대의 독자가 보기에 요술이라는 개념은 우스꽝스럽게 보이겠지만 잔이 살았던 시대나 그 뒤에나 요술은 현실의 위협으로서 두려움을 샀다. 정말로 헨리 5세가 잠깐이라도 계모가 요술을 부려 자신에게 해를 끼치려 했다고 믿었다면 즉시 벌했을 것이다. 실제로 랜돌프의 증언을 제외하면 그녀에 대한 고소를 뒷받침하는 증거는 없었으며, 명백한 촌극이었다.

　그렇다면 다른 의문이 떠오른다. 애초에 요술의 고발을 뒷받침하는 확실한 증거가 없다면 잔은 왜 고발당했을까. 헨리 5세는 해외원정에서 승리를 거두기는 했으나 막대한 군비를 지불했으며 더 이상 군사비를 조달하기는 절망적이었다. 하지만 계모에게는 어마어마한 재산이 있었다. 그것도 부친에게 받은 과부 연금과 토지 덕분이었다. 고소당한 잔의 자산은 압수되고 왕실에 환송되어 그대로 왕실의 재원에 들어갔다. 헨리 5세는 계모의 재산을 강탈하기 위한 완벽하고 합법적인 방법을 발견했다. 잔은 손쓸 방법도 없었고 항의도 하지 않았다. 어쩌면 그녀는 헨리 5세의 의도를 알고 있었을지도 모른다. 그가 계모를 재판에 회부할 수 있을 리 없었다. 무죄가 확정되면 재산을 반환해야 했기 때문이다.

　이런 상황이 특별하지는 않았다. 왜냐하면 당시 요술을 고발하는 일은 드물지 않았으며 여성의 권력과 재산을 빼앗는데 여성을 마녀로 고소하는 것은 손쉽고 악의 넘치는 수단이었기 때문이다. 잔에게는 운이 좋게도 헨리 5세는 임종할 때 죄책감을 느낀 듯, 1422년 타계하기 직전 잔을 석방하라고 명하고 과부연금과 재산을 반환하라고 선언했다. 하지만 때는 이미 늦었다. 잔은 자신의 정당한 소유물을 되찾기 위해 오랜 세월을 쏟았지만 유폐당한 동안 일부는 제3자에게 넘어가 있었다. 하지만 재판에 회부돼 유죄판결을 받았을 경우를 생각하면 운이 좋은 편이었으리라.

잔은 요술과 반역죄로, 의붓아들인 잉글랜드 왕 헨리 5세에 의해 3년 동안 유폐당했다.

잔은 1399년부터 1403년까지 미성년인 아들 브르타뉴 공작 장 5세의 섭정을 맡았다

잔과 헨리 4세의 그림. 생전 잔 본인이 만들게 한 것으로, 현존하는 유일한 그림이다.

잔은 왕족과 양호한 관계를 맺었으나, 많은 잉글랜드인에게 불신의 눈초리를 받았다.

잔의 평가
당시 사람들은 그녀를 어떻게 생각했을까?

현대의 역사가는 잔이 받은 반역죄와 요술의 혐의는 완전한 허위이며, 그녀의 재산을 차압하기 위해 국왕이 획책한 일이라는 점에서 의견이 일치했다. 하지만 당시 사람들은 꼭 그렇게 생각하지는 않았으며, 잔이 이른바 마술, 요술, 강령술을 썼다고 비난하는 목소리도 많았다.

잔은 인상이 좋은 인물이었으나 요술로 고발당할 만하다고 생각한 사람이 적지 않았다는 점은 주목할 만하다. 잉글랜드 국왕과 결혼했으면서 아무것도 가져오지 않은 외국인이어서 의심의 눈초리를 받았으며 결혼 당초에는 환영받지 못했다. 물론 역사상 수많은 외국 출신 왕비가 같은 경험을 해왔으나 잔의 경우 출신 가문도 악재 중 하나였다. 부친인 사악왕 카를로스 2세도 재위 중 요술의 혐의를 받은 과거가 있어서 그 아비에 그 딸이라 여겨질 만했다.

그러나 똑같이 요술의 혐의를 받은 앙주의 마르그리트나 엘리자베스 우드빌과 같은 훗날의 왕비들과 비교하면 잔은 심각하게 평가가 떨어졌다고는 할 수 없었다. 후세의 연구자들 덕분에 명예를 회복했으니 더욱 그렇다.

현재 랭글리 성에는 발굴품 이외에는 아무것도 남아 있지 않다.

전환기
1431년의 화재
의붓손자 헨리 6세의 통치기에 잔은 랭커스터 왕조의 주요 왕족이었으나 왕권과는 거리가 매우 멀었다. 이용당할 것을 경계한 잔은 랭글리 성에 거의 틀어박혀 있었다. 그러던 도중 고용인의 부주의로 일어난 화재는 인생 후반에 일어난 최악의 사건이었다.

Betrayal of the Knights Templar

성전기사단의 배신

고작 7년 만에 성전기사단은
규탄받고, 해산되고, 단원은 처형당했다.
그들은 신에 대한 모독의 대가를 치르게 된 것일까.

자크 드 몰레(Jacques de Molay)는 침착했다. 7년 동안 이어진 고발, 재판, 고문, 부인, 자백에도 불구하고 평온했다. 턱수염이 자라고 쇠약해진 채 파리 중앙을 흐르는 센 강에 떠있는 일 오 쉬프 섬으로 연행되었지만 그는 탄식하지도 않고 몸서리치지도 않았다. 섬에는 화형대가 설치돼 남자를 태워 죽일 준비가 되었으며, 그 죽음을 지켜보기 위해 군중이 모여 있었다. 몰레는 넝마 옷을 벗고 볼품없는 셔츠 차림이 되어 빼빼마르고 창백한 몸을 화형대에 묶었다. 과묵한 남자는 드디어 입을 열어 노트르담 대성당 쪽을 바라보게 해달라, 기도하면서 죽고 싶으니 손을 자유롭게 해달라고 청했다. 청원이 이루어져 화형대에 불을 지르는 동안 몰레는 머리를 숙이고 조용히 기도했다. 불은 순식간에 타올라 그의 몸을 삼켰다. 그러자 그는 다시 입을 열어 외쳤다.

"주께서는 누가 틀렸고 누가 죄를 저질렀는지 아신다! 우리를 부당하게 사형시킨 자들은 머지않아 불행을 겪게 되리라. 주께서는 우리의 죽음의 원수를 갚으실 것이다. 우리를 핍박한 자들은 모두 틀림없이 우리로 인해 고통을 맛볼 것이다." 불은 점차 커져갔다. "교황 클레멘스, 국왕 필리프여. 내 목소리를 들어라. 그대들은 1년 안에 자신의 죄를 주 앞에서 속죄하리라." 마지막 말을 뱉은 몰레는 그 이상 한 마디도 하지 못하고 불꽃에 휩싸였다.

그 해에 교황 클레멘스 5세(Clemens PP. V)와 프랑스 왕 필리프 4세(Philippe IV)가 사망했다. 오랫동안 병을 앓던 교황은 1314년 4월 20일, 필리프 4세는 1314년 11월 29일에 사냥 도중 일어난 사고로 인해 46세에 목숨을 잃었다. 몰레가 이끈 성전기사단은 소멸했으나 기사단의 마지막 총장이 건 저주는 두려움과 함께 전해 내려왔다. 다만 이 유명한 마지막 말은 아마 사실이 아닐 것이다.

다양한 면모를 지닌 기사단은 신화와 전승에 따라 왜곡되어 전해졌다. 몰레가 죽기 전에 배신자를 저주했는지는 분명하지 않다. 수수께끼로 뒤덮이고

기사단을 파멸로 몰아넣은 자와
지키려 한 자

자크 드 몰레
1243~1314년 3월 18일

제23대 성전기사단 총장.
젊은 시절에 대해서는 거
의 알려진 바가 없다. 세상
에 가장 잘 알려진 기사단
총장으로, 취임한 뒤 내부 개
혁을 시도했으나 이루지 못했다.

프랑스 왕 필리프 4세
1268~1314년 11월 29일

철왕이라 불리며 프랑스를
봉건제도에서 중앙집권국
가로 이끌었다. 절대왕정에
강한 신념을 품고 각국의
왕위를 친족으로 굳히려는 야
망을 지녔다. 성전기사단을 괴멸
로 몰아넣고 프랑스에서 유대인을 추방했다.

교황 클레멘스 5세
1264~1314년

본명은 레몽 베르트랑 드
고트(Raymond Bertrand
de Got). 1305년 6월 5일
교황으로 대관했다. 필리프
4세의 괴뢰라는 의견도 있는
가 하면 과감하게 저항했다는 설
도 있어, 프랑스 왕에게 충성했는지는 의문으
로 남았다. 어느 쪽이든 성전기사단을 해산시
킨 교황으로 기억된다.

기욤 드 노가레
1260~1313년

필립 4세의 법률고문. 필리
프 4세와 교황 보니파시오
8세와의 정쟁에서도 중요
한 역할을 맡아, 교황을 포
위하도록 국왕을 설득했다.
성전기사단의 해체를 지휘한 중
심인물 중 하나로, 기사단에 불리한 자백을
단원으로부터 억지로 끌어냈다.

조프루아 드 샤르니
불명~1314년

성전기사단 노르망디 지부
장. 젊은 시절 입회한 고참
단원. 많은 단원과 함께 체
포당해 고문을 받고 자백했
으나 훗날 철회한다. 체포된
세 간부 중 총장을 지지하고 고
발을 부인한 유일한 인물이다.

Templar Hierarchy
성전기사단의 서열

성전기사단은 기사단이자 질서를 갖춘 조직체로, 원활하게 활동하기 위해 단원은 각각 역할을 맡았다.

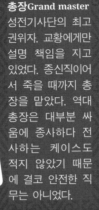

총장Grand master
성전기사단의 최고 권위자. 교황에게만 설명 책임을 지고 있었다. 종신직이어서 죽을 때까지 총장을 맡았다. 역대 총장은 대부분 싸움에 종사하다 전사하는 케이스도 적지 않았기 때문에 결코 안전한 직무는 아니었다.

세네샬Seneschal
부사령관이라고도 불리는 총장의 오른팔 겸 조언역과 같은 존재. 다양한 운영임무의 책임자로, 평상시에는 기사단의 소유지를 관리하며 유사시에는 거병이나 병참을 조직했다.

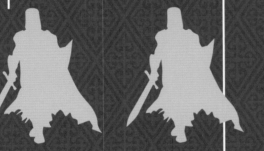

마레샬Marshal
전시에 일어나는 모든 일을 관리하며 무기와 말의 수배부터 다른 기사수도회와의 잡다한 문제까지 담당한다. 총장과 공동으로 전략을 짰다.

지부장
Commanders of lands
기사단에는 예루살렘, 안티오키아, 트리폴리라는 세 지역의 지부장이 있었다. 예루살렘 지부장은 회계 책임자이기도 했으며, 그 외의 지부장은 도시마다의 독자적인 책무를 맡았다. 각지의 성전기사단의 주거, 농장, 성의 책임자이기도 했다.

기사, 숙소, 농장 사령관
Commanders of knights, houses and farms
지부장의 밑에서 많은 토지를 관리하며 일상 업무의 원활한 수행을 책임졌다.

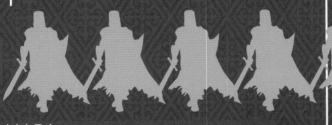

기사와 종사Knights and sergeants
기사단의 주요 구성원. 기사는 귀족 출신으로 유명한 흰 망토를 착용했다. 종사도 전투에 종사했으나 귀족 출신은 아니었으며 기사보다 낮은 계급으로 검은색 또는 갈색 망토를 착용했다.

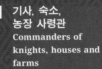

수백 명의 기사단원이 필리프 4세의 명령에 따라 화형에 처해졌다.

성전기사단의 배신

몰레는 고발 내용을 인정하라고 단원에게 호소하는 편지에 서명을 강요받았다.

갑작스러우면서 드라마틱하게 멸망한 기사단에는 소문과 음모가 따라다녀 그 진지한 기원과 14세기 유럽을 뒤흔든 붕괴의 경위를 흐릿하게 만들었다.

제1차 십자군이 예루살렘을 탈취하자 유럽에서 수많은 순례자들이 성지로 향했다. 그러나 순례의 길은 위험했기 때문에 기사들이 강도로부터 도로를 지켰다. 이렇게 1119년 크리스마스, 예수가 십자가에 못 박힌 곳에 기사들의 단체가 결성되었다. 본부가 예루살렘 성전 언덕에 있었기 때문에 '성전(템플)기사단'이라 불리게 되었다.

기사단은 청빈을 모토로 삼아 기부로 생계를 유지했으나 급속하게 중세의 가장 유명한 수도회가 되었다. 교황의 인가를 얻은 기사단에는 자금과 토지와 열의 넘치는 귀족 청년이 모였다. 기사단은 서방의 첫 제복 상비군이기도 했으며, 타오르는 듯한 붉은 십자가가 자수된 흰 망토 차림의 기사들은 전설적인 존재가 되었다.

몽기사르 전투에서는 500명의 단원이 수천 명의 병사로 이루어진 군을 보조해 2만 6천명의 살라딘 군을 격퇴하고 신의 전사로서의 명성을 높였다. 그들은 강력한 군대면서 현대의 은행과 같은 폭넓은 금융 네트워크를 운용했다. 십자군에 참가하기를 희망하는 귀족은 대개 자산 관리를 성전기사단에게 맡겼고, 기사단은 신용장을 발행했다. 이 신용장으로 세계 각지의 기사단 숙소에서 돈을 인출할 수 있었다. 13세기에 들어갈 즈음, 성전기사단은 세계에서 가장 강력하고 부유한 조직으로 성장하여, 미래에 극적이고 가혹한 운명이 기다리고 있으리라고는 꿈에도 몰랐다. 그들을 파멸시킨 것은 동방의 이슬람교도가 아니라 동료인 서방의 기독교도였다. 1291년 아크레가 함락되자 성지에서 기독교의 영토는 소실되었다. 성전기사단도 발상지에서 쫓거나 존재의의를 잃었다. 1292년 총장으로 임명된 몰레에게는 성전기사단의 손실을 만회하려는 목표가 있어, 지원을 받기 위해 온 서방을 떠돌았다. 교황 보니파시오 8세(Bonifacius PP. Ⅷ)와 잉글랜드 왕 에드워드

1세(Edward I)는 지원을 약속하였으나 십자군 원정은 실패로 끝났으며 시리아 상륙을 시도한 120명의 기사가 전사했다. 1306년, 성전기사단은 키프로스섬에서 쿠데타에 가담해 앙리 2세(Henri Ⅱ de Lusignan)가 퇴위하고 동생이 권력을 잡았다. 이런 행동이 주목을 끌지 않을 리 없다. 자국에 강력한 성전기사단을 품은 수많은 군주들은 잇따라 불만을 품기 시작했다. 강력한 성전기사단이 반란귀족을 보호하는 것을 막으려면 어떻게 해야 하느냐고. 프로이센의 독일 기사단과 로도스섬으로 거점을 옮긴 가톨릭 기사수도회, 성 요한 기사단(몰타 기사단이라고도 부른다–역주)처럼, 성전기사단도 고유의 국가를 건설할 것을 강하게 주장했다.

1305년, 몰레는 성전기사단과 성 요한 기사단의 합병을 타진하는 프랑스 교황 클레멘스 5세의 편지를 받았다. 몰레는 합병을 단호히 반대했다. 1306년, 교황은 이 건을 논의하기 위해 두 기사단의 총장을 프랑스에 초빙하며 '신속하고 되도록 눈에 띄지 않게 오라'고 통보했다. 몰레는 1307년 프랑스에 도착했으나 성 요한 기사단 총장 파울크 드 빌라레 (Foulques de Villaret)는 늦었는지, 아니면 불길한 예감을 느꼈는지 오지 않았다. 교황과 몰레가 그를 기다리는 동안 전혀 다른 안건이 제기되었다.

그로부터 2년 전, 기사단에서 추방된 전 단원이 기사단의 온갖 악행을 규탄했다. 세간은 믿지 않았으나 필리프 4세는 새삼스럽게 이 건을 다시 문제삼았다. 헛소리를 참지 못한 몰레는 클레멘스 5세에게 이 건을 조사해 성가신 상황을 해결해 달라고 요청했다. 8월 24일, 클레멘스는 필리프 4세에게 자신은 고발을 믿지 않지만 '큰 슬픔, 걱정, 동요'를 느끼고 있으며, 조사를 시작할 생각이므로 그쪽에서는 더 이상 아무것도 하지 말라는 편지를 보냈다. 하지만 필리프 4세는 들은 체도 하지 않았고, 10월 13일 금요일 새벽 왕국군이 프랑스 각지의 기사단 숙소에 들이닥쳤다.

필리프 4세가 극단적인 행동에 나선 것은 이번이 처음이 아니었으며, 이전부터 무모하고 사나운 왕이

성전기사단의 수수께끼

성배

성전기사단이라 하면 성배를 떠올리는 사람도 많을 것이다. 볼프람 폰 에셴바흐의 중세 로맨스 소설 『파르치팔(Parzival)』부터 댄 브라운의 『다빈치 코드』까지, 역사상 성전기사단은 신비로운 성유물과 엮여서 등장했다. 창작물에서는 기독교가 최후의 만찬에서 사용한 잔이나 심원하고 드라마틱한 비밀의 수호자로 그려지는 경우가 많다. 흥미롭게도 기사단의 요람의 땅, 프랑스의 트루아는 초창기의 성배 이야기가 만들어진 곳이기도 하다. 기사단과 성배의 관계는 기사단의 최전성기인 12세기부터 13세기에 성배 전설이 전파된 것이 크다고 추정된다. 기사단은 사회의 일부이기는 하였으나 지금처럼 당시에도 수수께끼인 조직이었다. 신비로운 성배가 기사단과 엮인 것도 당연하다 할 수 있다.

숫자로 보는 성전기사단

20,000
전성기 단원의 수.

54
1310년 5월에 화형당한 단원의 수.

15 1310년 5월 12일 이전 기사단을 규탄한 증인의 수. 이후 198명으로 늘었다.

597 1310년 5월 12일 이전 기사단을 변호한 증인의 수. 이후 14명으로 줄었다.

9
설립 시, 순례자를 보호하기 위해 모인 기사의 수.

200,000
리브르
성 요한 기사단이 프랑스 왕에게 '상계금'으로서 지불한 액수.

성전기사단의 수수께끼

토리노의 수의

성전기사단이 몰래 토리노의 수의를 숨겨 숭배하고 있다는 소문은 성배 전설보다 신빙성이 높다. 예수 그리스도의 얼굴이 비치는 이 천을 처음 공개한 사람은 조프루아 드 샤르니의 일족으로, 그가 몰레와 함께 화형당해서 수의와 성전기사단의 관계는 바로 소문의 대상이 되었다. 고발당한 단원 중 한 명인 아르노 사바티에도 입회식에서 '남자의 얼굴이 그려진 긴 아마포'를 보았으며 그 가장자리에 세 번 입맞춤을 하고 받으라는 지시를 받았다고 증언했다. 그래서 기사단이 숭배하고 있다고 규탄당한 우상은 사실 토리노의 수의가 아니냐는 지적도 있다. 방사성탄소연대측정 결과, 수의는 1260년부터 1390년 사이의 물건이라고 한다. 이는 연대적으로 일치하며, 수의의 얼굴이 예수가 아닌 몰레의 얼굴이라고 주장하는 자도 있다.

몰레가 예루살렘에서 다시 신병을 구속당했다는 이야기가 돌았던 당시에 그려진 그림.

라는 평을 들었다. 교황 보니파시오 8세와 충돌해 반교회 운동을 전개한 적도 있다. 필리프 4세는 왕권을 집중할 필요성을 느끼고 있어서, 갈등이 악화되기만 하는 1303년, 교황 보니파시오 8세의 신병을 확보해 프랑스에 연행하고 이단으로 고발하려 했다. 보니파시오는 충격을 받은 나머지 절명하고, 후계자 베네딕토 11세(Benedictus PP. XI)도 고작 9개월 만에 타계했다. 이렇게 필리프 4세는 자신의 입김이 닿는 클레멘스를 교황으로 세우는 것에 성공했다. 왕은 국내의 유복한 이탈리아 은행가들을 체포해 자산을 강탈하고, 또 유대인도 점적어 왕국에서 추방했다. 이런 행동의 동기는 명백하다. 필리프 4세가 계승한 프랑스 왕국은 재정위기로 벼랑 끝에 몰려 있었다. 그와 동시에 왕권을 교황의 권위보다 위라고 여겼다. 기사단은 필리프 4세에게 거액의 채무가 있었던 데다 교회와 관계가 깊어 왕권 강화를 노리는 필리프 4세에게는 절호의 표적이었다. 그들만의 국가를 건설하려던 기사단의 운명은 정해진 것이나 마찬가지였다. 필리프 4세가 올라서기 위해 기사단은 죽어야 했다.

프랑스의 성전기사단 단원 검거 이유는 이단, 항문 성교(남색), 신성모독, 기독교 부인이었다. 기사단을 이단으로 규탄하면 필리프 4세는 성인으로 인정받은 조부 루이 9세(Louis IX)처럼 그리스도의 전사를 자인할 수 있다. 하지만 그의 행동은 가톨릭교회에 대한 모독이었기 때문에 클레멘스는 격노했다. 필리프 4세는 교황 따위는 위협이 되지 않는 의지박약한 늙은이라고 얕보았던 모양이었으나, 교황은 필리프 4세에게 '로마 교회에 대한 모욕 행위'는 여러 규범을 무시하고 있다는 분노에 찬 서한을 보냈다.

하지만 교황의 분노도 성전기사단에게는 큰 도움이 되지 않았다. 약 1만 5천 명의 단원이 국내 각지에서 투옥되었으나, 그 대부분은 귀족과 기사가 아니라 일개 농민과 양치기였다. 몰레도 체포를 면하지 못했으며, 총장으로서 필리프 4세의 매제의 장례에서 관을 짊어진 다음날, 갑자기 다른 단원들과 함께 구속당했다. 필리프 4세는 기사단의 땅과 재산을 압류하고 기사단을 무너뜨리는 데 필요한 자백을 끌어내려 했다.

방법은 단순했다. 필리프 4세는 고문을 철저하게 활용했다. 그의 입김이 닿은 이단심문관은 단원의 의지를 꺾기 위해 온갖 끔찍한 수단으로 고통을 주었다. 몸을 잡아당겨 관절을 빼는 고문대, 손을 밧줄로 묶고 도르래로 들어 천장에 매달았다가 추락시키는 매달기형은 상투수단이었다. 발바닥에 기름을 바르고 불을 붙이거나 이를 뽑기도 했다. 차갑고 어두운 독방에 갇혀 고문을 견디지 못한 자는 비밀리에 매장되었다. 1308년에는 익명으로 독방의 열악한 환경을 호소하는 문서가 적혔다. "인간의 말로는 죄 없는 사람이 받은 이러한 처사, 고통, 비참함, 심한 괴로움, 끔찍한 고문을 형용할 수 없다. 그들은 체포당하고 3개월 동안 낮에도 밤에도 독방에서 끊임없이 한탄하고, 한숨을 쉬고, 고문을 받아 울고, 이를 갈았다. (중략) 진실은 그들의 목숨을 앗아가고 허언은 죽음으로부터 그들을 해방한다."

예상대로 재판에 회부된 단원 대부분이 죄를 자백했다. 주된 내용은 신앙의 부인, 의식 중 십자가를 저버린 것, 신참의 배꼽이나 입, 엉덩이에 입맞춤한 것, 남색의 용인, 우상에 끈을 감고 숭배한 것, 미사에서

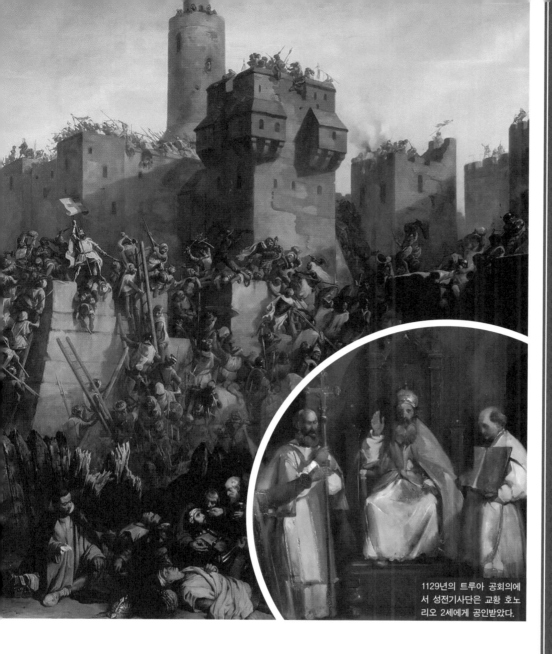

1129년의 트루아 공회의에서 성전기사단은 교황 호노리오 2세에게 공인받았다.

성찬식을 치르지 않은 것이다. 재판 중 성전기사단의 죄목은 부풀어 오르기만 하였으며 유아를 태워 죽였다거나 신참에게 강제로 시체의 재를 먹였다고 규탄받았다. 현대인이 보기에는 뜬금없고 말도 안 되는 내용으로 보이겠지만 악마를 둘러싼 편집증이 만연하던 당시, 사람들은 교회가 이러한 악행에 잠식당했을 수도 있다고 믿었다.

이단심문관은 고문을 감독하여 138명 중 134명의 단원이 심문에서 하나 이상의 죄를 자백했다. 몰레도 손발과 고환을 얻어맞아 자백했다. 얼마 안 가 다른 간부도 자백했으나, 클레멘스는 고백은 교황청 위원회 앞에서 해야 한다는 주장을 굽히지 않았다. 그 말대로 몰레와 간부들은 태도를 바꾸어 자백을 부인했다. 필리프 4세의 영향이 닿지 않는 안전한 곳으로 이송된 몰레는 진술을 철회하고 고문으로 자백을 강요받았다고 주장했다. 다른 단원도 이를 따라서 기사단을 신속하고 철저하게 해체해야 한다는 필리프 4세의 노림수에 제동이 걸렸다.

필리프 4세는 교황을 설득하기 위해 푸아티에를 방문해 72명의 기사단 단원에게 교황의 면전에서 자백하도록 했다. 동시에 손을 써서 반성전기사단 전단을 유포해 기사단이 타락했다는 소문을 퍼뜨리고 교황이 행동하지 않는다면 자신은 가톨릭의 가르침을 지키기 위해 움직일 수밖에 없다고 경고했다. 끈질기게 추적당하고 협박당해 사실상 연금 상태에 놓인 교황은 항복하고 기사단 취조를 명했다. 몰레와 간부들은 자백 철회를 취소했고 필리프 4세의 계획에 다시 시동이 걸렸다.

기사단은 법적 수단을 전혀 가지지 못했다. 몰레는 기사단을 변호하기 위해 나섰으나 '빈곤하고 무식한 기사'가 감당할 수 있는 일은 아니었다. 1310년, 법학에 정통한 두 단원이 뛰어난 항변을 펼쳐 기사단에 죄가 없음은 물론 냉혹한 음모의 피해자라고 주장했다. 상황이 기사단에 유리해졌다고 본 필리프 4세는 과감한 수단을 쓰기에 이르렀다. 1310년 5월 12일, 자백을 철회한 54명의 단원이 이단으로 퇴보했다며 그들을 화형에 처한 것이다. 변호를 담당하던 두 사람은 모습을 감추었다.

유럽 각지의 성전기사단

교황은 유럽 각지의 기독교도 통치자들에게 단원을 체포하라고 명했으나 국가마다 반응이 달랐다.

브리튼 제도 British Isles
원래 에드워드 2세는 성전기사단의 유죄에 회의적이어서 위협으로 보지 않았다. 기사단을 옹호하는 서한을 교황에게 보냈으나 결국 많은 단원을 체포하고 재판에 회부할 수밖에 없었다. 잉글랜드에서는 고문이 허가되지 않았고 단원은 전원 무죄를 호소했으나 교황청이 파견한 이단심문관이 주도권을 쥐자 잇따라 자백이 튀어나왔다. 그러나 화형이 아니라 공개참회형에 처했을 뿐이었다. 부인한 자는 감옥에서 일생을 마쳤다.

이탈리아 Italy
이탈리아의 상황은 각기 달랐으나, 교황령이 즉시 교황의 지시를 실행했던 것은 말할 필요도 없다. 한편 롬바르디아에서는 기사단이 폭넓게 지지를 얻고 있어, 죄를 자백한 단원도 있었으나 그에 밀리지 않을 만큼의 사람이 허라고 주장했다. 피렌체에서는 고문에도 불구하고 자백한 사람은 13명 중 6명뿐이었다.

키프로스섬 Cyprus
키프로스 왕 아모리 드 뤼지냥(Aimery de Lusignan)은 성전기사단 덕분에 왕위에 앉았기 때문에 그들을 체포하는 데 적극적이지 않았다. 기사단 간부는 과감하게 저항했으나 투옥됐다. 재판에서는 많은 증인이 기사단을 옹호했으나 공판 중 왕이 암살당해 기사단의 원수 앙리 2세가 즉위함과 거의 동시에 고문이 시작되어 대다수가 무죄를 호소하며 사망했다.

포르투갈 Portugal
포르투갈은 타국에 비해 피해가 적었다. 왕 디니스 1세(Dinis I)는 박해를 거부했으나 기사단 해체를 명하는 교황칙서에는 거역하지 못했다. 하지만 기사단은 디니스 1세의 비호 아래 '그리스도 기사단'으로 다시 태어났으며, 국왕은 클레멘스 5세의 후계자와 교섭해 성전기사단의 자산을 그리스도 기사단으로 옮겼다.

이베리아 반도 Iberian Peninsula
아라곤 왕 차이메 2세(Chaime II d'Aragón)는 원래 박해에 적극적이지 않았으나 교황의 명령을 받기 전인 1308년 1월 6일에 거의 모든 단원을 체포하라고 명했다. 단원은 성채의 방위를 강화해 원군을 요청했으나 원군은 오지 않았다. 단원은 모두 무죄를 주장했다. 고문은 금지였기 때문에 자백은 전혀 받지 못했으며 이단의 죄로 처형당하는 자는 없었다.

십자군의 주요한 싸움에서 성전기사단은 선진을 도맡았다.

무죄인가, 유죄인가?

화형을 당한 성전기사단 단원의 죄목에 한 조각의 진실은 있었을까.

유죄 | 무죄

십자가 경시

유죄: 이 고발은 필리프 4세가 날조한 죄목 중 하나로 알려져 있으나 완전히 부인할 수만은 없었다. 여러 단원이 십자가를 경시했다고 고백했을 뿐만 아니라 기사단에 잠입했던 필리프 4세의 첩자도 같은 증언을 했다. 바티칸 도서관에서 최근 발견된 '시논 문서'도 이 고발을 뒷받침하며 자크 드 몰레도 1308년의 심문에서 인정했다.

무죄: 몰레는 십자가의 경시가 있었음을 인정했으나 이를 바로 이단으로 간주하는 것은 섣부른 일이다. 몰레의 주장에 따르면 이는 사라센(중세 유럽에서 아랍인을 이르는 말-역주)의 고문을 당할 가능성이 있는 단원에게 내린 시련이었으며, '마음이 아닌 생각으로' 신앙을 부인하는 훈련이었다. 필리프 4세의 첩자가 본 것은 그 훈련으로, 그 목적을 오해한 것이리라.

바포메트라 불리는 우상 숭배

유죄: 단원은 '우상의 각각의 머리를 둘러싸고 만졌다. 우상에는 가는 끈이 둘러져 있었으며 그것을 자신의 속옷이나 살 위에 감았다'라고 고발당했다. 필리프 4세의 다른 고발과는 달리 이건은 성전기사단만을 향한 것으로, 그가 내부 정보를 손에 넣지 못했다고 생각하기는 어렵다. 많은 기사가 우상숭배를 인정했으며 인간의 머리 정도의 우상이었다고 증언했다. 사실 단원이 칼케돈의 성 에우페미아 등의 머리를 소유하고 있었다는 일은 알려져 있었으며, 이것을 보관하고 있었다면 모종의 형태로 숭배했을 가능성은 부정할 수 없다.

무죄: 파리의 재판에서 이 머리 숭배를 인정한 것은 고작 아홉 명으로, 유럽 각지의 '우상' 증언도 모순되어 있다. '낡은 가죽으로 뒤덮였고 눈에 두 부스럼이 있었다.', '금과 은으로 이루어졌다.', '다리가 서너 개 자라나 있었다.', '머리에는 뿔이 자라나 있었다' 등 다 제각각이다. 증언의 모순은 고문으로 자백을 쥐어짜냈다는 증거임이 틀림없다. 전해지는 바에 따르면 우상은 '바포메트'라 불렸다고 하나, '마호메드' 즉 무함마드를 가리키는 것이리라. 어느 쪽이든 실제로 단원이 우상숭배를 했다면 그들의 예배소에 이러한 심볼이 전혀 없었던 것은 이상하다.

남색

유죄: 단원은 '입회한 수도사들에게 전원이 육욕에 빠지기도 하고, (중략) 그것이 의무이며 이 상호 관계를 따라야 한다'라고 말했다고 한다. 단원은 금욕의 맹세를 해 결혼을 할 수 없었기 때문에 욕망을 채우기 위해 남색에 빠졌다고 추측된다. 자백은 거의 없지만 남색이 금지되지 않았다는 증언은 여럿 있다. 많은 사람이 고문을 당해도 남색을 부인했던 것은 항문성교가 얼마나 부끄러운 짓으로 여겨졌는지를 뜻하며, 단원이 진실을 숨기려 하는 것도 이상하지 않다.

무죄: 이것은 당시 상대의 신용을 실추시키거나 파멸시키는 데 쓰인 상투수단으로, 필리프 4세는 이전에도 교황 보니파시오 8세에게 비슷한 비난을 했다. 필리프 4세가 보기에 남색은 적을 물리칠 절호의 무기였을 테고, 반증하기 어렵다. 하지만 고문에도 불구하고 파리의 재판에서 남색을 고백한 단원은 고작 세 명뿐이었다. 몰레도 기독교 부인을 금방 인정했으나 남색에 관해서는 기사단의 종규가 이러한 행위를 파문 등의 엄벌에 처한다며 강하게 부정했다.

전설에 따르면 몰레는 불타오르면서 국왕에게 저주의 말을 내뱉었다.

예루살렘으로 향하는 순
례자들은 강도, 살인의
위협과 언제나 함께했다.

성전기사단은 바포메트라
불리는 이교의 우상을 숭
배했다고 규탄당했다.

자신을 지킬 수단이 없는 성전기사단은 붕괴했다. 필리프 4세의 맹렬한 압박에 당한 교황은 기사단을 정식으로 해산시키라는 칙령을 내렸다. 이로써 단원이 유죄가 되지는 않았지만 기사단은 영원히 소멸했다. 하지만 필리프 4세로서는 매우 괘씸하게도, 교황은 두 번째 교황칙령을 내려 기사단의 재산을 성요한 기사단으로 옮기라고 선언했다. 결국 칙서 '콘시데란테스 두둠(Considerantes Dudum)'에 따라 성전기사단이 머무르던 각 지역에서 적절하게 처리하라고 하였다. 즉 기사단 간부의 운명은 여전히 교회의 손에 달려 있었다.

쇠약해진 몰레와 세 간부는 감옥에서 결정을 기다렸다. 결국 1314년 3월 18일, 그들은 노트르담 대성당 앞 연단에 서 판결을 선고받았다. 몰레는 적어도 70세, 다른 셋도 50~60대의 노령이었다. 모두 이전의 자백에 따라 이단으로 유죄판결 및 무기징역을 받았다. 다른 둘은 얌전히 판결을 받아들였으나 몰레는 달랐다. 치욕에 빠져 실추한 기사단의 마지막 총장은 싸늘하고 축축하고 어두운 감옥에서 굶주림에 괴로워하면서 남은 인생을 보내라는 선고를 받자, 드디어 입을 열어 충실한 노르망디 지부장 조프루아 드 샤르니와 함께 소리 높여 무죄를 주장했다. 군중은 충격에 빠지고 추기경들

은 전율했다. 두 사람은 자백을 부인하고 기사단은 누구보다 신성하다고 주장했다. 투옥당한 7년 동안 몰레는 기사단을 지키지 못했으니 지금 드디어 목숨을 걸고 지키려 했다. 전혀 상정하지 못한 전개 앞에 추기경들은 혼란에 빠져 손을 쓸 수 없었다. 소식을 들은 필리프 4세는 격노하여 단원이 무죄를 주장한다는 것은 이단으로 퇴보한 증거이며 죽음으로 벌할 수밖에 없다고 선언했다. 해가 지기 전, 몰레와 샤르니는 처형당했다. 감옥에서 초라하게 연명하기를 부정하고 마지막을 맞은 몰레는 순교자로서 전해 내려오게 되었다.

남은 단원들은 수도의 맹세에 사로잡힌 채 대부분은 장기 실형 판결 등의 중형을 받았다. 성요한 기사단에 들어간 자, 외진 수도원에서 생애를 마친 자도 있다. 그 수를 포함해도 온 유럽에 있었던 수만 명의 단원이 어떻게 되었는지는 의문으로 남는다. 기사단의 공문서도 대부분의 재산도 찾아내지 못했기 때문에, 기사단의 태반이 모종의 경고를 듣고 검거 전에 도망쳤다고 보는 사람도 적지 않다. 이후 살아남은 단원의 소식을 둘러싼 다양한 음모론이 제기되었다. 기사단의 초라한 말로는 이야깃거리가 되었으나 그들이 어떻게 되었는지는 영원히 밝혀질 수 없을 것이다.

성전기사단의 수수께끼

프랑스 혁명

혁명의 소용돌이는 정점에 이르러 프랑스 왕 루이 16세는 단두대의 이슬이 되었다. 여러 자료에는 형이 집행되자 한 남자가 처형대로 올라 손가락을 피로 적셨다고 적혀 있다. 남자는 "자크 드 몰레여, 그대의 복수는 이루어졌다!"라고 외쳤고 군중은 갈채했다. 당시 기사단이 자신들을 파멸로 몰아넣은 프랑스 왕에게 복수했다는 전설은 널리 알려져 있어, 프랑스 혁명의 발발에 그들이 관여했다는 설이 끊임없이 돌았다. 살아남은 단원이 지하로 숨어 계속 활동하고 있다는 설도 있으며, 근거는 전혀 없음에도 믿어지고 있다. 어쨌든 몰레의 복수가 이루어진 것은 틀림없다.

Downfall of
a Duchess

공작부인의 파멸

**엘리노어 코브햄은 왕비의 자리까지 앞으로 한 걸음을 남겨두고
요술의 혐의로 고발당해,
대중 앞에서 모욕을 당하고 평생 유폐되었다.**

1441년 겨울의 밤은 얼어붙을 듯한 혹한으로 뒤덮였다. 그러던 때 유럽 왕족의 유명한 여성 중 하나가 종신형 선고를 받았다. 그 이름은 글로스터 공작부인 엘리노어 코브햄. 그녀는 이미 대중 앞에서 굴욕을 당했으며 평생을 감옥에서 지낼 것을 알고 있었다. 하지만 단 6개월 전까지 그녀는 왕족의 일원인 공작부인으로, 왕위계승자의 아내이며 얼마 안 가 잉글랜드 왕비가 될 예정이었다. 아니, 오히려 왕위와 가까웠기 때문에 고발당했을지도 모른다. 요술의 혐의로 유죄판결이 떨어지자 온 유럽이 충격을 받아, 이를 계기로 잉글랜드의 통치기구에 변화가 일어났다. 엘리노어는 잉글랜드의 고위 유력자 중 한 명이면서 요술로 시조카 헨리 6세의 암살을 꾀한 혐의로 체포되고 고소당했다. 1441년 여름부터 가을까지 벌어진 추락극은 현실감이 없는 드라마로, 사회의 정점에서 권세를 자랑하던 여성이 고작 몇 달 만에 추방당했다.

1441년 11월, 엘리노어는 왕을 저주해 죽이려 한 혐의로 유죄를 선고받고, 며칠 뒤 대중 앞에서 죄를 고백해야만 했다. 비바람이 몰아치는 와중 사치를 좋아하기로 유명한 잉글랜드 궁정의 꽃이 대중 앞에서

속옷 바람에 맨발로, 불붙은 촛불을 손에 들고 런던의 세인트 폴 대성당까지 걸어가 참회의 기도를 바쳤다. 기도를 마친 뒤 감옥으로 돌아갔다가 며칠 뒤 또 같은 고행을 강요받았다.

참회 행진은 세 번 이루어졌다. 1441년 11월 13일에는 세인트 폴 대성당까지 걸어가고, 이틀 뒤는 런던교에서 마을 동쪽 끝 알드게이트의 크라이스트 처치까지 걸어가 촛불과 기도를 바쳤다. 최후의 행진은 11월 17일로, 또다시 속옷 차림에 맨발로 퀸히쓰에서 콘힐의 세인트 마이클 교회까지 걸었다. 참회 행진에는 같은 잘못을 저지르지 말라고 대중에게 경고하는 본보기의 의미도 있었기 때문에, 일부러 장이 열려 사람이 많은 날을 골랐다. 행진 루트는 런던 굴지의 유명하고 활기 넘치는 곳을 지났다.

훗날의 화가들은 이 사건을 로맨틱하게 그렸으나 현실은 달랐다. 이는 매우 가혹하고 굴욕적인 처사였으며 그것이 당국의 의도이기도 했다. 결국 엘리노어 재판의 목적은 그녀와 그녀의 남편 글로스터 공작을 무너뜨리는 것이었다. 그러나 신비 신앙에 대한 두려움이 재판을 일으킨 요소 중 하나였다는 사실은 부정할 수 없다. 15세기 중반 요술에 대한 경계심이 높아져만 가서 1430~40년대에는 이탈리아와 스

참회 행진을 하는 공작부인을 그린 제임
스 윌리엄 에드먼드 도일의 작품. 1864년.

위스를 비롯한 유럽 각지에서 돌발적으로, 주로 여성이 박해받았다. 당시의 과학으로는 아직 일상에서 일어나는 불가사의한 일을 온전히 설명하지 못했고, 많은 사람들이 마법, 무당, 점성술에 기댔다. 그러나 강대한 권력을 지닌 교회는 신앙으로부터 일탈한 자를 벌할 기회를 엿봤고, 랭커스터 왕조도 열성적으로 이단을 탄압했다. 종교규범에 이의를 제기하는 것은 엄청난 중대사였다.

글로스터 공작 험프리와 결혼한 엘리노어는 유럽에서 제일가는 지식인이 모이는 남편의 궁정의 중심인물이었으나, 부부의 신앙심은 정통을 벗어나 있다는 소문은 언제나 따라다녔다. 요술의 소문이 퍼지기 이전에도 그녀의 악평을 기꺼이 믿는 자는 적지 않았다. 엘리노어는 이상적인 왕족의 신부와는 거리가 먼 여성이다. 1400년경 서리주에서 태어나 부친 스타버로우 남작 레이널드 코브햄(Reynold Cobham),

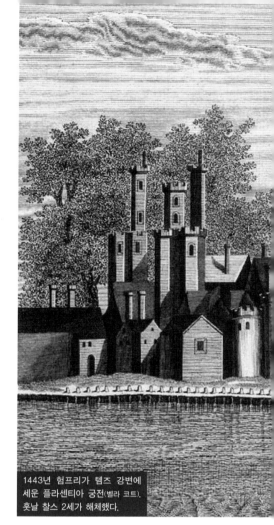

모친 엘리노어 코퍼펠(Eleanor Culpeper) 부부는 결코 유복하지는 않았지만 엘리노어는 왕족의 시녀 자리를 얻었으니 운이 좋은 편이었다. 엘리노어가 섬긴 여백작 에노의 재클린(Jacqueline of Hainaut)은 재산 상속 확보를 지원해주기를 바라며 헨리 5세의 궁정에 온 여성으로, 글로스터 공작 험프리와 결혼했다. 험프리는 헨리 5세의 막내동생으로 부부는 그녀의 영지를 탈환하기 위해 바다를 건넜으나, 험프리는 바로 잉글랜드로 돌아갔고, 아내는 사로잡혀 투옥됐다. 얼마 안 가 글로스터 공작이 엘리노어를 정부로 삼았다는 소문이 돌았다. 교황이 1428년 글로스터 공작의 결혼을 무효로 하자, 험프리는 아내의 고용인인 엘리노어와 결혼했다. 지방 하급귀족의 딸은 갑자기 공작부인이 되어 잉글랜드 최고 유력자의 편이 되는 데 성공했다. 하지만 여주인의 남편의 정부였던 과거는 그

1443년 험프리가 템즈 강변에 세운 플라센티아 궁전(벨라 코트). 훗날 찰스 2세가 해체했다.

험프리와 엘리노어의 세밀초상화. 세인트올번스 대성당의 『공헌자의 서(Liber Benefactorum)』에서. 토마스 윌싱엄 그림

헨리 4세 시대의 글로스터 공작 험프리의 초상. 18세기말.

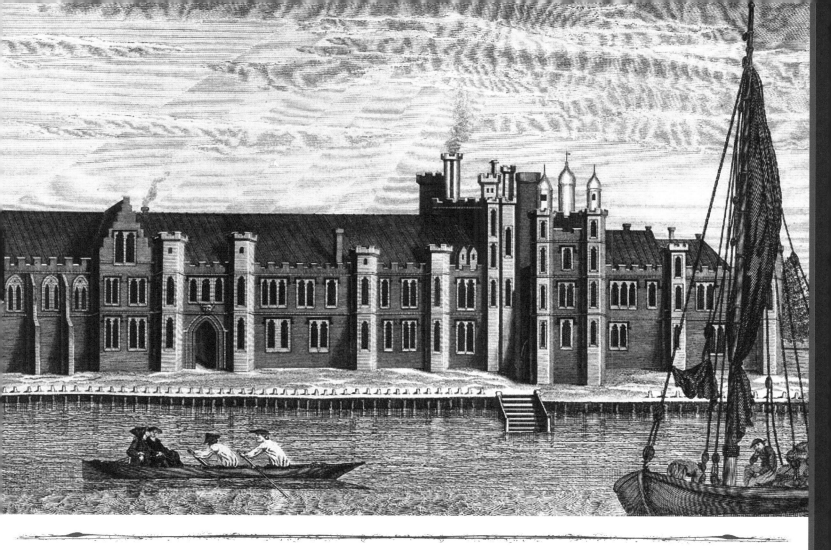

왕가의 마녀의 역사

요술로 고발당한 왕가의 여성은 엘리노어 코브햄만이 아니다.

이자벨 당굴렘 1188~1246년

이자벨(Isabella of Angoulême)은 남편 존이 잉글랜드 왕의 직무를 포기하도록 저주한 혐의로 고발당했다. 고발한 수도사 로저 오브 웬도버(Roger of Wendover)는 이자벨이 마법으로 존이 프랑스의 영지 방위를 단념하게 해 왕실을 위기에 빠뜨렸다고 주장했다. 남편은 줄곧 연하의 아내에게 푹 빠져 있었는데, 의혹이 제기되자 아내에 대한 욕망도 요술 때문이라고 했다.

처벌
전혀 없다. 다만 의혹 때문에 평판에 흠이 갔다.

나바르의 잔 1370~1437년

헨리 4세의 과부 잔은 의붓자식 헨리 5세를 저주한 혐의로 고발당했다. 헨리 5세는 아쟁쿠르 전쟁에서의 화려한 승리로 평판이 높아졌고 계모와도 친밀했다. 그러나 잔은 왕의 과부로서 상당한 수입을 얻었기 때문에 막대한 대 프랑스 군사비의 재원으로 찍혔다.

처벌
잔은 페번시 성에 유폐됐고 재산은 왕실에 흡수되었다. 헨리 5세는 죽을 때 그녀의 석방을 명했고 재산도 반환되었다.

룩셈부르크의 자퀘타 1415~72년

벤포드 공작부인 자퀘타의 딸 엘리자베스 우드빌은 요크 왕조 잉글랜드 왕 에드워드 4세와 결혼해 왕비가 되었다. 1469년 요크 왕조가 잠시 실각하자 자퀘타가 요술을 부려 딸과 에드워드 4세의 결혼을 획책했다고 고발당했다. 재판에서는 요술을 위해 그녀가 만들었다는 작은 인형이 제출되었으며 국왕 부부를 그린 두 그림을 봤다는 증언도 있었다.

처벌
장미 전쟁이 다시 에드워드 4세에게 유리한 전개가 되어 그녀도 무죄 방면되었다.

엘리자베스 우드빌 1437~92년

요크 왕조 잉글랜드 왕 에드워드 4세와 결혼하기 위해 요술을 부렸다고 규탄받았다. 두 사람은 그녀의 집 근처의 나무 아래에서 만나 몰래 결혼했다고 한다. 에드워드 4세가 타계하자 동생 리처드 3세가 왕위를 요구하며, 엘리자베스가 요술을 부려 왕과 결혼했기 때문에 그녀의 자식들은 적출이 아니라고 선언했다. 또 엘리자베스가 자신에게 해를 끼치기 위해 저주했다고도 주장했다.

처벌
엘리자베스는 리처드 3세의 통치기 대부분을 교회에 틀어박혀 지냈다. 또 '런던탑의 왕자들'이라 불린 두 아들을 잃었다. 리처드 3세 사후, 장녀 엘리자베스가 왕비로 대관했다.

유죄판결을 받은 마녀의 운명

유죄가 확정되면 비참한
죽음이 기다리고 있었으나,
회개하면 목숨을 건질
가능성도 남아 있었다

일반적으로 마녀는 화형당했다고 여겨지나 이 끔찍한 형이 집행된 것은 엘리노어의 재판으로부터 고작 40년 전의 일이다. 시아비 헨리 4세는 1401년에 이단화형법이라 불리는 법률을 제정했다. 이에 따라 반역적 이단의 혐의로 유죄가 확정된 자는 화형에 처할 수 있게 되었다. 요술은 이단임과 동시에 기존 종교관행에 반하는 행동이어서 교회재판소에서 재판했다. 1414년 헨리 5세가 반포한 이단금지령으로, 용의자를 체포해 재판을 위해 교회에 넘길 권한이 세속관리에게 주어졌다. 처벌은 다양하지만 15세기에 이단으로 단정된 자는 토지, 재산, 모든 자산을 잃을 수밖에 없었다. 다만 죄를 회개하면 살아남을 가망은 있었다. 한편 마저리 조데메인처럼 이단으로 돌아간 자는 사형에 처했다. 1414년 이단 금지령에 따라 사형수는 교수하고 불로 태우게 되었다. 당시 잉글랜드에서 화형대에서 화형하는 것은 일반적인 경우가 아니었으나 14세기부터 15세기에 걸쳐 유럽 대륙에서 흔히 쓰이게 되었다. 가장 유명한 케이스는 잉글랜드군에 신병을 구속당해 1431년 처형된 잔 다르크였을 것이다.

헨리 8세는 요술을 세속의 죄로 정의한 법령을 처음으로 성립시켰으며, 1542년 요술금지령에 따라 유죄가 확정된 자는 사형한 뒤 전 재산을 몰수했다. 엘리자베스 1세는 이른바 '마녀'에게 어느 정도 관대한 태도를 보였으나, 이것은 모친 앤 불린(Anne Boleyn)이 사형당한 것과 관계가 있을지도 모른다. 1563년 요술금지령에서는 타인에게 해를 끼쳤을 경우 사형이 인정되었으나 1604년 제임스 1세가 제정한 새로운 법령은 악령을 불러낸 자도 대상이었기 때문에 17세기 초의 마녀사냥에서 수많은 여성이 교수형을 당하게 되었다.

녀의 발목을 붙잡았다. 험프리가 그리니치에 벨라 코트(오락의 저택 '라 프리잔스'라고도 함)라고 불리는 맵시 있는 궁전을 세우자, 엘리노어도 화려한 궁정을 열었다. 당시 기록에 따르면 엘리노어는 거만한 야심가로, 왕족으로서의 지위를 누렸다고 한다. 헨리 5세가 타계하고 아직 갓난아기였던 아들이 헨리 6세로 즉위하자, 험프리는 호국경(왕을 섭정하던 귀족에게 붙는 호칭-역주)이 되어 강대한 권력을 손에 넣었다. 매력적이고 학문을 사랑하는 험프리는 시민들로부터 엄청난 인기를 모았으나, 권력 투쟁으로 적은 늘어만 갔다. 과거 왕과 함께 아쟁쿠르 전쟁에서 대승한 그는 프랑스의 왕위를 랭커스터 왕조의 손에 넣기 위해 싸워가기로 각오했다. 하지만 그 대가가 너무나도 비싸다고 생각하는 사람들도 있었다. 숙부 헨리 보퍼트(Henry Beaufort) 추기경도 그중 하나로, 두 사람의 대립은 잇따라 깊어져 갔다.

1435년 형 베드퍼드 공작 존(John of Lancaster)이 타계하자 험프리는 더 큰 권력을 손에 넣었다. 이제 글로스터 공작은 왕위 계승순위 1위가 되어 엘리노어

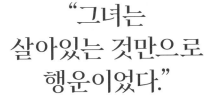

"그녀는 살아있는 것만으로 행운이었다."

의 눈앞에는 왕비의 자리가 보이게 되었다. 이듬해 여름, 그녀는 가터 훈장을 수여받아 웅장한 윈저 성에 발을 들였다. 그녀의 바람은 단 하나, 후계자였다. 결혼하고 8년이 지났으나 엘리노어에게는 자식이 생기지 않았다. 험프리에게는 두 서자가 있었으나 엘리노어와의 자식이라는 증거는 지금으로서는 발견되지 않았다. 남자가 태어나면 공작부인의 지위도 튼튼하겠으나, 40살을 목전에 두고서도 여전히 임신하지 못했다. 험프리가 상황에 따라 변심할 수 있다는 것은 증명되었기 때문에 후계자 확보가 필요한 엘리노어의 지위가 다시 바뀌지 않으리라는 보장은 없었다.

규탄이 정점에 달한 1441년, 엘리노어는 요술에 손을 댄 것은 인정했으나 임신이 목적일 뿐이었다고 주장했다. 그러나 잇따라 비난이 쏟아졌다.

재앙의 시작은 1441년 6월 24일, 성 베드로와 성 바울로의 축일로부터 며칠 전의 일이었다. 런던의 여관에서 하인들을 대접하던 엘리노어에게 자신을 섬기는 로저 볼링브로크와 토마스 사우스웰이 체포당했다는 소식이 들어왔다. 마찬가지로 하인 존 흄에게

앵글시섬의 보매리스 성. 엘리노어는 1449년부터 1452년 죽을 때까지 이 성에 유폐되었다.

헨리 6세를 저주했다고 고발당했다. 왕실 평의회에 소환된 볼링브로크는 애초에 글로스터 공작부인에게 사주당해 했다고 여주인을 고발했다.

세간에는 충격이 일었다. 그 이유 중 하나는 엘리노어가 점성술에 의존했다는 것이다. 점성술은 위법이 아니었으며, 천궁도를 사용한 점은 일부 계층에서는 세련된 심심풀이로 여겼다. 하지만 공작부인이 점성술에 기댔다면 왕비가 될 수 있을지를 점쳤을 것이며, 즉 헨리 6세의 죽음에 관심을 가졌다는 뜻이다. 동시에 볼링브로크와 사우스웰이 헨리 6세의 운세도 점쳐 1441년 여름에 왕이 중병에 걸리거나 더 안 좋은 일이 일어난다는 예언을 얻었다는 것도 판명돼, 반역적인 점술의 혐의로 고발당했다.

엘리노어는 웨스트민스터 사원으로 도망쳤으나 세속재판소가 아닌 교회재판소에 붙잡혔다. 전통적으로 교회로 도망친 용의자는 안전을 보장받지만 교회 자체가 재판장일 경우 그렇지만도 않다. 엘리노어는 수사하는 동안 켄트주 리즈성에 구류되었으나, 마저리 조데메인(Margery Jourdemayne)에게 의탁했다는 고발도 나왔다. 마저리는 약 10년 전 요술로 유죄판결을 받아 이후 결코 요술을 쓰지 않겠다는 조건 아래 석방되었다. 그녀도 체포되어 볼링브로크처럼 공작부인

헨리 6세의 초상. 작가 불명. 1540년경.

에게 죄를 떠넘겼다. 그리고 마저리는 왕을 닮은 밀랍 인형을 만들어 해를 입히려 했다는 혐의로도 고발당했다. 이러한 도상마술은 많은 이들에게 두려움을 샀으며, 엘리노어도 마저리도 엘리노어가 임신할 수 있도록 마술을 썼다고 변명했다.

1441년 10월 26일, 토마스 사우스웰이 런던탑에서 사망했다. 불명예를 염려해 목숨을 잃었다고 발표되었으나 사형당하기 전에 자살했다는 소문이 돌았다. 다음날, 마저리가 스미스필드 마켓에서 화형을 당했다. 11월 18일 볼링브로크가 반역적인 점술의 혐의로 유죄판결을 받아 교수척장분지형(목을 매달고 내장을 발라내고 사지를 토막 내는 형벌-역주)이 집행되었다. 엘리노어는 완전히 몰락했으며, 그녀가 험프리와 결혼하기 위해 마저리에게 약을 산 것을 인정했기 때문에 결혼 무효 수속 신청이 교황청에 제출되어 교황청은 1441년 11월 6일에 인정했다.

엘리노어는 남편과 왕족의 지위를 잃었고, 가벼운 훈계 방면으로 넘어갈 가능성은 사라졌다. 1주일 뒤 참회 행진이 시작되었으나 살아있는 것만으로도 행운이었다. 적들은 그녀를 철저히 모욕하고 실각시켜서 글로스터 공작 험프리의 명예에도 타격을 주었다. 사건이 벌어지는 동안 몸을 숨긴 험프리는 반대

로 이목을 끌었으나 엘리노어가 유죄판결을 받자 정계에서 물러나 잉글랜드 통치를 다른 자의 손에 맡겼다. 1447년 반역죄로 기소되었으나 체포로부터 며칠 뒤 급사해 독살을 당했다는 소문이 돌았다. 험프리는 어둠으로 사라지고 원수인 버포트 추기경이 승승장구했다.

엘리노어는 감옥에서 일생을 마쳤다. 우선 체스터 성에 유폐되었으나 바로 케닐워스, 이어서 맨섬의 필성으로 옮겨지고 만년에는 앵글시섬의 보매리스 성에서 지냈다. 수백 킬로미터나 떨어진 섬에서의 생활은 그녀에게 명성과 파멸을 불러온 호화로운 런던 생활과는 거리가 멀었다. 그녀는 1452년 7월 7일 죽었으나 과거에 그녀가 열었던 궁정은 무관심했다. 헨리 6세는 여걸 앙주의 마르그리트와 결혼하고 30대가 되었다. 이 시기의 권력투쟁은 이윽고 장미 전쟁으로 이어졌다.

엘리노어는 완전히 잊혀 전형적 마녀로서 왕가의 역사에 아주 조금 언급될 뿐인 존재가 되었다. 마술에 손을 댄 여성 왕족은 그녀만이 아니었으나 그 대가는 너무나도 비쌌다. 어머니가 되고 싶었는지, 왕비의 자리를 노렸는지, 정답을 아는 사람은 없다.

공작부인의 파멸

Elizabeth Woodville, White Queen & Black Magic

백장미의 여왕 엘리자베스 우드빌과 흑마술

동화와 같은 에드워드 4세와 엘리자베스 우드빌의 결혼.
그 이면에는 정말로 요술이 작용하고 있었을까?

1464년 어느 맑은 봄날, 요크 왕조를 연 잉글랜드 왕 에드워드 4세(Edward IV)는 휘틀우드 숲에서 사냥을 하고 있었다. 사냥감, 날씨, 또 자신을 왕위에 올린 동란 등을 곰곰이 생각하다, 갑자기 그와는 전혀 다른 것에 정신이 팔렸다. 오크 나무 아래에 절세미인이 서있었던 것이다. 미녀는 두 어린 남자아이의 손을 잡고 있었고, 왕이 다가오자 망설임 없이 길에 몸을 던졌다. 과부인 그녀는 자신의 정당한 소유물인 토지를 되찾고 검소한 자기 일가가 궁핍하게 지내지 않도록 개입해 달라고 빌었다. 그 순간 왕은 화살을 맞았다. 다만 사

냥용 화살이 아니라 사랑의 화살을. 이렇게 그는 평생 풀리지 않는 마법의 포로가 되었다.

어떻게든 그녀를 자신의 것으로 만들고 싶었다. 왕에게 이루지 못할 바람은 없었으며, 젊고 미목수려한 그의 매력을 거부할 여성은 없었다. 그러나 아름다운 그녀는 키스조차 받아주지 않았고, 힘으로 바람을 이루려 해도 그녀는 미덕과 명예를 중시하며 저항했다. 면목이 없어진 왕은 그녀의 앞에 무릎을 꿇고 영원한 사랑을 맹세했다. 그 뒤의 전개는 널리 알려졌다시피, 감정이 북받친 왕이 그녀에게 구혼하고 두 사람은 얼마 안 가 비밀리에 결혼했다. 하지만 그 해 9월, 결혼했다는 사실이 밝혀지자 각료

> **엘리자베스 우드빌**
> **1437~92년**
>
> 에드워드 4세와의 생각지 못한 결혼, 비극의 '런던탑의 왕자들'의 가엾은 어머니. 잉글랜드 왕비 엘리자베스의 생애는 파란만장해서 평안과는 거리가 멀었다.

도 국민도 매우 놀랐다.

세간은 카리스마 넘치는 플레이보이인 에드워드 4세가 엘리자베스 우드빌이라는 여성을 만나 모든 것을 기꺼이 내려놓을 만큼 푹 빠져 결혼했다는 이야기로 떠들썩했다. 이야기에는 꼬리가 달려 다양하게 각색되었으나, 한 가지 의문이 따라다녔다. 무엇이 에드워드 4세를, 현세와 사후의 벌을 받아들이면서까지 엘리자베스를 손에 넣고 싶다고 생각하게 만들었을까. 어떤 이론에 따르면 답은 단순하다. 하급귀족 출신 왕비는 여성의 매력뿐만 아니라 요술이라는 더 사악하고 확실한 방

에드워드 4세 사후, 상상을 바탕으로 그려진 초상화. 작가 미상.

법을 무기로 삼아 에드워드 4세를 매료한 것이다.

이러한 불온한 소문은 1469년경부터 돌기 시작했으나, 표적이 된 사람은 엘리자베스 본인이 아니라 그녀의 모친, 앞서 다룬 베드퍼드 공작부인 자퀘타였다. 킹메이커라 불리는 실력자 워릭 백작이 왕가에 반란을 일으키자, 우드빌 일족도 동란에 휘말려 자퀘타의 남편과 아들이 전장에서 처형되었다. 엘리자베스와 아이들의 입장도 위태로워졌으나 에드워드 4세도 자신을 왕위에 앉힌 워릭 백작에게 신병을 구속당해 아무런 수도 쓸 수 없었다. 동란 도중 토마스 웨이크

냄비에 재료를 넣는 두 마녀. 독일의 목판화. 1489년.

엘리자베스를 그린 판화. 메리 호윗의 『잉글랜드 왕비들의 전기』(Biographical Sketches Of The Queens Of Enlgand)에서.

"권력욕이 강한 에드워드 4세의 동생은 조카에게서 왕위를 빼앗을 기회를 놓치지 않았다."

백장미의 여왕 엘리자베스 우드빌과 흑마술

에드워드 4세와 엘리자베스의 결혼을 그린, 금과 은으로 꾸며진 사본. 장 드 바브린의 『잉글랜드 고대연기(Anciennes Chroniques D'Angleterre)』에서.

라는 남자가 요술을 썼다는 혐의로 자퀘타를 고소했다. 그리고 납으로 만들어진 인형을 제출해 자퀘타가 주술을 위해 만들었다고 주장했다. 또 존 다운거라는 이름의 교회 서기도 자퀘타가 왕과 왕비를 본뜬 다른 상을 만들었다고 주장해 웨이크의 고소를 뒷받침했다. 이 고소가 무엇을 의미하는지는 명백하다. 자퀘타가 인형과 마술을 사용해 초자연적인 방법으로 딸을

왕과 결혼시켰다는 것이다.

자퀘타는 체포되어 워릭 성에 연행되었다. 이 사건에는 정치적 음모와 속임수의 냄새가 났다. 웨이크는 '우연히' 워릭 백작의 열렬한 지지자였으나 상대가 좋지 않았다. 에드워드 4세는 장모에게 불리한 증언을 강요했으나, 자퀘타는 런던 시장을 비롯한 유력자에게 호소했다. 1470년 1월 에드워드 4세가 권력을 탈환

하자, 재판도 종료되었다. 그녀는 오명을 씻기 위해 웨이크와 자신을 모함하려 한 왕실평의회를 고소해 무죄를 받아내고, 국왕 및 워릭 백작을 비롯한 평의회의 합의를 받아 공식기록에 무죄를 기재시켰다.

1483년까지 우드빌 일족과 요술의 관계가 회자되는 일은 없었으나 그 해 4월 에드워드 4세가 급사하자 고발이 다시 문제가 되었다. 자퀘타도 워릭 백작도

백장미의 여왕 엘리자베스 우드빌과 흑마술

에드워드 4세도 고인이 된 지금, 규탄은 엘리자베스를 향했다. 고발자는 다름 아닌 글로스터 공작 리처드(이후의 리처드 3세, Richard Ⅲ-역주)였다. 에드워드 4세의 동생인 리처드는 호시탐탐 왕위를 노리고 있었으며 야심가인 우드빌 일족을 철저하게 매장하기로 다짐했다.

전해지는 바에 따르면 리처드는 의기양양하게 평의회에 나타났으나 금방 격앙되어 방을 떠났다고 한다. 돌아왔을 때는 상태가 전혀 달라져서 보란 듯이 소매를 걷어붙이고 팔을 보이며, '그 마녀', 엘리자베스가 자신을 저주해서 이 팔이 시들어버렸다고 주장했다. 게다가 과부 엘리자베스에게는 공범들이 있었다. 그중에서도 제인 쇼어(Elizabeth "Jane" Shore)는 에드워드 4세의 수많은 정부 중에서도 각별한 총애를 받은 여성으로 알려져 있다. 이듬해 1월, 리처드 3세의 처음이자 유일한 의회에서 정식으로 왕위계승령이 통과되고, 고발이 제출되었다. 왕위계승령은 에드워드 4세의 자식들과 엘리자베스를 정통이 아니라고 선언하여 리처드 3세의 권력과 왕권 유지를 확립했다. 이 법령에는 두 가지 근거가 있다. 하나는 에드워드 4세는 원래 엘리노어 버틀러(Eleanor Butler)라는 여성과 약혼했으므로 엘리자베스와의 결혼은 무효이며 그들의 아이는 혼외자라는 것이다. 또 하나는—이것이 후세 사람들의 상상력을 자극한 점인데—, 엘리자베스와 모친 자퀘타가 초자연적인 방식으로 결혼하게 만들었기 때문에 결혼 자체가 무효라는 논리였다.

1484년 1월 23일 제정된 법안은, 혼인이 불쾌한 기만이며, '온갖 정치상의 규칙이 악용됐다고 단정했다. 다만 요술에 관한 증거는 거의 없었으며, 국내에 나도는 여론 정도의 애매한 근거밖에 없었다. 이 법령은 확실한 정치적 영향을 미쳐 리처드 3세는 권력을 쥐었고 선왕비의 자식들의 왕위 요구는 철저하게 묵살되었다. 그러나 엘리자베스는 재판소에 소환되지 않았다. 자신의 주장을 소리 높여, 명확하게 알린 리처드 3세도 우드빌 일족의 잔당을 꺾어놓는다는 목적을 이루어서 일을 서두를 필요도 없어졌다.

엘리자베스가 요술로 국왕을 현혹했다는 진술은 다른 주장을 뒷받침했다. 그중 하나가 1470년 그녀가 왕비 앙주의 마르그리트의 항해를 방해하기 위해 태풍을 일으켰다는 것이다. 이때는 누구나 선망하는 유력 가문 우드빌 일파의 신용을 떨어뜨리고 무력화하는 것이 정치적으로 이득이 큰 시기였다. 다만 그녀의 적이 한 주장에 과연 진실이 포함되어 있었을까.

정령 멜뤼진을 그린 그림. 인기를 끈 장 드아라스의 저서 『멜뤼진 이야기(Le Livre De Melusine)』에서. 1478년.

"엘리자베스나 자퀘타의 고발에는 한 줌의 진실도 없다."

현대의 감각으로 보면 기묘해서 믿어지지 않겠지만 15세기 전후의 유럽에서는 연애마술을 많은 사람들이 믿고 사용했으며, 종종 요술로 고발당해 16세기부터 17세기까지의 요술금지령에서도 대상이 되었다. 마술에 대한 확신은 종교나 기독교 신앙에 밀리지 않을 만큼 중요했다. 예컨대 1471년 성금요일(부활절 직전 금요일)에 에드워드 4세가 워릭 백작이 이끄는 군대와 싸우기 위해 버넷으로 출진했을 때도 이 중요한 싸움을 요술이 좌우했다는 소문이 돌았다. 전장에는 심상치 않은 짙은 안개가 꼈다고 하며, 사람들은 마법이 틀림없다고 했다.

요술은 파괴력이 매우 강한 고발 이유가 되었지만, 이 시대 이전에도 이후에도 마녀로 고발당한 왕가의 여성은 있었다. 엘리자베스 모자는 그중 하나의 예시일 뿐이며, 아무리 높은 신분의 사람이라도 용서받지 못했다. 헨리 4세의 아내였던 나바르의 잔도 1419년 고발당해 단기간 유폐되었다. 글로스터 공작부인 엘리노어 코브햄의 사건은 일대 스캔들이 되어 대중 앞에서 참회행진을 강요당하고 감옥에서 평생을 보냈다. 이는 글로스터 공작과 결혼하고 싶어 마저리 조테메인에게 의탁했다거나 남편이 헨리 6세의 뒤를 이어 왕위에 앉을 날이 올지를 알기 위해 왕의 운세를 점쳤다는 소문이 원인이다. 엘리자베스는 이 정도로 핍박받지는 않았지만 모자 모두 자신들의 이름이 요술과

사랑의 대가

종세의 사랑의 미약에
들어간 것은?

흰독말풀(맨드레이크) 뿌리
Mandrake root

성경이 적힌 태고로부터 최음 효과가 있다고 알려지고,
중세 내내 미약의 원재료로 널리 쓰였다. 일부 지역에서
는 지금도 같은 목적으로 쓰인다. 수포기도 암포기도 인
간을 닮았는데, 뽑았을 때 비명을 지르는 게 옥의 티여
서 적절한 예방수단을 마련하지 않으면 비명을 들은 자
는 미치거나 죽어버린다고 한다.

인체 일부
Human remains

미약이 효과를 발휘해 사랑이 이루
어지도록 가루로 만든 뼈, 음모, 생리
혈 등 오싹한 재료가 쓰였다. 사랑하
는 사람과 사랑받는 사람 양쪽의 것
이 들어가면 더욱 강력하다. 살해당
한 남자아이의 해골과 비장을 넣은
미약도 있었다.

벌꿀Honey

달고 식욕을 돋우는 벌꿀과 벌꿀주
는 미약의 단골 소재로, 단맛이 마음
에 품은 상대의 욕망을 자신에게 향
하게 하고 달콤한 관계를 맺어줄 것이
라는 기대가 있었다. 마시기 편한 맛도
포인트다.

사리풀Henbane

마녀에게 쓰이면서 마력을 일부 담아두는
작용도 하는 사리풀은 재수가 없는 식물
이었다. 하지만 가지고 다니면 사랑을 불
러들인다고 믿어졌기 때문에 사랑이 이
루어지도록, 언제나 계속되도록 하는 바
람을 담아서 쓰였다. 착란이나 죽음을 부
르기도 하기 때문에 취급할 때는 주의가
필요하다.

연충(거머리, 지렁이 등)Worms

또 하나의 기분 나쁜 재료. 연충과 분말 형태의 일일초와 몇 가지
약초를 섞은 것은 연인의 사랑을 강하게 한다고 믿었다. 연충 고
기는 도저히 매력적이라고는 할 수 없는 맛이었으리라. 척 보기에
는 기묘한 재료지만 땅과의 연관성 때문에 수많은 미약의 목적이
기도 한 다산의 강한 심볼이었다.

성별된 빵
Consecrated host

성찬식에서 중요한 역할을 맡는 성
별된 빵은 중세에 매우 귀하게 여겨
져 연애마술을 비롯한 다양한 목적
의 마법에서 많이 쓰인 재료였다. 구
하기 어려워서 사람들은 온갖 수단
을 써서 어떻게든 손에 넣으려 했으
며, 교회에서 빵을 받고는 혀 밑에
숨겨두는 자도 있었다. 빵에는 목적
에 따른 단어나 주문이 적혀 있었다.

L'AMOUR MEDECIN

미약을 든 젊은 남자를 그린 부식 동판화.
17세기 몰리에르의 희극 '사랑은 의사(L'amour médecin)'에서.

결부된 것의 결과를 상상하고 간담이 서늘했으리라.

하지만 증거로 눈을 돌려보면, 엘리자베스와 자퀘타에 대한 고발에는 한 줌의 진실도 없었다. 대부분의 고발은 자퀘타의 경력과 일족이 신비한 물의 정령 멜뤼진의 후예라는 전설을 바탕으로 저술가들이 만들어낸 것이다. 이 연관성 때문에 자퀘타와 엘리자베스는 요술의 재능을 타고났다는 이야기가 돌게 되었다. 당시 사람들이 요술은 일족에게 전해지는 것, 어미로부터 딸로 수 세대에 걸쳐 전해 내려온 것이라는, 훗날 잉글랜드의 마녀재판에서 널리 알려진 인식을 가지고 있었다고 해도 그리 놀랍지는 않다. 다만 자퀘타나 엘리자베스가 일족의 전설에 큰 관심을 가

"엘리자베스가
어머니에게 교육을 받고
그곳에 우연히 왕이
나타났을 가능성도
없지 않다."

아들 리처드에게 이별을
고하는 엘리자베스.
빅토리아 시대의 작품.

며 식구가 많은 일족을 위해 유리한 지위와 결혼을 확보했다는 소문이 돌았다.

설화로서는 재미있지만 엘리자베스 모녀가 유리한 결혼을 실현하기 위해 요술에 손을 댔다고는 도저히 생각하기 어렵다. 행운 이외의 설명을 덧붙인다면 엘리자베스가 어머니에게 교육을 받고, 그곳에 우연히 왕이 나타났을 가능성이 없지는 않다는 정도다. 어느 쪽이든 그러한 일을 뒷받침할 증거는 전혀 발견되지 않았다.

엘리자베스 모녀가 받은 비난을 읽어내려면 당시의 정치 상황을 주목해보아야 한다. 에드워드 4세가 급사하자 권력을 둘러싸고 주로 두 개의 파벌—에드워드 4세의 동생 글로스터 공작 리처드와 왕비를 필두로 한 우드빌 일족—이 대립했다. 리처드는 호국경으로 취임했으나 우드빌 일족은 에드워드 5세가 성인이 될 때까지 어리고 휘둘리기 쉬운 국왕에게 절대적인 권력을 맡기기보다 추밀원이 통치할 것을 주장해 리처드에게 정면으로 대항했다. 한편 리처드의 목적은 단 하나, 엘리자베스와 그 아이들의 지위를 박탈하고 추방하는 것이었다.

리처드 자신은 엘리자베스가 자신의 팔을 시들게 하고 생기를 빼앗았다는 주장을 인정받으리라고는 믿지 않았다. 인문주의자 토마스 모어(Thomas More)는 이 주장을 웃어넘겼고, 엘리자베스가 제인 쇼어를 싫어했다는 것을 모르는 자는 없었으므로 두 사람이 공범이라는 것은 명백히 말이 안 되며 요술에 손을 댈 만큼 엘리자베스가 어리석지는 않을 것이라고 반론했다.

엘리자베스는 마녀였을까. 증거로 보면 답은 아니다, 일 것이다. 그러나 믿고 말고를 떠나서 전설은 전해 내려왔고 널리 알려졌다. 에드워드 4세와 엘리자베스의 인생을 다룬 최근의 문학과 TV 방송도 이 신화를 답습해 엘리자베스 마녀설이 쉽게 불식되지 않는다는 것을 증명하고 있다.

졌다는 증거는 거의 없었으며, 전설 자체도 그녀들이 운명을 개척하기 위해 요술에 기대려 했다는 증거가 되지는 않는다.

한편, 엘리자베스와 에드워드 4세가 5월 1일에 결혼했다는 주장이 제기되었다. 이 날은 전통적으로 벨테인의 축일로, 이교 달력의 가장 중요한 날이어서 요술이나 의식과 연관이 깊었다. 왕 자신이 결혼 전야에 엘리자베스 모녀와 마녀의 동료들과 이 세상의 것이 아닌 왁자지껄한 소란에 끼어 뛰어놀았다는 이야기도 퍼졌다. 물론 그런 이야기는 헛소리에 불과하다. 분명 그는 첫날밤 이후 매우 지쳐 있었으나 더 현실적이고 설득력 있는 설명이 따라붙을 것은 뻔하다.

왕의 척 보기에 갑작스럽고 예상 밖의 결혼과 아내의 출신에 관해 호의적이라고는 할 수 없는 반응으로 보아, 사람들은 혼인에 신비로운 힘이 작용하고 있다고 믿거나, 적어도 숙덕이는 것에 큰 저항은 느끼지 않았던 듯하다. 당초부터 엘리자베스는 비난과 적의를 받았다. 아름다운 용모는 질투를 불렀고 왕의 마음을 꿰뚫은 당시에는 토지도 지위도 없는 신분이었기 때문에(실제로 그녀는 당시 평민 출신이면서 왕족으로 출세한 유일한 왕비였다), 소문과 유언비어의 절호의 표적이 되었다. 그녀는 화려하고 오만한 벼락출세자, 아내로서도 왕비로서도 부적절한 여성이라고 비판받았다. 그녀의 모친도 강력한 힘으로 딸에게 왕을 현혹케 했으

James VI and the Witches

제임스 6세와 마녀들

흑마술을 실제로 경험한, 적어도 스스로는 그렇게 믿었던
스코틀랜드 왕 제임스 6세는 마녀들에게 무자비한 싸움을 걸었다.

"작금 이 나라에는 마녀와 마법사와 같은 끔찍한 악마의 노예들이 광장히 횡행하고 있으며, 나는(친애하는 독자여) 다음의 논문을 발표하기로 했다. 하지만 그것은 내 학식이나 재주를 과시하기 위함이 아니며(나는 그러한 것에 항의한다), 오로지(양심에 따라) 이 글을 통해 되도록 많은 사람들의 의문을 풀어주기 위함이다. 사탄이 틀림없이 공격을 해오고 있다는 것, 사탄의 첨병은 가장 가혹한 벌을 받아 마땅하다는 것을 밝히고자 한다"라는 문장으로 1597년 에든버러에서 간행된 『악마학(Daemonologie)』은 시작한다. 이 책은 두 가지 이유로 주목할 필요가 있다. 잉글랜드의 마녀에 대한 뿌리 깊은 편집증의 산물이라는 것, 그리고 저자가 스코틀랜드 왕이라는 점이다. 왕이 어째서 흑마술과의 싸움에 나선 것일까. 그가 펜을 든 이유로 세 가지를 추측할 수 있다.

첫 번째, 주된 이유는 그의 지적 능력에 대한

확고한 자신감이다. 제임스 6세는 학자 체질이어서 탐구심이 강하고 박식하며 토론을 좋아했다. 특히 신학에 강하게 끌렸으며 왕이자 지식인인 자신에게는 백성에게 지혜를 줄 의무가 있다고 여겼다. 두 번째 이유는 1589년 사탄의 공격의 표적이 되었다고 믿었던 일로, 이 사건은 그의 마음에 깊이 새겨졌다. 세 번째 이유는 왕이 늘 반역을 경계해서, 왕가의 적이 악마의 힘에 따라 움직이고 있다고 주장했던 것이다. 제임스 스튜어트는 한 살에 스코틀랜드 왕으로 즉위했다. 모친인 스코틀랜드 여왕 메리 1세(Mary I)는 1567년 7월에 폐위됐기 때문에 어렸던 그에게는 국왕으로서 모범으로 삼을 인물이 없었다. 유소년 시절의 교육은 섭정이 맡았으나, 섭정이 잇따라 바뀌고 각각이 적대하는 파벌에 속해 있었다. 가정교사들은 재능은 있지만 도량이 좁은 장로파 조지 뷰캐넌(George Buchanan)의 감독 하에 왕을 엄격하게 교육했다. 10대 중반 즈음 왕은 라틴어, 그리스어, 프랑스어를

> **스코틀랜드 왕 제임스 6세**
> **1566~1625년**
> **재위 1567~1625년**
> 스코틀랜드 여왕 메리 1세와 그녀의 두 번째 남편 단리 경 헨리 스튜어트의 아들. 모친의 폐위 후 왕위에 앉았다. 통치의 특징은 미신. 1603년, 잉글랜드 왕 엘리자베스 1세 서거 후 잉글랜드 왕으로 즉위한다.

존 드 크리츠(John de Critz)가 그린 제임스
6세의 초상화. 17세기 초반.

습득했고 성경과 칼뱅파의 교의를 굳게 믿었다. 탄탄한 학식과 신에게 통치자의 권리를 위탁받은 자로서의 자의식 등이 하나가 되어 자신의 의견은 이성뿐만 아니라 신도 지지하리라고 생각했다.

제임스 6세는 요술의 존재를 믿고, 두려워하기도 하였는데, 그 기원은 민간신앙과 가톨릭 및 개신교의 신학이다. 유럽에서는 수 세기 동안 마술 사용자가 두 부류로 나뉜다고 여겨져 왔다. 하나는 지혜가 있는 남녀(wise ard[현명한 자] 혹은 wizard[요술사], 즉 약초의 전문가로, 무해한 '백'마술을 사용한다. 또 하나는 악의를 품은 말레피시움(악의 있는 마술), 흑마술로

"주류였던 루터파 신학자들은 선한 힘과 악마가 벌이는 영적 전쟁이라는 개념을 전면적으로 지지했다."

전향한 자로 타인에게 재앙을 불러온다.

1480년대가 되자 극적인 변화가 일어나, 이단과의 전쟁에 빠져 있는 가톨릭교회는 요술의 정의를 재검토했다. 이제 마술의 효과가 선한지 악한지가 아니라 마녀와 요술사의 힘이 어디서 유래했는지가 더 중요해졌다. 교황 인노첸시오 8세는 그들이 사탄이나 그 수하와 공모했다고 주장했다. 신의 적들은 교회재판소에서 유죄가 확정되면 세속당국에 인도해 처형했다. 유럽 대륙에서는 보통 불로써 처형했다. 마녀를 분간하는 법과 심문 방법(고문 포함)이 상세히 적힌 공인 지침서 『마녀를 심판하는 망치』가 간행되자 베스트셀러가 되어 새로 발명된 인쇄기로 대량으로 인쇄돼 28쇄를 찍었다. 이 책에 적혀 있는 요술의 서술은 종교개혁 시기 내내 가톨릭과 개신교 두 교회의 의견이 일치한 회소한 사례이며, 마녀 박해에 편집적일 정도의 불이 붙어 수천 명―주로 여성―이 까닭 없는 죄로 처형당했다.

탄압에는 지역차가 있었다. 브리튼 제도에서는 이러한 광란은 거의 일어나지 않았으며, 『마녀를 심판하는 망치』도 영어로 번역되지 않았다. 그러나 런던과 에든버러의 정부가 이 문제에 관심이 없지는 않았으며, 1563년에는 의회에서 요술금지령이 가결되었다. 국경 북쪽의 일부 지역은 특히 엄격해서 요술을 행사하거나 마녀의 힘에 기대는 행위는 극형을 내렸다. 그러나 이후 25년 동안 기소 건수는 매우 적었으며 유죄판결을 받은 사례는 더욱 적었다. 이러던 중 1587년

제임스 6세와 결혼한 아나 애 단마르크. 작가 불명. 1600년대.

부터 91년까지 상황은 더욱 복잡해졌다.

스코틀랜드 귀족들은 파벌 싸움에 열중해 제임스 6세의 통치는 안정되지 않았다. 그중에서도 돌출된 자가 제임스 5세의 서자의 아들, 보스웰 백작 프랜시스 헵번(francis hepburn, 1562~1612년)으로, 제임스 6세의 모친, 스코틀랜드 여왕 메리 1세의 조카다. 메리 1세는 수차례 잉글랜드 여왕 엘리자베스 1세를 노린 음모를 꾸몄는데도 '묵인'을 받고 있었다. 하지만 1587년 2월, 엘리자베스 1세는 결국 그녀를 처형하라고 명령했다. 보스웰 백작은 철저히 보복할 것을 주장했지만 제임스 6세가 분쟁에 참가하려 하지 않는 것을 보고 분개했다.

이듬해, 보스웰 백작은 다시 잉글랜드에 반기를 들었다. 스페인의 무적함대가 잉글랜드 침공에 실패해 북상해서 스코틀랜드 연안에 쳐들어왔다. 제임스 6세는 보스웰 백작을 해군 원수로 임명하고 스페인함대 공격을 명했다. 하지만 그에게는 다른 꿍꿍이가 있었다. 그는 스페인 왕 펠리페 2세(Felipe II de Habsburgo)의 배와 병력을 흡수해 잉글랜드를 다시 공격하기로 했다. 계획에 따르면 보스웰 백작은 사병을 조직해

잉글랜드와 스코틀랜드의 가톨릭 귀족과 동맹을 맺고 마드리드에 사자를 보내야 했다. 계획이 좌절되자 제임스 6세는 주모자인 보스웰 백작을 투옥했으나 의외라고 할까 무모하다고 할까 관대하다고 할까, 1589년 9월에 석방했다. 이는 제임스 6세가 덴마크 여왕과의 결혼이라는 더 중요한 일에 착수하고 있었기 때문이다. 제임스 6세와 덴마크 왕 크리스티안 4세(Christian IV)의 누이 아나와의 혼인을 기점으로 이야기는 기묘한 전개를 맞이하며, 요술이 등장한다.

14세의 공주를 태운 호위함은 코펜하겐에서 에든버러를 향해 출항했으나, 심한 태풍을 만나 노르웨이 연안으로 피난했다. 이 지역에서 가을의 태풍은 드물지 않으나 제임스 6세는 누군가가 방해하고 있다고 믿고 10월에 직접 신부를 맞이하러 갔다. 6개월 동안 체류한 덴마크 궁정에서 그는 왕실의 비호를 받은 학자와 성직자들과 지적 토론을 마음껏 즐겼다. 그곳에서 주목한 것이 현대적으로 말하자면 미신과 과학의 기묘한 혼성이었다. 주류였던 루터파 신학자들은 선한 힘과 악마가 벌이는 영적 전쟁이라는 개념을 전면적으로 지지하고, 성경과『마녀를 심판하는 망치』에 근거해 치밀한 악마학을 수립했다. 요술에 대한 개념은 이론으로 멈추지 않았다. 사람들은 사탄이 일상생활에 큰 위협을 미친다고 여기고 악마와 손을 잡은

마녀는 악마의 첨병이라며 유럽 각지에서 탄압했다.

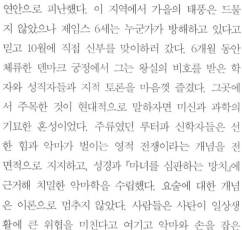

제임스 6세 저『악마학』의 표지

DAEMONOLO-
GIE, IN FORME
of a Dialogue,
Diuided into three Bookes.

EDINBVRGH
Printed by Robert Walde-graue,
Printer to the Kings Maiestie. An. 1597.
Cum Privilegio Regio.

많은 학자들이 튀코 브라헤의 관측소를 찾아갔다.

국왕이 동경한 자
제임스 6세가 지적 동지로 지목한 남자

제임스 6세는 튀코 브라헤(Tycho Brahe, 1546~1601년)에게 깊은 감명을 받았다. 브라헤는 재기발랄하고 사교적이며, 당시 실험과학의 최첨단을 맡은 학자 중 한 사람으로 널리 알려져 있었다. 과거에 펜싱을 하다 입은 상처를 가리기 위해 금속 인공 코를 달고 화려한 연회를 열며 실내에서 사슴을 키웠다. 설비가 갖춰진 연구시설에는 연구실, 관측소, 도서실, 또 천문관측용구를 제작하기 위한 공방이 있었으며, 그는 정확한 점성술을 위해서는 천체운동을 관측하는 것이 반드시 필요하다고 여겨 수천 번을 관측하고 계산했다. 동시에 브라헤는 과학 연구의 최첨단에 있으면서 악마학에 관한 루터교의 견해를 지지했다. 제임스 6세는 이 유명인이 자신과 뜻이 맞는다는 것을 매우 기뻐했으리라.

음모론으로 과열된 유럽 대륙

마녀가 박해받은 곳은 스코틀랜드뿐만이 아니지만,
스코틀랜드 왕이 맡은 역할은 남달리 중요했다.

덴마크 노르웨이 왕국
Kingdom of Denmark and Norway

피고수 3400명
사형수 1350명

덴마크 노르웨이 왕국은 스칸디나비아의 마녀사냥의 중심지기는 했으나 박해는 비교적 적었다. 이유는 마녀를 비롯한 부정한 자의 고발은 유죄의 근거가 될 수 없다고 제정한 1547년 코펜하겐법이다. 덴마크에서 비롯된 마녀사냥열은 스코틀랜드에까지 미쳤으나 열기는 스코틀랜드에서 더욱 격화되어 덴마크로 돌아왔다. 1619년 스코틀랜드의 탐험가 존 커닝햄(John Cunningham)이 머나먼 북쪽의 핀마르크 총독으로 임명되자 이듬해에는 대규모의 악마의 음모에 관한 최초의 보고서가 제출되어 커닝햄의 이름 아래 52회의 공판이 열렸다. 그중에서도 가장 규모가 큰 재판의 계기는 제임스 6세가 분개했을 때처럼 '바다와 하늘이 하나가 될' 정도의 태풍이었다.

스코틀랜드 왕국 Kingdom of Scotland

피고수 4000~6000명
사형수 1500명

인근 왕국과는 달리 스코틀랜드 교회와 왕실이 눈엣가시로 여긴 것은 악의가 있는 마술이 아니라 요술행위 자체였다. 1563년 이후, 요술이나 마녀의 힘에 의탁하는 것은 신과 왕실에 대한 범죄행위로 여겨 사형에 처했다. 재판은 세속재판소가 담당했지만 스코틀랜드 장로파 교회의 힘을 누구도 막을 수 없었으며, 교회가 증거를 수집하거나 소송 절차를 밟는 경우도 드물지 않았다. 제임스 6세가 스스로 지침서를 쓸 만큼 요술 박멸에 힘썼던 것은 유명하며, 판사들은 악마의 음모에 관한 안건의 판결을 내릴 때는 왕이 자신들에게 무엇을 기대하는지를 잘 파악하고 있었다.

잉글랜드 왕국
Kingdom of England

피고수 1000명
사형수 500명

1563년 제정된 주술, 요술, 악마 및 악령과의 거래 금지령(이후 1563년 요술금지령)에 따라 악의 있는 마술, 요술로 사람을 죽이거나 해를 끼치는 행위, 또 여왕의 미래를 점치려는 모든 시도는 중죄로 다루었다(이 점에서 엘리자베스 1세는 부친처럼 의심이 강했다). 죽음을 불러오거나 너무 열심히 여왕의 장래를 점치려 하는 자는 교수형에 처했으며, 요술로 남에게 해를 끼친 혐의로 유죄가 확정된 자는 1년의 실형과 조리돌림을 당했고 재범은 사형에 처했다. 마녀재판은 대부분 순회재판소에서 열렸다. 지방배심원은 히스테리에 빠지기 마련이지만 판사는—대부분 런던에서 파견되었다—농민의 미신에 맞서 그들의 학식에 호소하려 했다. 요술로 처형당한 자들 대부분은 1644년부터 47년까지 활동한 매튜 홉킨스의 희생자였다.

프랑스 왕국 Kingdom of France

피고수 3000명
사형수 1000명

중세의 마녀사냥은 프랑스에서 시작하나, 근세에 이르러 대부분의 피고는 이웃마을의 상위재판소에 상소했다. 상소가 제출되면 안건이 지방에서 이전돼 루앙이나 파리에서 심리했다. 루앙이나 파리에서는 히스테리가 폭주하는 일은 적었으며 실제로 사형선고 중 75%는 파리 고등법원에서 취소되고 그 외의 판결도 90%가 경감되었다. 하지만 증오는 쉽게 빠지지 않아 많은 죄 없는 사람이 석방되면 공동체에서 린치를 당하는 한편 아르덴과 같은 벽지의 공동체는 주민이 스스로 심판해 린치, 익사, 돌팔매형에 처하고, 재판소를 배제했다

스페인 왕국 Kingdom of Spain

피고수 2000명
사형수 100명

원래 스페인에서는 수 세기 동안 종교의 이름 아래 잔혹행위가 횡행했으나, 나라 자체는 마녀사냥에 관해 비교적 온건했다. 중세의 사법에서는 고문과 비정한 심문관(성직자나 저명한 법률가)의 심문에 따른 비공개증언을 우선했으나, 스페인 이단심문소는 되도록 세속당국에서 마녀재판의 주도권을 빼앗아 이런 무질서한 제도를 근절하려 했다. 문화, 언어상의 경계를 이루는 바스크 지방에서는 1609년 패닉이 일어났으나 이단심문소는 회의적인 자세를 고수했다. 한 가지 사례로, 이단심문관 알론소 드 살라자르(alonso de Salazar)는 무수한 고발 앞에 빈정거리는 태도로 '이러한 주장은 인간의 이성을 넘어섰으며 악마가 허락하는 한계조차 넘어섰을지도 모른다'라고 진술했다. 1614년, 이단심문소는 자백과 고발만으로는 요술의 증거로 보기 충분하지 않다고 선언했다.

신성 로마 제국 Holy Roman Empire

피고수 5만명
사형수 2만 5000~3만명

다양한 국가와 공국으로 이루어진 누더기 같은 제국에서는 종교개혁으로 창문의 금 같은 균열이 생겼다. 제국영장은 논리적인 법전에 발목이 잡혀 지방세력 앞에서는 효력을 발휘하지 못했기 때문에 수많은 편법이 있었다. 지역의 유력자로 이루어진 마녀사냥 위원회는 자신들의 사정에 맞춰 '마녀세'를 부과할 수 있었으며, 요술을 제국의 큰 위협으로 보고 '특별 절차'를 취하기도 했다. 특별 절차에 따라 법의 정당한 절차가 완전히 정지되고 위원회는 즉시기소, 변호포기, 고문 채용 권한을 받았다. 흥미롭게도 우리가 상상하는 마녀박해는 농촌과 마찬가지로 도시에서도 벌어졌다. 독일 마을의 희생자는 충격적으로 늘어나, 룩셈부르크 국경과 가까운 트리어에서는 1581년부터 93년까지 인구의 20%가 처형당했다.

17세기에 인쇄된 『마녀를 심판하는 망치』. 마녀를 구분하는 법이나 심문 방법이 상세히 적혀 있다.

마녀 옹호자
모두가 마녀사냥을 지지하지는 않았다.

튜터 왕조 잉글랜드에서는 결코 소리 높여 주장하지는 않지만 자립심을 지닌 '건실한' 기개 있는 사람이 많았다. 레지널드 스콧(Reginald Scot, 1538년경~99년)도 그중 하나였다. 켄트에 작은 토지를 소유한 그는 치안판사였으며 아르마다 해전이 일어난 1588년에는 뉴 롬니의 의원을 맡았다. 두 권의 책을 저술했는데 모두 깊은 식견과 판단력이 엿보인다. 첫 권은 홉의 재배 지침서로 1574년에 간행되었다. 1584년에 간행된 두 번째 저서 『마술의 폭로(The Discovoerie of Witchcraft Wherein The Lewd Dealing Of Witches And Witchmongers is Notablie Detected)』는 더욱 내용이 독특하다. 마녀로 찍힌 여성에 대한 박해에 혐오를 느낀 그는 이 책에서 고금의 다양한 대가의 이론을 채택해 '요술'을 믿는 것은 성경과 이성에 반한다고 주장했다. 『마술의 폭로』는 마녀재판을 비난하면서 주술, 연금술, 사기의 실태와 마녀의 행동에 관한 통설을 해설하고 있다. 제임스 6세가 이 책을 사악하다고 단정할 만하다.

The difcouerie of witchcraft,

Wherein the lewde dealing of witches and witchmongers is notablie detected, the knauerie of coniurors, the impietie of inchantors, the follie of foothfaiers, the impudent falshood of coufenors, the infidelitie of atheifts, the peftilent practifes of Pythonifts, the curiofitie of figurecaft ers, the vanitie of dreamers, the beggerlie art of Alcumyftrie,

The abhomination of idolatrie, the horrible art of poifoning, the vertue and power of naturall magike, and all the conueiances of Legierdemaine and iugling are deciphered: and many other things opened, which haue long lien hidden, howbeit verie necefsarie to be knowne.

Heerevnto is added a treatife vpon the nature and fubftance of fpirits and diuels, &c : all latelie written by Reginald Scot Efquire.

1.Iohn.4,1.

Beleeue not euerie fpirit, but trie the fpirits, whether they are of God ; for manie falfe prophets are gone out into the world, &c.

1584

마녀 탄압에 반론한 레지널드의 책의 표지.

인간이 있는지를 매우 경계했다.

덴마크 궁정에는 자유사상을 지닌 과학자도 있었다. 그중에서도 왕실 직속 점성술사 튀코 브라헤는 유럽 천체운동 연구의 최첨단에 있었다. 학자를 자인하는 제임스 6세는 유럽 사상계 굴지의 지식인으로 둘러싸이자 의욕이 충만해져, 그때까지 전해 내려온 신앙체계에 새로운 식견을 담아 독자적인 철학을 확립하고자 했다.

제임스 6세의 통치철학의 근간에는 '왕이란 신에게 대표로 인정된 자'라는 신념이 있었다. 즉 왕에게 거역하는 자는 신에게 거역하는 자로, 악마의 첨병이라는 뜻이다. 이는 반역이나 요술에도 해당된다. 제임스 6세는 드디어 '명확하게 이해'했다. 아내 아나의 스코틀랜드 여행을 가로막은 태풍은 사탄의 힘을 다루는 자들의 소행이라는 것을 말이다. 이 확신은 1590년 5월 귀국할 때도 악천후를 만나 고생한 탓에 더욱 강해졌다. 그러나 몇 주 뒤 덴마크에서 소식이 오지 않았다면 그는 바로 행동에 나설 결심을 굳히지 않았을 것이다. 덴마크의 정세는 수 년 전 스코틀랜드의 상황과 비슷했으며, 어린 왕의 이름 아래 귀족들이 승강이를 벌이면서 나라를 다스렸다. 1590년 여름, 덴마크 재상은 정적에게 갖은 규탄을 당했다. 그 규탄 중 하나가 공주 아나를 제대로 된 장비가 없는 배에 태우고 바다로 보내 위험에 빠뜨렸다는 것이었다. 재상은 난파할 뻔한 원인은 마녀에게 있다고 반론했다. 그로 인해 여러 여성이 체포되고 그중 적어도 10명 이상이 처형됐다. 심문에서 고문을 받고 유도당하는 대로 자백한 사람도 있었으나 기묘한 활동을 했다거나 불가사의한 힘에 빙의되었다고 자발적으로 진술한 사람도 있다고 기록되어 있다. 이러한 여성들은 초자연적인 능력을 지닌 것으로 알려져, 자신들이 사탄을 만나 왕실호위함에 악령을 보내 큰 재해를 일으킬 허가를 받았다고 진술했다.

제임스 6세에게 본국에서 마녀사냥을 시작할 더 이상의 이유는 필요 없었다. 그 뒤로 스코틀랜드의 정치와 미신은 하나가 되었다. 보스웰 백작은 앞으로의 전개를 알기 위해 예언자를 자청하는 마녀들에게 의뢰했는데, 이 일이 정적에게 알려지자 마녀들은 체포당해 심문을 받아, 보스웰 백작이 왕실호위함에 태풍을 보내 국왕의 목숨을 노리도록 사주했다고 자백했다. 이는 반역과 악의 있는 마술의 이중 죄목이었으며, 제임스 6세는 자연과 초자연의 힘이 합쳐진 것에 전율했다. 바야흐로 공연히 반기를 든 보스웰 백작을

세익스피어 저 『맥베스』의 세 마녀의 그림.
제임스 6세의 마녀 체험이 바탕이 되었다.

왕에게 충성을 맹세하는 군대가 쫓았으나, 계속 간발의 차이로 놓쳤다. 1595년, 보스웰 백작은 유럽 대륙으로 건너가 유랑하다 생애를 마쳤다.

그 동안 노스 버윅에서 마녀재판이 열려 충격적인 전개가 벌어졌다. 제임스 6세는 몇 가지 심문에 입회해 어둠의 왕과의 해후를 진술하는 주모자들의 말을 들었다. 그녀들의 진술에 따르면 사탄은 올드 커크와 노스 버윅에서 모임을 열었으며, 검은 가운을 두르고 기다란 검은 모자를 쓰고 연단에 앉아 있었다. 부리처럼 뾰족한 코와 부리부리한 눈은 정말 무서웠다고 한다. 지시를 기다리지 못한 200명의 신봉자들이 도착했는데 그중에는 하늘을 날아온 자도 있었다. 기록에 따르면 제임스 6세는 당초 이러한 진술에 회의

적이었으나 주요 용의자 중 하나인 아그네스 샘슨(훗날 교수당한 뒤 화형당했다)의 말을 듣고 의문이 풀렸다고 한다.

아그네스는 노르웨이 오슬로에서 국왕과 비전하가 첫날밤에 주고받은 말, 각자의 대답을 정확하게 맞추었다. 국왕은 진심으로 신비하게 여겨 지옥의 악령들이 그러한 것을 알리라고는 생각도 못했다고 신에게 맹세했고, 그녀의 말이 매우 정확하다는 것을 인정하고 모든 발언을 믿게 되었다.

제임스 6세가 확신으로 기운 데는 뒤따른 증언이 영향을 주었을 수 있다. 그가 왜 왕에게는 악마의 힘이 통하지 않느냐고 묻자, 아그네스는 사탄의 말을 따라 '그는 신의 인간이다. 고의로 잘못을 저지르지 않

고 경건하고 공정하며 덕이 높다고 답했다. 이 답변은 자신이 신성한 의무를 지고 있다고 믿는 제임스 6세의 마음에 울림을 주어, 신의 적의 말보다 더 이를 뒷받침할 증거는 없다고 여겼다.

1563년 요술금지령을 어겼다고 의심받은 자는 처참한 고문을 당했는데 그 결과 '폭로'가 속출했다. 용의자는 심문자의 환심을 사고자 밀고자로 변신했고, 그 결과 용의가 확대되고 고발과 체포가 급증해 100명 이상이 구속당했다. 다만 이러한 사태는 공포를 불러오기는 했으나 배심원이 딱히 즉시 유죄관결을 내리지는 않았던 것, 용의자가 무죄관결을 받았을 때 제임스 6세가 보인 분노는 주목할 만하다. 그의 머릿속에서는 반역죄와 요술이 밀접하게 연관되어 있으므

스코틀랜드 왕 제임스 6세(잉글랜드 왕 제임스 1세)의 초상화. 다니엘 미튼스, 1621년.

책자를 간행해 자신이 가진 지혜의 은혜를 백성에게 베풀었다. 현대인이 보기에 이 책은 특이하게 느껴지겠지만 당시의 분위기를 잘 전해주고 있다는 것은 분명하다. 그로부터 고작 10년 정도 전 독일에서는, 독자에게 경계를 촉구하는 『요한 파우스트 박사 이야기 (Historia Von D. Johann Fausten)』가 익명으로 간행됐다. 이 책은 악마와 계약을 맺은 어느 학자의 이야기로, 극작가 크리스토퍼 말로는 『악마학』과 거의 같은 시기에 『요한 파우스트 박사의 이야기』를 희곡으로 각색해 『포스터스 박사의 비극(The Tragical History of the Life and Death of Doctor Faustus)』을 집필했으며 이를 해군대신 극단이 상연했다. 그러나 모두가 마녀를 둘러싼 광란에 휘말리지는 않았다. 예컨대 착실한 켄트 귀족인 레지널드 스콧이 1584년 저술한 『마술의 폭로』는 마술의 개념 자체를 논파하는 책으로, 제임스 6세는 스콧을 누구보다 눈엣가시로 여겼다.

제임스 6세의 『악마학』은 성경과 전승에서 논거를 따왔으며, 영적인 힘이 부딪치는 전쟁에 대해 고찰한 대화 형식의 책이다. 왕의 관심은 오로지 마녀와 마녀를 분간하는 법, 처형 방법뿐이었으며, 법관들에게 경고를 보냈다.

"주께서 꺼림칙한 잘못과 자신에 대한 배신을 처부수고 엄격한 벌을 내리려 하시는데 법관이 (마녀들을) 구명하거나 거꾸러뜨리지 않는 것은 위법일 뿐 아니라 죄라 할 수 있다."

1603년 엘리자베스 1세가 타계하자 제임스 6세는 잉글랜드의 왕위도 계승해 두 나라의 통치자가 되었다. 이후 왕은 정치적 호기를 맞아 마녀에 대한 관심이 서서히 흐려져 갔다. 1606년 셰익스피어의 『맥베스』가 햄프턴 코트 궁전에서 상연되었다. 이 작품은 스코틀랜드 출신인 제임스 1세를 칭송하면서 그가 벌이는 악마와의 싸움을 지지했다. 전반에서 등장하는 세 마녀의 대화에서 제임스 6세가 은유를 느끼지 않았다고 보기는 어렵다. 노파들은 알레포로 향하는 배를 습격할 계획을 이야기하고 있다.

로 관대한 판결은 배신이나 마찬가지였다. 그는 '판결을 잘못한' 배심원에게 자신이 악마의 무리의 첨병에게 죽을 뻔했던 일을 지적하고 악과의 싸움을 계속하라고 선언했다.

'짐의 치세에서 평화를 누리는 이 나라의 안녕을 위해, (중략) 짐은 언제나 변함없이 전진할 것이다. 짐이 제임스 스튜어트여서 수천 명을 지휘할 수 있기 때문이 아니다. 신께서 짐을 왕위에 앉히고 정의로운 판단을 내리도록 정하셨기 때문이다'라는 자신의 말에 충실하게도 왕은 1597년 『악마학』이라는 제목의 소

제2의 마녀 : 그럼 내 바람을 하나 주지.

제3의 마녀 : 나도 바람 하나 줄게.

제1의 마녀 : 나머지 바람은 죄 내가 가지고 있다. 어느 항구로 부는 바람인지, 어느 방향으로 부는 바람인지, 모두 해도 속에 나와 있다. 역풍으로 그놈을 마른 풀처럼 말라빠지게 하고야 말테다. 밤이건 낮이건 그놈의 눈꺼풀 위에 잠이 결코 깃들지 못하게 할 테다. 그놈을 저주받게 하여 괴로운 구구 팔십 일 주를 혼미 속에 허덕이게 하면, 그놈은 여위고 말라빠져 시들어 버릴게다. 배는 침몰시킬 수 없지만 폭풍으로 실컷 뒤흔들어 줄 테다.

© Alamy

스코틀랜드 플리커의 하루

1648~77년 스코틀랜드 마녀식별을 생업으로 삼은 자들

스코틀랜드에서는 악마와 손을 잡은 마녀에게 신과 세례를 버리고 사탄에게 가담했다는 것을 나타내는 증표가 있다고 믿었다. 용의자를 바늘로 찔러도 피가 나지 않거나 아프지 않는 것도 마녀의 증표 중 하나였다. 원래는 성직자가 바늘을 찔러 검사하였으나 훗날 성직자가 아닌 사람도 검사를 하게 되어 전문 플리커로 알려지게 된다. 영향력이 있고 지위가 높은 직업이었으나 1677년경부터 여론이 변화하면서 그 능력과 권위에 의문이 던져져 서서히 쇠퇴했다.

이른 기상

플리커는 지역에서의 업무에 매우 분주하기도 했지만 언제나 그렇지는 않았다. 평판이 얼마나 퍼졌는가, 누구의 의뢰인가에 따라 먼 곳까지 나가기도 했다. 어느 스코틀랜드의 플리커는 마녀 용의자를 취조하는 데 협력해달라는 요청을 받고 국경을 넘어 뉴캐슬까지 출장했다.

도구 관리

주된 작업 도구는 직업의 이름처럼 바늘이었다. 두꺼운 날붙이를 썼다고 여기기 쉬우나 당시 자료에 따르면 핀과 같은 기다랗고 예리한 도구를 썼다고 하며 길이 5~7cm의 놋쇠로 만들었다고 기록되어 있다. 필요에 따라 검사 결과를 '조작'하기 위해 선단을 넣고 뺄 수 있는 바늘에 대해서도 언급되고 있다.

에든버러에서는 플리커가 도착할 때까지 용의자는 마을의 올드 톨부스라는 시설에 구류되었다.

뇌물

바늘 찌르기 검사는 보통 용의자의 구류지—마을의 감옥이나 전용으로 설치된 안전한 방—에서 이루어졌다. 용의자가 플리커에게 뇌물을 주고 눈 감아주도록 하는 일도 있고, 반대로 특정한 용의자를 유죄로 만들기 위해 현금을 주고받는 일도 있었다.

마녀에게는 악마의 증표가 있다고 여겨, 증표가
발견되면 유죄선고를 받았다.

바늘 찌르기 검사

검사는 증인 입회하에 이루어졌다. 그들의 호기심을
만족시키면서 공정함을 확보하기 위해서다. 용의자는 적
어도 부분적으로 옷이 벗겨지고 온몸의 여러 얼룩이나
멍에 침을 찔렀다. 놓친 부분이 없도록 머리카락을 깎
인 자도 있다. 굴욕적이면서 빠른 작업이어서 검사 한
번에 30명의 용의자가 취조된 적도 있다.

판정

얼룩 등에 바늘이 꽂혀도 피가 나오지 않거나 아파하
거나 하지 않을 경우 확실한 악령의 증표로 여겨져 사
탄과의 공모는 거의 틀림없다고 판정되었다. 증표가 하
나라도 발견되면 용의자는 유죄가 되어 투옥당하고 대
부분 처형당했다.

지불

플리커의 업무는 보수가 커서 1649년 벳시 머스터튼
이라는 여성을 검사한 존 킨케이드는 20마르크(약 1파운
드. 빵 40개의 가격에 상당)를 받았다. 다른 플리커는 마녀
한 명을 유죄로 만들 때마다 20실링을 얻었다. 이러한
구조는 부정을 유도하고 남용하게 만들어 용의자를 파
멸시켰다. 플리커가 미움을 사게 된 데에는 이러한 요
인이 있다.

보신

플리커는 사회적으로 불안정한 직업이어서 불복이 제
기되면 성가신 상황에 몰리게 되었다. 존 킨케이드는
1662년 지위를 남용하고 있다는 고발이 많이 들어온 탓
에 체포, 투옥되었고 조지 케이시도 1650년 당국의 소
환을 받았다. 둘 다 결국 플리커의 직위를 잃었다.

밤의 기도

운이 좋으면 플리커에게는 출장지의 여관이 제공되었
으며 출장비를 선불로 받을 수도 있었다. 지역의 상황에
따라서는 성직자나 관리 등의 식사에 초청되기도 했으
나 갈 길은 멀었고 검사 대상인 마녀는 잔뜩 있었기 때
문에 수면시간은 짧았다.

플리커는 요청이 있으
면 장거리 출장도 했다.

© Getty Images, Look and Learn

Terror on Pendle Hill

펜틀 힐의 공포

마녀사냥의 왕이라 불린 잉글랜드 왕 제임스 1세의 시대,
권력, 미신, 내분이 아름다운 펜틀 힐 지역을 광란에 빠뜨려
수많은 희생자를 낳았다.

펜들의 숲에는 달빛이 비쳤다. 추한 두 맹인 노파—뎀다이크 집안과 차톡스 집안의 여가장—이 빛을 받으며 중얼중얼 주문을 읊고 있다. 흑마술을 써서 마음대로 남을 저주하거나 병을 고칠 수 있는 그녀들 앞에서 안전을 확신할 수 있는 사람은 없었다. 사악한 요술의 표적이 될 자는 누구인가. 언제까지 두려워하며 살아야 하는가 하고 모두가 두려워했다.

펜들의 마녀로 알려지게 되는 여성들의 재판은 잉글랜드의 가장 유명한 재판일 것이다. 재판소 서기관 토마스 포츠(Thomas Potts)의 『랭커스터의 마녀의 무시무시한 발견(The Wonderfull Discoverie of Witches in the Countie of Lancaster)』은 10명이 처형당한 이 비극적인 사건을 후세에 전해 수 세기 동안 수많은 사람들의 호기심과 공포심을 자극했다.

음울한 1612년에 대체 무슨 일이 일어났을까. 그리고 잉글랜드 사상 최대 규모의 마녀 그룹으로 인식된 여성들은 왜 처형당해야 했을까.

올드 뎀다이크, 본명 엘리자베스 서전즈(Elizabeth Southerns)와 마더 차톡스, 본명 앤 위틀(Anne Whittle)은 예로부터 펜들 지역에서 살았다. 노쇠하였으나 약초와 부적을 잘 다루었기 때문에 동네에서는 유명해서 가축이나 아이들이 병에 걸리면 마을사람들은 그녀들에게 기대고는 했다. 하지만 그 힘의 원천이 악마와 공모한 데서 나왔다는 소문이 퍼져 많은 사람들이 두려워하기도 했다. 그녀들은 좋은 목적을 위해서만 힘을 쓰지는 않았으며, 마음에 안 드는 자들에게 해를 끼친 적도 있는데 그럴 경우 무시무시한 결과가 기다리고 있었다. 마더 차톡스는 자신을 비웃은

악마와 계약해
힘을 얻었다며
많은 두려움을 산
여성이 있었다.

"요술은 일족의 생업이었으며
세대에서 세대로 전해 내려왔다."

사실? 허구?

동시대의 토마스 포츠가 저술한 『랭커스터의 마녀의 무시무시한 발견』은 1612년에 일어난 이 사건의 주요 자료가 되었다. 한편 펜들 마녀재판에 대해 대중에게 알려진 많은 사항은 노파 올드 뎀다이크, 마더 차톡스와 그 일족의 이야기를 픽션으로 집필해 큰 반향을 일으킨 두 작품에서 유래한다. 하나는 19세기의 작가 윌리엄 해리슨 아인워스(William Harrison Ainsworth)의 『랭커스터의 마녀(The Lancashire Witches)』, 다른 하나는 로버트 닐(Robert Neill)의 『펜들의 안개(Mist Over Pendle)』다.

현대에까지 전해지는 부정확한 이야기의 일부는 이 두 픽션 작품에서 유래한다. 예컨대 앨리스 나타가 래프리 홀의 명문가 딸이라거나, 앨리슨 드바이스가 앨리스 나타의 사생아였다는 충격적인 이야기다. 이러한 일화는 흥미를 끌기는 하지만 명백한 허구다. 그럼에도 두 작품의 평판은 떨어지지 않고 수 세대 동안 널리 읽혔으며, 특히 아인워스의 소설은 오랜 세월 동안 큰 인기를 끌었다. 그는 40편 정도의 소설을 발표했는데 현대에도 간행되는 책은 이것뿐이다. 이러한 픽션 작품은 많은 사람이 펜들의 마녀의 진실을 알 계기가 되었다.

앤 나타라는 처녀에게 화가 나 그녀에게 빙의해 주겠다고 선언했다. 그 뒤 얼마 안 가 앤은 병에 걸려 죽어버렸다. 올드 뎀다이크와 말싸움을 벌인 리처드 보드윈은 1년 뒤 딸을 잃었다. 존 나타는 올드 뎀다이크에게 소를 고쳐 달라고 부탁했지만 소는 오히려 죽어버렸다.

빈곤한 그녀들은 종종 구걸을 해야 했으며 사회적으로도 경제적으로도 밑바닥에 있었다. 불길한 소문은 그녀들에게 힘을 주었으며 이러한 힘은 주위 사람들을 조종할 수 있는 귀중한 수단이었다. 그 주문과 부적이 당대 개신교도 왕이 금지한 가톨릭의 옛 기도와 의식에서 유래했다는 것쯤은 큰 문제가 아니었다. 사람들은 그녀들에게 경이적인, 혹은 무시무시한 일을 일으킬 힘이 있다고 믿었고, 그녀들은 그 점을 이용했다. 하지만 요술과 평판만으로 자신을 지킬 수는 없었다.

1612년 3월, 올드 뎀다이크의 손녀인 18살 앨리슨 드바이스는 행상인 존 로와 마주쳐, 돈은 없지만 바늘을 나눠 달라고 부탁했다. 존에게 거절당한 앨리슨

은 기분이 나빠져 저주의 말을 퍼붓고 갈 길을 갔다. 그녀는 몰랐지만 이 뒤 존은 낙마했으며, 간신히 가까운 여관에 다다랐으나 몸져누워버렸다. 아들 에이브러햄이 부친을 데리러 오자, 겨우 말할 수 있는 정도까지 회복한 존은 아들에게 섬뜩한 이야기를 들려주었다. 존은 자신이 마법에 걸렸으며 마법을 건 처녀의 거처를 알고 있다고 했다. 에이브러햄은 바로 앨리슨을 찾아가 발작을 일으킨 아버지에게 데려갔다. 존의 상태를 본 앨리슨은 무릎을 꿇고는 자기 때문이라고 용서를 빌며 그를 저주했다고 인정했다. 사건은 이것으로 끝나지 않았다. 에이브러햄이 치안판사 로저 노웰에게 이 이야기를 들려주자, 마녀사냥과 올드 뎀다이크와 같은 지역의 문제 인물을 근절하는 일에 의욕을 보이던 노웰은 바로 앨리슨을 심문에 회부했다.

공포에 사로잡혔는지, 거리낌 없이 이야기했는지는 알 수 없지만 앨리슨은 길게 이야기했다. 질문에는 자세히 대답했으며 자신의 할머니가 틀림없는 마녀라고 보증했다. 그녀는 2년 전, 할머니의 설득을 따라

"펜들 마녀재판은 잉글랜드에서 사바트의 존재가 처음으로 '증명된' 케이스였다."

전환기 Defining moment
1598년, 올드 뎀다이크의 굴복

올드 뎀다이크는 악마의 유혹에 몇 년 동안 저항했으나 딸에게 줘야 하는 대금을 납부하지 않은 리처드 보드윈에게 복수하고자 악령을 보냈다. 거의 같은 시기에 올드 뎀다이크는 친구 마더 차톡스, 본명 앤 위틀을 마술의 길로 이끌었다. 당초 마더 차톡스는 거절했으나 결국 올드 뎀다이크를 유혹한 악마 티브가 오른쪽 갈비 부근을 빨 것을 받아들였다. 이렇게 두 악령 높은 마녀가 탄생했다. 하지만 새 힘을 얻은 둘은 곧 경쟁상대가 되어 사태는 복잡해져 갔다.

타임라인

1592

●1592년
요술의 시작
구걸하던 올드 뎀다이크가 티브라는 악령을 만나 혼을 건네면 어떤 바람이든 이루어준다는 제안을 받았으나 아무것도 원하지 않는다고 대답하며 저항했다.

●1601년
드바이스 집안에서 문제 발생
드바이스의 집에서 리넨과 식량을 도둑맞은 다음 날, 도둑맞은 옷을 입은 마더 차톡스의 딸 벳시(엘리자베스 위틀)가 목격된다. 드바이스 집안의 여자들은 도둑맞은 것을 되찾았다.

●1601년
드바이스와 마더 차톡스가 협정을 맺다
존 드바이스는 장모의 라이벌을 경계해서 마더 차톡스에게 해마다 8파운드의 밀가루를 바치는 것을 대가로 드바이스 집안을 건드리지 말라는 약속을 맺었다.

●시기 불명
존 드바이스의 죽음
존은 약속을 지켰으나 어느 날 밀가루를 바치지 않았다. 그러자 그는 병에 걸려 목숨을 잃었다. 생전 그는 마더 차톡스가 요술을 걸어 자신을 죽였다고 말했다.

●1612년 3월 18일
앨리슨 드바이스가 행상인을 만나다
존 로를 마주친 앨리슨은 바늘을 나눠달라고 부탁했으나 거절당해 화풀이로 저주의 말을 내뱉었다. 얼마 안 가 그는 발작을 일으키고 쓰러졌다.

●1612년 3월 21~29일
앨리슨 드바이스가 고발당하다
존 로는 자신이 이렇게 된 것이 앨리슨 때문이라고 비난했다. 그녀는 죄를 인정했고 존의 아들 에이브러햄은 치안판사 로저 노웰에게 고소했다.

요술의 길에 빠졌다고 했다. 약속의 증표로 악마에게 몸 어딘가를 빨린 것만으로 온갖 바람이 이루어지게 되었다. 그녀는 존 나타의 소가 걸린 병, 친구 앤 나타의 죽음, 통에 넣어둔 우유가 버터로 변한 것도 마법의 효과라고 진술했다.

그리고 그녀는 마더 차톡스를 지명하며 할머니보다 악랄하다고 주장했다. 차톡스 집안과 뎀다이크 집안은 대립하고 있으며, 마더 차톡스의 힘을 두려워한 앨리슨의 아버지 존 드바이스는 매년 밀가루를 바치는 대신 안전한 생활을 손에 넣었다. 밀가루를 바치는 동안은 비교적 평화로웠지만 그것은 겉보기만 그럴 뿐이었다. 어느 해, 약속을 지키지 않은 존은 병들어 죽어버렸다. 마더 차톡스가 보복으로 벌을 준 것이라고 앨리슨은 단언했다. 마더 차톡스는 존 무어의 음료에 마법을 걸고, 그의 아이들을 저주해 죽인 혐의도 받았다. 소에게 마법을 걸었다고 자신을 비난한 무어에 대한 앙갚음이었으리라. 앨리슨의 말에 따르면 마더 차톡스는 그의 아이가 병사하도록 점토로 아이들을 모방한 인형을 만들어 말린 뒤 잘게 부수었다. 앤 나타가 주살당한 이유는 마더 차톡스가 방에 들어왔을 때 비웃었기 때문이었다.

당국은 뎀다이크 집안과 차톡스 집안에 불리한 정보를 끌어내기 위해 앨리슨을 유도신문했을 것이다. 어떤 약속과 공감이 이루어졌는지는 기록되지 않았으나 어쨌든 앨리슨은 노웰이 기대한 대로 끔찍한 대답을 들려주었다.

그 날, 앨리슨의 형제 제임스도 노웰에게 심문을 받고 올드 뎀다이크가 마녀라는 것, 할머니의 집 근처에서 이 세상의 것이 아닌 끔찍한 소리를 들은 것, 그리고 침대에 검은 괴물이 나타나 공포에 떨었다는 것을 증언했다. 또 앨리슨이 헨리 브룩의 자식에게 마법을 거느라 애먹었다고 진술했다. 며칠 뒤, 이러한 증언을 근거로 앨리슨과 제임스의 모친 엘리자베스 드바이스가 심문받아, 엘리자베스도 마더 차톡스도 그녀의 딸 앤 레드펜(Anne Redferne)도 유죄 선고를 받게 되었다. 같은 날 심문을 받은 마더 차톡스는 자신이 악마를 섬기는 마녀임을 인정하고 다른 자들이 이미 이야기한 것과 같은 증언을 했다. 그 결과, 올드 뎀다이크, 마더 차톡스, 앤 레드펜, 앨리슨은 채포당해 랭커스터 성으로 연행되었다.

체포 소식에 모두가 충격을 받았으며, 양가는 집안의 기둥인 여가장을 잃었다. 올드 뎀다이크의 집안은 우연히 친구와 일족 간의 모임을 열 예정이어서, 성금요일에 올드 뎀다이크가 사는 마르킨 타워에서 집회를 열고자 했다. 모임에서는 앨리슨의 사역마를 지명하기로 되어 있었으나 그녀가 투옥되었기 때문에 그럴 수 없었다.

훗날의 보고에 따르면 집회에서 초점이 된 것은 단 한 가지, 동료를 해방하는 것이었다. 훗날

펜들 마녀 재판에는 사바트와 마녀재판 등, 그때까지 영국에서는 보고되지 않았던 유럽 대륙의 독특한 디테일이 여럿 등장한다.

> 펜들 힐은 훗날의 픽션 작품과는 달리, 원래의 올드 뎀다이크와 마더 차톡스의 이야기에는 나오지 않는다.

전환기 Defining moment
1612년 성금요일, 마르킨 타워의 집회
체포자의 친구와 가족은 올드 뎀다이크의 집에 모여 상황을 검토했다. 랭커스터 성에 화약으로 불을 지르고 간수를 살해해 동료를 구할 계획을 나누었다고도 했다. 자넷 브레스튼은 자신을 마술로 고발하려 한 토마스 리스터에게 복수하고자 회합에 출석했으며, 명문 출신이라는 앨리스 나타도 찾아왔다. 그들은 제임스 드바이스가 훔쳐온 양을 배불리 먹은 뒤 1년 뒤 연회를 다시 열 약속을 하고 해산했다. 이 소식은 노웰의 귀에 들어가서 또 다른 체포자가 나와 구류자의 수는 12명까지 늘었다.

전환기 Defining moment
1612년 8월 18~19일, 아이들의 증언
9살인 자넷 드바이스가 출정하여 조모, 모친, 친척, 이웃 사람에 대한 반대 증언을 강요받았다. 노웰과 그의 부하들에게 미리 언질을 받은 자넷의 증언 내용은 최악이었다. 그녀는 가족이 저질렀다는 수많은 죄를 들고 마르킨 타워의 집회에 출석한 자를 지명했으며, 지명된 자는 모두 유죄판결을 받았다. 그녀가 무슨 말을 듣고 증언했는지, 자신의 말이 어떤 결과를 일으킬지 이해했는지는 불명이다.

1612

● **1612년 3월 30일**
앨리슨 드바이스가 심문받는다
로저 노웰은 리드 홀의 자택에서 앨리슨을 심문하여, 앨리슨은 자신도 할머니도 마더 차톡스도 마녀이며 할머니에게 마녀가 되라는 말을 들었다고 진술했다.

● **1612년 4월 2일**
용의자가 체포되다
앨리슨 드바이스와 그녀의 형제 제임스의 증언을 바탕으로 올드 뎀다이크, 마더 차톡스와 앤 래드펜 모녀, 앨리슨 본인이 체포되어 랭커스터 성에 투옥되었다.

● **1612년 7월 27~29일**
자넷 브레스튼이 처형당하다
자넷이 요크에서 재판에 회부된다. 토마스 리스터 시니어를 저주해 죽인 혐의로 유죄판결을 받고 교수형을 선고받아 이틀 뒤 처형되었다.

● **1612년 8월 18일**
마녀재판
그 외의 용의자들은 랭커스터의 여름 순회재판에서 심판받아 자신의 죄와 함께 각각의 죄도 인정했다. 올드 뎀다이크는 재판이 열리기 전에 옥사했다.

● **1612년 8월 19일**
판결
순회재판소에서 심판받은 피고 중 10명은 요술로 여러 사람을 살해한 혐의로 교수형을 선고받았다. 마거릿 피어슨은 사형을 면하고 금고형과 네 번의 조리돌림을 당했다.

● **1612년 8월 20일**
펜들의 마녀 처형
사형이 집행되어 영국 역사상 가장 끔찍한 마녀의 예로 전해 내려갔다. 책의 소재도 되고 훗날의 토마스 포츠는 장편 『랭커스터의 마녀의 무시무시한 발견』을 집필했다.

화약, 반역, 음모

펜들 마녀재판의 초점 중 하나가 된 것이 앨리슨, 올드 뎀다이크, 마더 차톡스 모녀 구출이 목적인 랭커스터 성 방화 계획이었다. 세간은 이 계획에 경악했다. 방화 계획은 몇 년 전 왕과 의회를 노린 가이 포크스(Guy Fawkes)의 화약 음모 사건(미수)만큼이나 중대했다. 진상은 어떠했는가. 제임스 1세도 관료도 엘리트층도 음모의 징조에는 민감했으며 당시 과격한 가톨릭교도와 마녀는 양대 위협이었다. 공판을 담당한 브롬리 경과 앨섬 판사로서는 펜들의 용의자들을 가톨릭교도, 마녀로 연출할 수 있다면 왕의 의향을 따르는 일이 되므로 안성맞춤이었을 것이다. 가이 포크스를 지하실에 감금한 토마스 니비트에게 헌상된 포츠의 저작에도 관계자는 입을 모아 사회질서, 정치적 안정성, 요술, 랭커스터에서의 사건을 정당화할 필요성을 중시했다고 적혀 있다.

하지만 용의자들은 '계획'을 실행하기 위한 화약을 어디서 조달하려 했을까. 마르킨 타워에 모인 자들이 감정에 맡겨 이야기했을지도 모르고 어린 자넷 드바이스가 그런 말을 전후관계 없이 증언했을지도 모른다. 어쩌면 자넷의 귀가 밝았거나, 가족을 석방한다는 교환조건이 제시됐을지도 모른다.

음모계획은 아마 있었을 것이다. 하지만 문제는 누구에 대한 음모였느냐는 것이다.

가이 포크스 체포. 펜들의 마녀들은 화약 음모 사건에서 힌트를 얻었을까. 아니면 이 음모처럼 조작된 일일까.

> 드바이스 집안과 차톡스 집안은 지역 일대의 끔찍한 마녀 네트워크의 리더로 꾸며졌다.

랭커스터 성. 올드 뎀다이크는 개정 전 질병 혹은 학대가 원인이 되어 옥사했다.

출석자들이 조사에서 이야기한 바에 따르면 랭커스터 성에 불을 지를 계획을 짜고 있었다고 한다. 이 중대한 계획의 목적은 두 가지로, 죄수를 구출하는 것과 사람들이 미워하던 간수를 살해하는 것이었다.

이 악질적인 집회의 이야기는 바로 노웰의 귀에 들어갔다. 뎀다이크 집안이 그대로 그의 계략에 걸린 것처럼 보이기도 하다. 추가 심문이 이루어져 체포자가 속출하고, 집회는 각색되어 당시까지 유럽 대륙의 이야기에 불과했던 사바트로 변화했다. 압박을 받아 가족과 이웃의 유대가 붕괴하고 용의자들이 자백해 죄를 서로 떠넘기면서 수 년 전의 규탄과 사건이 다시 문제가 되었다. 그런 와중, 드바이스 집안과 차톡스 집안은 지역 일대의 끔찍한 마녀 네트워크의 리더로 꾸며져서 수많은 수하 유령에게 지시를 내려 마음에 들지 않는 자들에게 해를 끼쳤다는 설이 돌았다. 기스번의 자넷 브레스튼이라는 여성은 집회에 참가해 순회재판에서 자신을 요술로 고발하려 한 토마스 리스터를 죽이는 데 협력해 달라 부탁했다고 진술했다. 앨리스 나타라는 여성도 친구가 체포되었다는 소식을 듣고 친절한 마음에 회합에 출석했으나 훗날 체포당했다. 제인과 존 브루콕도 무고한 사람들을 괴롭히는 위험한 모임의 일원으로서 체포당했다.

용의자들은 빈말로도 위생적이라고 할 수 없는 랭커스터 성의 감옥에서 4개월 동안 비참한 생활을 강요당했다. 올드 뎀다이크는 견디지 못하고 병에 걸려 랭커스터에서 여름 순회재판이 열리기 전에 사망했다. 공판은 8월 18일에 열려 에드워드 브롬리(edward bromley) 경이 판사를 맡았다. 피고는 방청인으로 들끓는 법정에서 순서대로 줄을 섰으나 지나친 소음에 질문도 제대로 듣지 못하고, 허둥거리며, 수면 부족과 비참한 대우 때문에 초췌해진 데 더해 모든 변호가 금지돼 애초에 승산이 없었다. 올드 뎀다이크가 사망한 현재 비난의 화살은 엘리자베스 드바이스에게 집중됐다. 그녀는 그룹 최악의 마녀로 꾸며져, 그 추악한 소행이 백일하에 드러났다. 보고에는 전형적인 마녀 그룹의 모습이 적혀 있었다. 늙어 눈이 보이지 않는 마더 차톡스, 두 눈이 다른 방향을 보고 있는 사시인 엘리자베스 드바이스, 정신적으로도 육체적으로도 빈약해 심문을 견딜 수도 또렷하게 말할 수도 없는 제임스 드바이스. 알맹이를 보든 겉모습을 보든 그들이 악마의 동료라는 것은 틀림없었다.

악마와의 계약, 요사스러운 이미지, 사바트, 주문은 군중의 눈을 사로잡았다. 새 증거가 제출될 때마다 요술의 죄만이 아니라 종교적으로든 사회적으로든 그들이 불온분자라는 사실이 명확해져 갔다. 당국에는 원하는 결과를 확보하기 위한 비장의 수가 있었다. 9세인 자넷 드바이스다. 앨리슨의 증언을 계기로 전원이 유죄판결의 소용돌이에 휘말렸는데, 어린 자넷의 증언은 그들의 운명에 쐐기를 박았다. 증언대에 서기에는 키가 너무 작았던 그녀는, 최대한의 효과를 노리고 탁상 위에 앉혀서 마르킨 타워에 있었던 자를 지목하고 그 목적을 이야기해 가족과 이웃이 불리해질 증언을 했다. 증언이 이어지면서 엘리자베스 드바이스는 당황하고, 비참한 결말을 예상해 딸에게 소리 질렀다. 그 기세에 자넷은 주춤했으나 그것이 엘

1612년의 사건을 잊지
말라고 호소하고 있다.

리자베스의 성질이 악하다는 또 다른 증거
가 되었다. 모친이 퇴정당한 뒤로도 자
넷은 여전히 증언을 계속했다. 그
날 안에 마더 차톡스, 엘리자베스
와 제임스 드바이스는 요술을 부
려 수많은 살인을 저지른 혐의로
유죄판결을 받았다. 운 좋게도 마
더 차톡스의 딸 앤 레드펜이 받은
로버트 나타 살해 혐의는 풀렸다. 다
음날에는 또 앨리슨 드바이스, 앨리스 나
타, 제인과 존 브루콕, 캐서린 휘트, 이소벨 로베
이 등의 유죄가 확정되어 사형이 선고되었다. 전날 무

잉글랜드의 법에서
용의자의 고문은
위법이지만 제임스
드바이스는 고문을 당해
자백을 강요받았다는
의견도 있다.

죄 선고를 받은 앤 레드펜도 운이 다해서,
크리스토퍼 나타 살해의 죄목으로 고
소당해 유죄가 확정되어, 다른 자
들과 함께 교수형을 선고받았다.
자넷 브레스튼은 요크셔의 고향
으로 돌아갔으나 요술로 토마스
리스터 시니어를 죽인 혐의로 고
소당했다. 재판에서는 유죄가 확
정돼 7월 29일 사형이 집행됐다. 다
른 자들은 8월 20일에 처형당해, 잉글
랜드 사상 최악의 마녀전설로 전해 내려왔다.

앨리스 나타를 추도하
는 조각상. 펜들 마녀
재판의 부정을 밝히고
1612년의 사건을 잊지
말라고 호소하고 있다.

The Ghoul
Next Door
이웃한 망령

커닝 포크와 그 마력은 유럽 각지에서 숭배되며
두려움을 사면서도 일상생활의 일부를 이루고 있었다.
마녀를 노린 새로운 파도에 삼켜지기 전까지는.

스코틀랜드 여성 이소벨 싱클레어(Isobel Sinclair)는 요정들과 이야기해서 할로윈 날 기르는 소가 해를 입지 않도록 천과 몸털로 지켰다고 인정했다. 이것으로 그녀의 운명은 결정되었다. 그녀는 1633년에 마녀로서 심판받아 교수형을 당했다. 하지만 바로 1세기 전이었다면 그녀와 같은 인물이 벌을 받을 일도, 주의를 끌 일도 없었을 것이다. 이소벨은 수천 명의 남녀가 수 세기 전부터 걸어온 길을 갔을 뿐이다. 커닝 포크나 와이즈 포크라 불리는 사람들은 로마 시대부터 여러 경건한 공동체의 일원으로서 백마술을 행사해왔다. 커닝 포크는 병과 상처를 치료하고 조언을 주고 사람과 가축을 보호했다. 하지만 16세기부터 17세기에 이르러 종교 조직에 변화가 생겼다. 이에 따라 요술에 대한 공포가 퍼지면서 백마술과 불길한 흑마술의 경계가 애매해져, 한때 그들이 제 집이라 부르던 땅에서는 이웃한 망령을 위한 장소가 사라져 갔다. 튜터 왕조 잉글랜드에서는 마술이 널리 쓰였으며 잉글랜드의 고명한 주교 휴 레티머(Hugh Latimer)는 1552년에 소리 높여 "수많은 사람이 문제를 품거나 병에 걸리거나 무언가를 잃거나 하면 여기저기를 돌아다니며 현인이라 불리는 마녀에게 의탁한다"라고 직언했다. 어느 마녀나 커닝 포크에게 의탁하면 될지를 모르는 사람은 없었다고 해도 과언이 아니었다. 이것은 유럽 각지에서 일컬어지는 말로, 그들은 공동체에 단단히 뿌리

> 오줌이나 몸털 등을 병에 넣은 부적은 마녀로부터 소유자를 지키고 병을 묻거나 태우면 마녀가 괴로워하기도 했다.

를 내린 경외의 대상이었다. 과학만으로는 온갖 현상을 설명할 수 없었던 시대에 그들의 현명함은 힘이었다. 형제 중 일곱 번째 남자아이의 또 일곱 번째 남자아이에게는 갑상샘종과 나력(결핵 목 림프샘염-역주)을 고치는 힘이 있다고 하며, 특별한 힘은 타고났다고 여겼다. 동시에 커닝 포크라는 신분은 누구에게나 열려 있으며 한 커닝 포크로부터 그 사람이 선택한 후계자에게로 힘이 전수되는 경우도 있었다. 마술을 배우고 싶은 사람, 도전하고 싶은 사람은 커닝 포크로서 명성을 쌓을 기회가 있었다. 1605년 프랑스 루앙에서 양치기, 약사, 인부가 심판당한 판례는 마술을 쓰던 사람들의 계층을 보여주고 있다. 커닝 포크는 여러 직업의 사람들로 이루어져 공동체의 중심에서 활동한 자도 적지 않다.

그들의 주문이 효과가 있었는지는 큰 문제가 아니다. 커닝 포크라고 인정받으면 일상적으로 의뢰를 받게 된다. 그들은 종종 돈이 아니라 지위를 위해 의뢰를 받았으며 경쟁자에게 손님을 빼앗기지 않도록 가격 설정을 낮추었다. 그들은 좋은 일을 위해 힘을 쓰기는 했으나 수상쩍게 보였기 때문에 사기를 쳤다거나 약자에게 돈을 빼앗는다고 비난받지 않도록 최소한의 보수밖에 받지 않았으며, 돈을 전혀 받지 않는 자도 있었다. 앤 제프리(Ann Jefferies)는 콘월에서 하인으로 일하던 10대 여자아이로, 1645년 중병에 걸렸으나 회복되었다. 사람들은 병에 걸렸을 때 요정이 찾아와서 회

이웃한

15, 16세기 독일에서는 마녀에 대한 공포심이 치솟았다. 한스 발둥의 이 그림에서는 마녀들이 벌였다는 여러 끔찍한 행위가 묘사됐다.

"백마녀의 말은 지역에 큰 영향을 미쳤는데 그러한 영향력은 대개 공포심에서 왔다."

한 점이 많으나 커닝 포크는 마술의 힘으로 치료했다고 주장했다.

도난품을 되찾는 등 범죄 해결을 요청하는 경우도 있으며, 용의자의 모습을 유리나 거울에 비추어 의뢰자에게 보이거나, 수정 구슬을 쓰고는 했다는 기록이 남아 있다. 지역의 커닝 포크가 의뢰를 받았다는 정보만으로 도둑이 두려워해 도난품을 돌려주러 오는 일도 있었다. 좋은 목적으로 쓰이기는 했으나 그들의 힘이 그만큼 두려움을 샀다는 뜻이다. 백마녀의 말은 지역에 큰 영향을 미쳤는데 그러한 영향력은 대개 공포심에서 왔다. 즉 커닝 포크는 치료나 예언 능력을 가지고 있다고 믿어졌으며 그 힘 때문에 널리 알려졌다. 이러한 힘이 보복에 쓰이는 일도 있어 그 표적이 되는 것만큼은 피하고 싶다고 누구나 생각했다.

연애 마술도 인기여서 사람들은 결혼상대를 찾거나 식어버린 애정을 되찾을 때 백마술에 기댔다. 특히 커닝 우먼은 임신이나 출산 상담을 받고 출산에 입회하거나 출산한 여성을 돕고는 했다. 백마녀에게는 악의가 있는 마녀들을 구분하는 능력이 있다고 믿었다. 당시 병은 저주의 증표로 여겨 의뢰자들은 치료법은 물론 저주의 주인도 알고 싶어 했으나 백마녀가 특정한 사람의 이름을 거론하는 경우는 거의 없었다. 그 대신 범인을 피해자의 집에 끌어들이기 위한 의식의 절차를 알려주거나 특정한 시간에 만난 사람이 범인이라고 알려주었다. 하지만 16세기 말부터 17세기 초에 들어가며 백마술로 규탄당할 위험이 급격하게 늘었다.

1400년대 이후 급격하게 온갖 형태의 마술이 지금과는 다른 시선을 받게 되었다. 초기 기독교 교회는 마술도 요술도 망상으로 여겼으나 중세의 성직자들은 다시 이것에 주목했다. 독일의 성직자 하인리히 크라머는 마녀가 사회와 기독교도를 실제로 위협한다고 여기고 1486년 간행한 『마녀를 심판하는 망치』에서 요술은 실제로 존재하며 이단이라고 주장해 그로부터 300년 내내 영향을 미쳤다. 그는 마녀를 추적하고 필요에 따라 고문으로 자백을 끌어내 죽음에 이

> 16세기의 에식스에서 요술은 절도에 이은 범죄건수를 기록했다.

복되었다고 숙덕였다. 얼마 안 가 앤이 만져주면 병이 낫는다는 말이 돌게 되었다. 이렇게 그녀는 지역의 유명인이 되었으나 결코 돈을 받으려 하지 않았다.

앤은 지극히 당연하게도 많은 인기를 끌게 되었다. 인간이나 가축이 병에 걸렸을 때는 커닝 포크에게 의지하는 경우가 많았다. 당시 사람들은 그들의 주문과 부적에는 빈말로도 수준이 높다고는 할 수 없는 당시 의학에 뒤지지 않는 효과가 있다고 여겼다. 치료 행위

로 환자에게 주문을 읊거나, 휘갈겨 쓴 메시지를 환자의 위에 두고는 했다. 이러한 말은 고대 라틴어에서 파생된 것이 많으며, 읽고 쓸 줄 모르는 대부분의 환자는 내용을 읽을 수 없었다. 부적에는 기도와 같은 말이 적혀 있는 것도 있었으며, 서머싯의 제인 하우는 신의 힘에 의한 지혈법 등을 메모했다. 만지는 치료나, 약초나 식물을 이용한 치료도 유럽 각지에 보급되었다. 백마술과 식물을 이용한 전통의료는 유사

마녀는 왜 인제나 여성인가

추한 노파는 마녀의 전형적인 모습이다. 현대에서도 마녀라고 하면 동화에 나오는 늙은 마녀를 떠올릴 것이다. 재판기록에 따르면 유럽 각지에서 요술사로 고발된 자 대부분은 여성이었으나 백마술사나 커닝 포크 중에는 다수의 남성도 포함되어 있었다고 한다. 하지만 온갖 형태의 이단을 근절하고자 한 교회는 여성을 표적으로 삼았다.

15세기 이후 여성들은 마의 유혹에 약한 존재이며 색마이자 손쓸 수 없는 어리석은 자로 여겨졌다. 악마학을 저술한 성직자들은 악마에게 유혹당해 끔찍한 광란의 축제에 몸을 던지는 음란한 여성을 언급하고 있다.

훗날의 종교개혁자들도 마찬가지여서 마르틴 루터는 여성은 허약하므로 간단히 요사스러운 약속에 끌린다고 주장했다. 16세기부터 17세기의 요술사는 대부분 여성으로, 남성은 현행범으로 잡혀도 마녀가 어둠의 세계에 끌고 갔다고 여겼다. 하지만 박해의 회오리가 멎고 요술이 고발 대상이 아니게 되자, 여성과 비슷한 수의 남성이 지역 공동체의 커닝 포크로서 다시 기록되었다.

백마녀나 커닝 포크는 연애마술도 행사했다.

르게 해야 한다고 여겼다. 타인에게 해를 끼치기 위해 마법을 쓰는 흑마녀는 이미 체포 대상이었으나 이제는 모든 마녀가 악하다고 여기게 되었다. 세간은 그녀들의 힘에 불신의 시선을 보내고 마녀는 악마의 무리이며 끔찍한 의식에 참가하고 있다는 인식이 퍼졌다.

수십 년이 지나자 독일 남부의 성직자들이 대대적인 마녀사냥을 벌이고 타국에도 퍼졌다. 16세기 말 트리어에서 대

> 백마녀나 커닝 포크는 위저드(요술사), 블레싱 위치(축복의 마녀), 인챈터(마술사), 차머(마법사) 등 다양한 이름으로 불렸다.

주교 선제후 요한 폰 쇠넨베르크(Johann von Schönenberg)의 마녀박해에서 살아남은 것은 두 마을의 주민 두 명뿐이며, 나머지는 모두 요술사로서 처형당했다. 로렌의 판사 니콜라 레미는 고작 10년 안에 900명을 마녀라며 처형했다고 쓰여 있다. 재판 기록에 따르면 피고가 받은 규탄 대부분이 예전이라면 지극히 평범하게 받아들였을 마술이었으나, 많은 사람이 강요나 협박에 따라 더 불길

한 마술을 자백했다. 자신을 마녀라고 인정한 자는 다른 자를 마녀라고 지명했다. 1592년, 에식스의 세인트 오시드에서 체포당한 어슐러 켐프(Ursula Kemp)는 유아와 시누이의 목숨을 빼앗기 위해 요술을 썼다고 인정하고 다른 자들도 마녀라고 지명했다. 그 뒤 체포당한 자들은 끔찍한 죄를 고백했다.

요술을 둘러싼 히스테리가 유럽을 휩쓸기 시작했다. 조산술 등 커닝 우먼의 일이 박해를 받게 되었다. 특히 마녀가 유아의 지방분으로 비행환각을 일으키는 연고를 만들고 있다는 소문이 돌자, 상황은 더욱 악화되었다. 1669년, 67세의 산파 안나 에벨라(Anna Ebeler)가 독일의 아우크스부르크에서 교수형을 당했다. 죄목은 출산 직후의 여성에게 스프를 먹여 죽인 것이다. 잉글랜드에서도 마녀사냥꾼이 등장해서는 판관을 자칭하고 마을을 오가며 마녀 용의자를 수색해 재판소로 인도하고 보수를 얻었다.

16세기부터 17세기 유럽의 마녀사냥으로 기록상 적어도 4만 명이 처형당했다고 하나 더 많은 사람이 재판을 기다리는 동안 옥사, 혹은 공포에 빠져 스스로 목숨을 끊었다고 추정된다. 계몽의 세기라 불리는 18세기가 될 즈음 요술은 범죄기록에서 자취를 감추었으나 백마녀를 몰아붙일 구실이 된 예로부터의 풍습도 힘을 잃었다. 노파의 이야기나 민화는 아직 남아 있기는 했으나 한때 이웃했던 망령이 실제로 힘을 휘둘렀던 시대의 잔상에 불과하다.

"마녀는 악마의 무리이며 끔찍한 의식에 참가하고 있다는 인식이 퍼졌다."

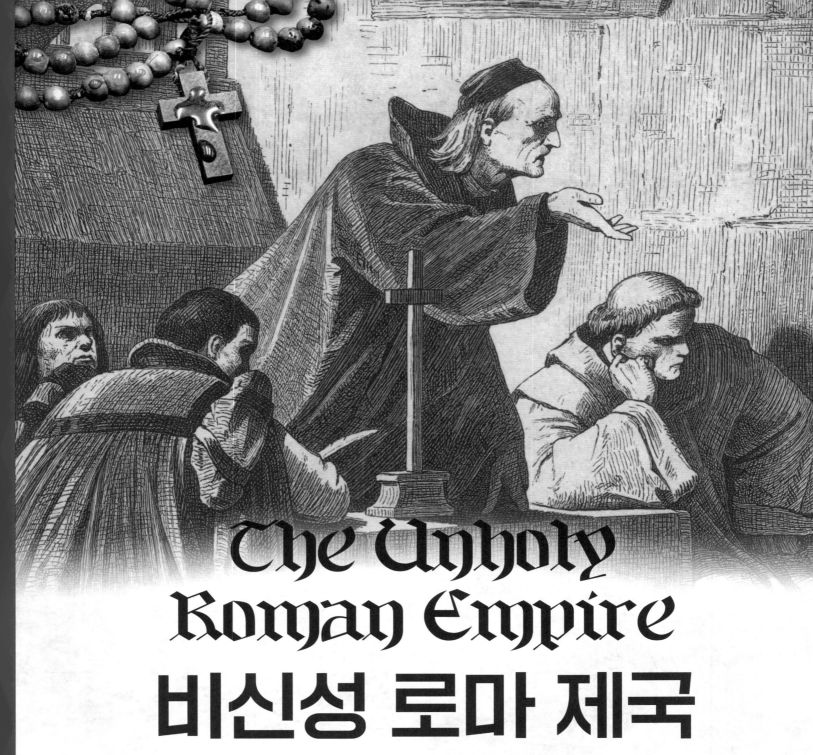

The Unholy Roman Empire

비신성 로마 제국

**종교소동, 분쟁, 권력남용이 얽혀
독일은 유럽 마녀사냥의 중심지가 되어갔다.**

르네상스기는 예술의 추구와 과학적 사고가 유럽에서 개화한 시대로 인식된다. 미켈란젤로, 뉴턴, 데카르트 등 역사상 가장 위대한 예술가, 과학자, 철학자가 여럿 활약해 인류의 지혜가 진보하는 데 공헌했다. 하지만 동시에 진보는 의혹의 색을 띠었고, 사람들은 열심히 연금술 같은 수상한 과학을 추구했다. 유럽사에서 문명이 개화하는 시대에 주로 신성 로마 제국에서 대규모 마녀사냥이 일어난 것은 기묘하게 느껴진다. 전쟁, 기아, 종교적 및 사회적 격동이 얽혀 의혹과 히스테리가 양성되기 알맞은 환경이 갖춰졌다. 이렇게 일

어난 혼란기 동안 공동체가 겪는 재난에 대한 대처법으로 초자연이 이용되었으며, 희생양을 원하는 자들은 악마와 손을 잡고 신조차 무서워하지 않는 마녀를 표적으로 삼았다.

이러한 현상은 1480년대부터 1680년대까지 전염병처럼 맹위를 떨쳐, 노파를 중심으로 수만 명의 사람들이 처형당했다. 그들은 마술을 썼다, 악마의 등에 타고 하늘을 날아 마녀의 연회에 갔다, 온갖 재앙을 일으켰다고 규탄당하고 기독교와 국가의 심각한 위협으로 자리매김했다. 신성 로마 제국에서는 많은 공국을 주교공이 다스렸으며, 성직자 겸 유력 정치가가 92

명이나 있었기 때문에 교회와 국가가 거의 하나였다고 해도 과언이 아니었다. 이는 로마 제국의 정치 체제의 흔적이기도 하다. 예술, 과학, 비판정신이 되살아난 유럽 대륙에서 왜 갑자기 폭력, 살육, 극심한 히스테리가 불어 닥쳤는가.

계기는 유럽의 근본적인 사회와 경제의 구조 변화였다. 15세기 초 즈음, 그때까지 수 세기 동안 유럽의 생활 기반이었던 농촌 공동체가 변화하기 시작했다. 이전에는 공동체가 한데 뭉쳐 필사적으로 살아남고자 했으나, 일부 사람들이 부를 손에 넣으면서 여러 사회 계층으로 구성된 공동체가 형성됐다. 토지는 구획 정

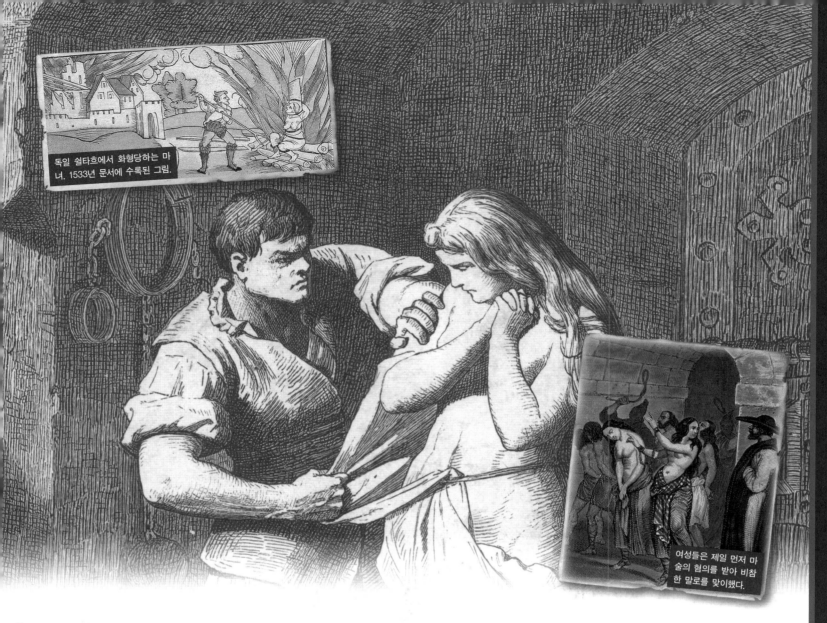

독일 쉴타흐에서 화형당하는 마녀. 1533년 문서에 수록된 그림.

여성들은 제일 먼저 마술의 혐의를 받아 비참한 말로를 맞이했다.

"마녀재판을 위한 경제적 및 종교적 환경이 갖춰졌다."

비되고 수많은 농민이 도시로 이동할 수밖에 없어져, 농촌의 감성과 관점을 도시로 가져갔다. 빈곤도 마녀를 둘러싼 히스테리를 일으킨 요인 중 하나다. 예로부터 걸인은 사회의 소외계층이었으나 사회에 부가 축적되면서 눈엣가시가 되었다. 16세기에 빈곤과 늙음은 치욕이었다. 마녀사냥의 희생자 대부분이 여성이었던 데는 이러한 배경이 있다. 현재에도 마녀 하면 대개 등이 굽은 노파를 떠올린다.

마녀, 유대인, 한센병 환자와 같은 특정한 그룹에 대한 박해는 주교공이 권력을 행사하는 수단이었다. 종교와 정부라는 신성하지 않은 조합으로 주교공은 농민을 마음대로 움직이기 위한 영적이면서 합법적인 수단을 손에 넣었다. 형 집행은 죄인에게 공동체에 대한 죄를 대중의 눈앞에서 인정시키는 것과,

> 연금술은 비금속을 황금으로 바꾸고 온갖 질병의 치료법을 찾아내는 것을 목적으로 삼았다.

사형당하지 않은 죄인에게 사회로 복귀하는 것을 인정하고 긍정적인 이미지를 심는 것으로, 통치자로서의 권력을 이중으로 과시했다.

개신교도의 종교개혁은 유럽사의 일대사건이지만 마녀사냥의 불을 더욱 부추긴 최대의 요인이기도 하다. 많은 사람들이 품었던 신, 신이 인간에게 예비한 계획, 사후세계를 알고 있다는 확신은 하룻밤 사이에 붕괴했다. 과거에는 단 하나의 큰 교의가 존재했으나 지금은 신의 말씀이 여러 갈래로 해석되게 되었다. 갑자기 누구나 자신의 의견을 가지기 시작하고 공동체가 둘로 나뉘는 것을 목격한 사람들은 얼마나 큰 공포와 불안에 사로잡혔을까.

새로운 교회 분열은 유럽사상 최악의 분쟁을 부르고, 신성 로마 제국 전역을 황폐화시켰다. 바로 30년

전쟁이다. 이러한 변화와 파괴가 불러온 공포와 불안은 배출구를 찾아 헤맸다. 이에는 요술사, 특히 여성이 절호의 희생양이었다. 오랜 세월에 걸친 전쟁은 유럽 대륙에 심한 타격을 주었고 남성은 징병당해 남성의 수가 격감했다. 그 때문에 중년 이상의 남성과 여성의 인구비율이 무너지고 여성은 공동체의 이단자가 되어 수상한 직업을 가진 자는 비난의 대상이 되었다. 산파술이나 약초를 이용한 치료에 필요한 지식은 경험이 부족한 자에게는 흑마술처럼 보였다.

이렇게 마녀재판을 위한 경제적 및 종교적 환경이 갖춰졌으나, 비난할 구실이 부족했다. 거기서 요술이 주목받았다. 마녀는 사탄의 지시를 받고 행동한다고 여겼으며 공포는 마녀사냥 지침서 『마녀를 심판하는 망치』를 낳았다. 신성 로마 제국 각지의 마녀사냥꾼은 이 책을 참고해서 흑마술을 행사하는 자를 알아내 벌했다. 교회는 흑마술과 요술을 신자의 생활을 위협하는 명백하며 급박한 위기로 받아들였고, 신성 로마제국의 통치자들은 대규모 히스테리를 틈타 권력을 쥐고 정적을 무찌르려 했다.

소용돌이치는 혼돈

강박관념과 박해의 회오리가 몰아쳐
신성 로마 제국 전체를 덮쳤다.

밤베르크 마녀재판
밤베르크(1609~31년)

밤베르크 마녀재판에서는 마을의 유력자가 철저하게 마녀를 핍박했다. 그때까지는 마녀보다 개신교도가 표적이 되었으나 1609~22년까지 주교공을 맡은 요한 고트프리트 폰 아슈하우젠(Johann Gottfried von Aschhausen)의 지시 아래 본격적인 재판이 열렸다. 항간에 히스테리가 퍼지고 흉작까지 겹쳐, 점술사와 요술사를 단죄하는 법령이 반포되자 마녀사냥의 규모도 확대됐다. 피해자는 6명에서 300명까지 급증했다. 1623년 마녀 화형인, 마녀사냥 주교라 불린 요한 게오르크 푹스 폰 도른하임(Johann Georg Fuchs von Dornheim)이 주교공으로 취임하자 잇따른 흉작도 원인이 되어 마녀재판이 과열됐다. 자비 없는 마녀사냥꾼 도른하임은 드루덴하우스라 불리는 마녀를 구속하고 고문하는 데 특화된 감옥을 건설했다. 용의자는 온갖 직업, 신분의 사람들로 이루어져 원수지간인 유력가문 출신자도 있는가 하면 정육업자, 제빵사, 맥주 양조자 등의 상인도 있었다. 마법을 써서 음식에 독을 탄다는 상상은 민중 사이에도 널리 침투해 있었으며, 이러한 장사에 종사하는 사람들은 불신의 시선을 받았다. 언제나 그렇듯 인부, 어부, 하인 등의 단순작업에 종사하는 하층계급이 표적이 되어, 사바트에 참가하고 있다고 규탄됐다. 희생자는 재산을 몰수당하고 통치자가 호주머니를 채웠으나 대중은 누구든 규탄당할 수 있다는 것을 깨닫고 이기주의가 증대하는 것과 반비례해 박해에 대한 욕망은 약해져 갔다.
스웨덴군이 진군해 감옥이 폐쇄되자, 고난의 시대는 종지부를 찍었다. 단 수감자는 가혹한 체험을 결코 입 밖으로 내지 않겠다는 약속을 강요당했다.

용의자
1000명 이상
유죄
900명
처형
약 900명

렘고 마녀재판
리페 (1628~37년)

용의자
약 110명
유죄
84명
처형
약 84명

뷔르츠부르크 마녀재판
뷔르츠부르크(1626~31년)

17세기 초 제국을 덮친 심상치 않은 마녀사냥열의 한 사례이자 매우 끔찍한 재판 중 하나다. 신성 로마 제국의 수많은 마녀사냥처럼 이 재판도 마녀박해에 의욕적인 주교공 필립 아돌프 폰 에렌베르크(Philipp Adolf von Ehrenberg)의 지시에 따라 실행되었다. 가엾은 희생자 중에는 에렌베르크 자신의 조카, 가톨릭 성직자 19명, 일곱 살의 어린이들도 있었으며, 빈자뿐만 아니라 온갖 계층의 사람들이 재판받았다. 주교 대리가 친구에게 보낸 편지에는 끔찍한 재판의 상세가 적혀 있다. "이 비참한 일의 마지막에는 악마와 육체관계를 맺었다는 세 살부터 네 살까지의 아이들 300명이 규탄당했습니다. 저는 일곱 살 아이, 10, 12, 14, 15살의 전도유망한 아이들이 처형당하는 것을 보았습니다." 많은 사람들이 화형을 당했으나 보통 불타는 고통을 겪지 않기 위해 우선 참수를 했다. 전쟁이 뷔르츠부르크에 미치고 구스타브 2세 아돌프(Gustav II Adolf)가 이끄는 스웨덴 군이 재판을 중지하자 겨우 살육이 끝났다.

용의자
약 1000명
유죄
900명
처형
약 900명

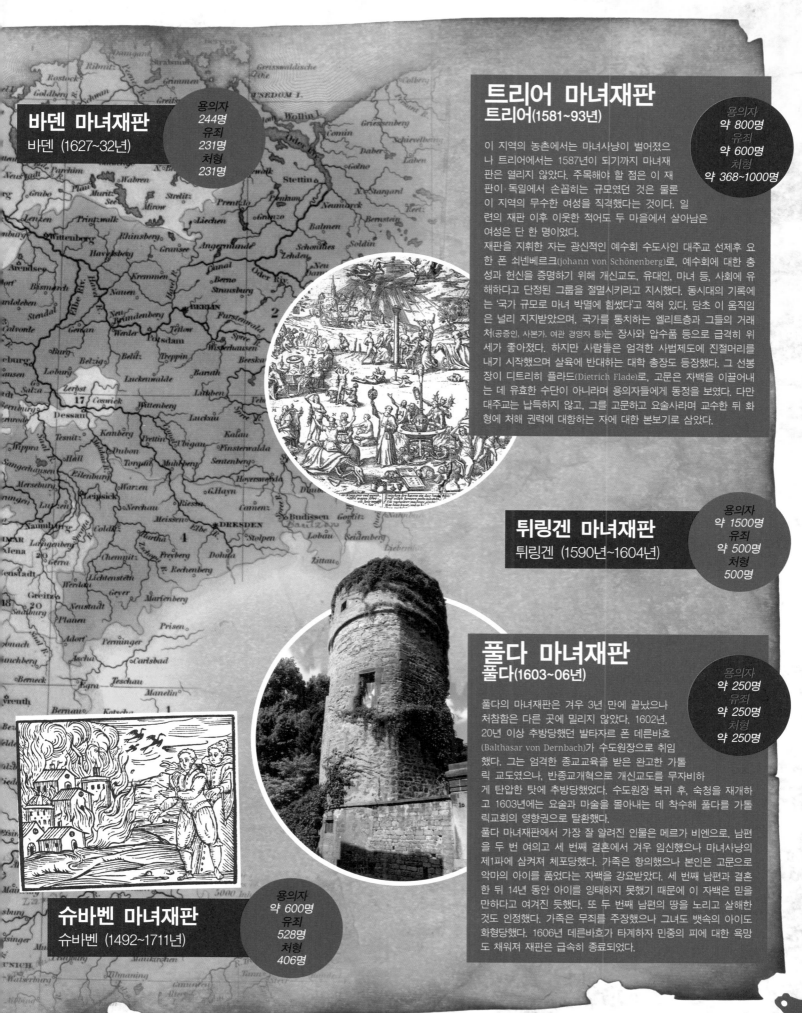

바덴 마녀재판
바덴 (1627~32년)

용의자
244명
유죄
231명
처형
231명

트리어 마녀재판
트리어(1581~93년)

용의자
약 800명
유죄
약 600명
처형
약 368~1000명

이 지역의 농촌에서는 마녀사냥이 벌어졌으나 트리어에서는 1587년이 되기까지 마녀재판은 열리지 않았다. 주목해야 할 점은 이 재판이 독일에서 손꼽히는 규모였던 것은 물론 이 지역의 무수한 여성을 직격했다는 것이다. 일련의 재판 이후 이웃한 적어도 두 마을에서 살아남은 여성은 단 한 명이었다.

재판을 지휘한 자는 광신적인 예수회 수도사인 대주교 선제후 요한 폰 쇠넨베르크(Johann von Schönenberg)로, 예수회에 대한 충성과 헌신을 증명하기 위해 개신교도, 유대인, 마녀 등, 사회에 유해하다고 단정된 그룹을 절멸시키라고 지시했다. 동시대의 기록에는 '국가 규모로 마녀 박멸에 힘썼다'고 적혀 있다. 당초 이 움직임은 널리 지지받았으며, 국가를 통치하는 엘리트층과 그들의 거래처(공증인, 사본가, 여관 경영자 등)는 장사와 압수품 등으로 급격히 위세가 좋아졌다. 하지만 사람들은 엄격한 사법제도에 진절머리를 내기 시작했으며 살육에 반대하는 대학 총장도 등장했다. 그 선봉장이 디트리히 플라드(Dietrich Flade)로, 고문은 자백을 이끌어내는 데 유효한 수단이 아니라며 용의자들에게 동정을 보였다. 다만 대주교는 납득하지 않고, 그를 고문하고 요술사라며 교수한 뒤 화형에 처해 권력에 대항하는 자에 대한 본보기로 삼았다.

튀링겐 마녀재판
튀링겐 (1590년~1604년)

용의자
약 1500명
유죄
약 500명
처형
500명

풀다 마녀재판
풀다(1603~06년)

용의자
약 250명
유죄
약 250명
처형
약 250명

풀다의 마녀재판은 겨우 3년 만에 끝났으나 처참함은 다른 곳에 밀리지 않았다. 1602년, 20년 이상 추방당했던 빌타자르 폰 데른바흐(Balthasar von Dernbach)가 수도원장으로 취임했다. 그는 엄격한 종교교육을 받은 완고한 가톨릭 교도였으나, 반종교개혁으로 개신교도를 무자비하게 탄압한 탓에 추방당했었다. 수도원장 복귀 후, 숙청을 재개하고 1603년에는 요술과 마술을 몰아내는 데 착수해 풀다를 가톨릭교회의 영향권으로 탈환했다.

풀다 마녀재판에서 가장 잘 알려진 인물은 메르가 비엔으로, 남편을 두 번 여의고 세 번째 결혼에서 겨우 임신했으나 마녀사냥의 제1파에 심켜져 체포당했다. 가족은 항의했으나 본인은 고문으로 악마의 아이를 품었다는 자백을 강요받았다. 세 번째 남편과 결혼한 뒤 14년 동안 아이를 잉태하지 못했기 때문에 이 자백은 믿을 만하다고 여겨진 듯했다. 또 두 번째 남편의 땅을 노리고 살해한 것도 인정했다. 가족은 무죄를 주장했으나 그녀도 뱃속의 아이도 화형당했다. 1606년 데른바흐가 타계하자 민중의 피에 대한 욕망도 채워져 재판은 급속히 종료되었다.

슈바벤 마녀재판
슈바벤 (1492~1711년)

용의자
약 600명
유죄
528명
처형
406명

늑대의 울음소리

독일 사람들을 불안에 빠뜨린 것은 마녀뿐만이 아니다

독일의 농민은 마녀뿐만 아니라 황무지를 떠도는 늑대인간의 숨결에도 전율했다. 늑대인간은 요술과 마찬가지로 15세기 이후 유럽에서 고발 건수가 급증했으며 1521년에는 프랑스에서 최초의 재판이 기록되었다. 마녀와 늑대는 매우 가까운 존재로, 마법사에게는 늑대로 변신하는 능력이 있으며 희생자의 고기를 먹어치운다는 소문이 돌았다. 마녀재판에 비해 늑대인간 재판은 근거가 부족했으나 그 공포와 강박관념의 패턴은 같다.

신성 로마 제국에서 가장 유명한 사례는 피터 스텀프(Peter Stumpp)가 재판받은 베드버그 늑대인간 재판이다. 피터는 마을에서 평판이 좋은 유복한 과부였으나, 어느 날 기르는 소가 죽고 자식들이 행방불명되었다. 고문을 받은 피터는 자신에게 변신능력이 있으며 아이들과 임산부를 죽였다고 고백했다. 그는 12살 때 악마에게 허리띠를 받고 변신능력을 얻어, '어둠속에서 불처럼 빛나는 눈과 날카롭고 비정한 이빨과 억센 팔다리를 지닌, 사냥감을 먹어치우는 괴물'로 변신할 수 있게 되었다.

그의 처형을 그린 그림의 생생함은 당시의 그림 중에서도 매우 출중했다. 그는 바퀴에 묶여 붉게 달아오른 장도리로 살을 뜯기고 뼈는 무딘 도끼로 꺾이고 처절하게 괴로워한 끝에 겨우 참수당했다.

"악마와 거래했다는 소리를 들었다간 무서운 결과를 맞이할 것은 자명했다. 선뜻 인정하는 사람 따위는 없었다."

『마녀를 심판하는 망치』

마녀를 분간하고 제거하기 위한 책

1484년, 교황 인노첸시오 8세는 칙서 「지고의 것을 추구하는 이들에게(Summis Desiderantes Affectibus)」에서 요술의 존재를 인정해, 가장 유명한 마녀사냥 서적 『마녀를 심판하는 망치』가 출판될 길을 다졌다. 이탈리아와 독일 사이를 지나는 산들에서는 먼 옛날부터 공동체가 은둔생활을 해왔으며 조용히 농민의 이교에 귀의했다는 소문이 돌았다. 그곳에 두 성직자 야콥 슈프랭거와 하인리히 크라머가 조사로 파견되었다 귀향한 뒤 펜을 들었다.

책은 3부로 구성되어 제1부에서는 마녀를 구분하는 법, 제2부에서는 마녀를 법적으로 취급하는 법, 제3부에서는 마녀로부터 몸을 지키는 법을 설명한다. 마녀에 관한 내용 대부분은 이미 수 년 전부터 알려진 것이었으나 중세 후기의 여성혐오를 둘러싼 정신분석학 서적이라고도 할 만한 이 책이 세상에 요술을 알린 것은 분명하다. 이 책의 원동력 중 하나는 남성의 성적 불능에 대한 두려움으로, 남성이 품은 공포를 명시하고 있다. 이 책은 소름 끼치는 재판과 처형을 일으킨 열광을 이해할 힌트를 준다.

BARCLAY'S DICTIONARY, WORD CONJURER.

나는 요술사, 아내는 마녀
마법사가 모두 여성이지는 않았다

재판에 회부돼 처형당한 요술사는 대부분 여성이었으나, 남성도 마녀사냥의 표적이 되기도 했다. 고소당한 자 중 남성은 약 25%였는데, 신성 로마 제국에서 운 나쁘게 요술로 고소당해도 남성은 처형당할 위험이 상당히 적었다. 고발당한 여성 중 74%가 처형당한 것과는 달리 남성은 64%였으며, 구치된 동안의 대우도 훨씬 좋았다. 『마녀를 심판하는 망치』는 마녀사냥꾼에게는 친숙한 지침서로, 놀랍도록 노골적으로 여성을 혐오하며 요술의 원인은 여성이라고 비난했다.

대우가 그나마 낫다고 해도 악질적인 재판은 적지 않았으며 요술사 책과 잘츠부르크 등의 재판에서는 많은 남성이 박해받았다. 1678년부터 80년까지 '요술사 책' 야콥 콜라를 따랐다는 혐의로 150명이 처형당했다. 대부분 구걸하던 젊은 소년이었다. 책의 신원은 분명하지 않으며 수수께끼에 싸여 있으나, 걸인에게 친절하지 않은 사람에게 저주를 거는 법을 소년들에게 가르쳐 주었다고 한다. 그의 이야기는 널리 퍼지게 되어 18세기에도 재판에 언급되기도 했다.

자백의 도구
심문자는 여러 끔찍한 방법을 동원해 그럴싸한 자백을 이끌어냈다

마녀 용의자에게서 자백을 이끌어내는 가장 간단한 방법은 고문이다. 악마와 거래했다는 혐의를 인정했다간 무서운 결과를 맞이할 것은 자명했으므로 선뜻 인정하는 사람은 없다. 심문자는 우선 자백을 재촉하고 용의자가 협력적인 태도를 보이지 않으면 고문을 암시했으며 그래도 무죄를 주장한다면 용의자를 고문했다. 당연히 고문 방법은 끔찍했으며, 용의자는 상처로 인해 매우 쇠약해졌다. 방식은 대부분 단순하지만 견디기 힘든 고통을 일으켰다. 예컨대 바이스에 날카롭게 갈린 금속 조각을 달아 손가락 엄지나 발가락을 짓누르는 식이었다. 매달기 고문은 일반적인 고문법으로, 용의자의 손목 관절을 묶고 일부러 고통을 오래 주기 위해 팔도 등 쪽으로 묶었다.

고문에서 자백한 사람은 대부분 처형당했다. 마녀를 처형한다고 하면 화형이 떠오르겠지만 참수나 교수도 일반적이었다. '운 좋은' 희생자는 화형당하기 전에 교수 혹은 참수당해 신과 공동체 앞에서 죄를 속죄했다.

고문은 그럴싸한 자백을 끌어내는 유용한 방법이기는 했으나 강제당해 쥐어 짜내진 자백은 대부분 허언이었다. 밤베르크 마녀재판의 불쌍한 희생자 요하네스 유니우스가 처형 전에 딸에게 몰래 써 보낸 편지에는 그가 맛본 끔찍한 고통이 상세히 적혀, 결백을 호소하고 있었다. 고문에서 벗어나기 위해 자백하고 사형을 당했으나, 자백 자체가 허위였다.

The Dark Charisma of Matthew Hopkins

암흑의 카리스마, 매튜 홉킨스

"17세기에 활동한 자칭
'마녀사냥 장군' 매튜 홉킨스는 점찍은 자를
악마의 수하라며 닥치는 대로 철저하게 몰아붙였다."

역사 소설가 데릭 윌슨과 해리 커닝햄의 말

마 녀를 박해하는 데 매진한 홉킨스의 짧고 피비린내 나는 경력은 1640년대 잉글랜드가 잔혹하고 미신에 빠졌으며 심상치 않은 마녀사냥열이 유행하고 있다는 증표라고 여기기 십상이다. 하지만 사실 홉킨스의 활동은 그 반대를 보여준다. 어째서 그를 제외한 열성적인 마녀사냥꾼들이 알려지지 않았는가. 그것은 달리 없기 때문이다. 홉킨스는 유일한 마녀사냥꾼이었다. 그러나 그가 보잘것없는 인물이라는 뜻은 아니다. 우리는 되도록 이 독불장군 청년과, 3년에 이르는 그의 활동을 일으킨 특수한 상황을 이해해야 한다. 왜냐하면 이러한 일은 역사상에서 반복해서 일어나기 때문이다. 어느 시대든 반사회적 선

동가가 출현해 민중에게 불안과 편견을 심고, 사회에서 일어나는 재난의 원인으로 특정한 그룹이나 개인을 희생양으로 삼는다. 희생자는 유대인, 이민, 정부, 유럽 연합, '지옥에서 찾아온 이웃' 등 다양하나, 그것이 누구든 이 사회적인 병의 증상은 거의 같다. 그렇기 때문에 우리도 알아야 한다. 매튜 홉킨스는 누구인가. 그리고 우리는 그에게서 무엇을 배울 수 있는가.

홉킨스(1620년경~47년)는 서퍽주 그렛 웬햄의 청교도 목사 집안에서 태어났다. 법학을 배운 덕에 변론술에 능했으며 요술금지령의 이해를 쌓았다. 매닝트리에 살며 변호사로 일하고 있던 그는 1644년, 10살 정도 연상인 존 스턴(John Stearne)을 알게 된다. 스턴은 대지

홉킨스는
제임스 6세가 저술한
『악마학』에서 힌트를 얻어
핍박할 방법을 고안했다.

회의주의

17세기, 여러 요술이 널리 믿어지고 민간신앙의 중요한 요소이기도 했으나, 적게나마 분별이 있는 사람들이 그것이 실재하는지 의문을 던지며 용의자 처우를 규탄했다. 그런 사람들의 수는 점점 늘어났다. 이미 1584년 레지널드 스콧이 『마술의 폭로』를 저술해, 십자군을 방불케 하는 홉킨스의 활동의 여파가 아직 가라앉지 않은 시절에도 증쇄되었다. 홉킨스에게 반론하기 위해 펜을 들어 정면에서 맞선 것이 헌팅던셔의 청교도 교구사제 존 가울(John Gaule, 1603년경~87년)로, 홉킨스에게 심문당할 때까지 세인트 네오티스에서 구류된 여성을 면회한 뒤 지방 의원에게 우려사항을 전하고 『마녀와 요술을 둘러싼 양심에 대하여(Select Cases of Conscience Touching Witches and Witchcraft)』에서 철저하게 주장했다. 그리고 마녀사냥꾼을 고발하는 일련의 논지를 전개했기 때문에 노포크의 순회재판소 판사도 진지하게 검토해, 홉킨스와 스턴에 대한 반대 여론은 더욱 커졌다. 가울은 요술의 존재를 부정하지는 않았으나(성경에 적혀 있는 요술을 부정할 수 있을 리 없었다), 요술 박해에 사로잡힌 사람들을 혹평했다. 이른바 "그들은 마녀가 존재할 뿐 아니라 온갖 곳에 있는, 주름투성이에 눈썹이 떨어지고 움푹 팼으며 입술 주변 털이 많고 이가 툭 튀어나오고 사시에 새된 소리를 내거나 시끄럽게 떽떽거리는 노파는 모두 용의자이며 마녀가 틀림없다고 한다. 새 질병, 돌출된 사고, 자연의 기적, 흔치 않은 예술품, 그뿐 아니라 온갖 불가사의한 현상이나 신의 심판마저 모두 요술이 일으킨 일 혹은 영향으로 여겨 마녀수색인(잉글랜드에는 그때까지 존재하지 않았다)을 파견해야 한다고 주장한다. (중략) 그들의(이익을 가져오는) 기술은 겉보기만큼 발달하지 않았다."

이러한 이성적인 사고방식은 서서히 퍼졌으나 1682년까지 잉글랜드에서는 마녀로 간주되면 교수형을 당했다.

주이며, 그 쪽에서 적극적으로 움직여 홉킨스와 함께 일하게 된 듯하다. 홉킨스가 죽고 얼마 지나지 않아 발표된 변명서와 같은 책에서 스턴은 날카로운 말로 요술을 규탄하며 "나는 어디까지나 더 만족을 원하는 욕망을 채울 생각이다"라고 선언했다(『마녀의 확증과 발견 [A confirmation and Discovery of Witchcraft]』). 앞서 서술한 대로 마녀사냥의 이론적 근거나 동기에 대해 의문의 목소리가 제기되었는데 스턴은 몇몇 성경 구절을 인용하면서 사탄의 집회는 여러 범죄 중에서도 가장 기피해야 할 것이라고 열성껏 주장했다.

스턴이 마녀사냥의 원동력이라고 할 수 있는 존재라면 홉킨스는 표면상의 존재였다. 그의 이름이 급속히 알려지게 된 것으로 추측컨대 카리스마성이 있으며 남에게 호감을 주는 외모에 열정적이고 언변이 유창한 청년이었을 것이다. 그가 쓴 자기변호적인 전단에 따르면 처음부터 마녀의 정체를 파헤칠 생각은 없었으나 1644년 자택 근처에서 6주마다 집회가 열린다는 것을 알았다고 한다. 지역의 치안판사가 출석자 한 명을 심문했을 때 홉킨스는 증인으로 출정했다. 2, 3일 정도 수면을 금지당한 용의자는 '사역마'를 부르라는 압박을 받았다. 그러자 짐승 같고 끔찍

한 다섯 마리의 괴물이 나타났다. 그중 하나는 그레이하운드를 닮았으며 수소 같은 머리를 달고 있었는데 홉킨스가 지옥으로 돌아가라고 명령하자 '머리가 없는 네 살 아이의 몸'으로 변신하고는 집으로 달려가 문 부근에서 사라졌다. 용의자는 마녀의 집회에 온 자들을 지명했고 지역민 29명이 재판에 회부돼 처형당했다. 홉킨스에 따르면 매닝트리에서 교수형을 당한 사람 중 네 명은 정원에 있었던 홉킨스를 습격하기 위해 악마를 불렀다고 한다. 이 이야기가 퍼지자 홉킨스는 바로 명성을 떨쳐 이스트 앵글리아 각지의 당국이 모여 그에게 협력을 요청했다.

이 수상쩍은 이야기를 어떻게 생각하면 좋을까. 집단망상일까. 홉킨스와 그의 협력자들은 특별한 이유가 있어 기묘한 연극을 연기했을까. 아니면 수 세기 후의 사이비 심령술사가 쓰는 트릭에 속았을까. 이 최후의 가설은 말도 안 될 것이다. 사기꾼의 짓이라면 자기 자신이 처형당할 트릭을 쓸 리 없기 때문이다.

400년이나 이전의 사건을 이해하려고 한다면 우선 편견을 버려야 한다. 우리가 사는 회의적인 세속사회는 역사적으로도 지리적으로도 소수파다. 예로부터 모종의 정신적 세계는 당연하게 존재했으며 현재에도 존재하고 있다. 즉 셰익스피어 『햄릿』의 말을 빌리자

> 홉킨스는 1644년부터 46년까지 약 300명의 여성을 죽음으로 몰아넣었다고 한다.

"예로부터 모종의 정신적 세계는 당연하게 존재했으며, 현재에도 존재한다."

전환기 Defining moment
1642년, 내전
1642년, 국왕이 일체의 타협을 거부하자 의회와 왕실은 내전에 돌입해 정치적, 사회적 긴장이 정점에 달했다. 홉킨스의 활동도 이러한 정세의 영향을 받았을 것이다.

매튜 홉킨스의 타임라인

영국에서 가장 악명 높은 마녀사냥꾼의 족적

1620년대
1620년대
유소년기
홉킨스의 유소년기에 관한 기록은 거의 남아 있지 않으나 서퍽주의 그렛 웬햄에서 목사 제임스 홉킨스의 아들로 태어났으며 다섯 형제가 있었다는 것은 알려져 있다.

1633~34년
랭커스터 마녀재판
1634년, 어릴 적 마녀고발의 증언을 한 자넷 드바이스가 10살인 에드먼드 로빈슨에게 요술로 고발당했다. 이 건은 추밀원과 국왕전속 외과의의 판단에 맡겨진 뒤 취하되었으나 이후 미성년의 증언이 마녀재판에서 본격적으로 채택되게 되었다.

1644년
지옥에서 온 이웃
홉킨스는 에식스의 작은 마을 매닝트리로 이사했다. 마을의 분위기는 긴장되고 의심이 만연했다. 그는 어느 중년 여성—엘리자베스 클라크—을 점찍었다. 엘리자베스는 몸이 불편했으나 홉킨스에게 마녀로 규탄당해 첼름스퍼드에서 교수형을 당했다.

1645년
마녀 패닉이 퍼지다
홉킨스는 더욱 열성적으로 마녀를 사냥했다. 7월, 에식스에서 36명이 고발당하고 19명이 처형, 9명이 옥사했다. 고소당한 동료를 배반하고 증언한 한 명은 처형을 면했다. 이를 기점으로 에식스에서 고발이 쏟아져 거의 500건에 이르렀다.

면 '하늘에도 땅에도 우리의 지식으로는 상상조차 할 수 없는 일이 무수히 많다는 것을 누구나 인식하고 있다는 뜻이다.

농민, 식자층, 종교지도자, 신학자, 철학자, 과학자들 대부분이 요술의 존재를 믿었다. '용의자' 자신도 마찬가지여서, 홉킨스의 희생자가 대체로 선량하고 정직한 사람이며 누명을 쓰고 처형당했다는 논법은 지나치게 단순하다. 당신이 이웃사람과 다투었다면, 이웃사람에게 말이나 행동으로 모욕당하고 있다고 느꼈다면, 악마와 그 수하의 존재를 믿었다면, 보복을 위해 초자연적인 힘에 기대도 이상하지 않다. 자신처럼 배척당하는 사람이 있다면 그들에게

존 스턴은 홉킨스에게 조수로 임명받아 플리커로서 활동했다.

합류해 돕거나, 경우에 따라서는 강력한 마술을 걸 수도 있으리라. 심술을 부리는 사람이 갑자기 불행한 일을 당하면 자신의 저주가 효과를 발휘했다고 흡족해했을 것이다.

그러나 홉킨스가 저지른 가혹한 박해는, 그와는 명백히 다른 무언가가 있다. 그가 활동을 시작했을 즈음 마녀재판은 이미 기세를 잃었으나 그 뒤 더욱 감속했다. 그에 더해 마녀사냥 활동은 종종 반감을 샀다. 홉킨스와 스턴에 의해 정점을 맞이한 박해는 세상의 흐름을 역행한 것이었다. 강한 의지를 지닌 두 인간이 세상이 악마의 소행에 '물러졌다'고 판단하고 이에 격분해 항의했다는 추측

『마녀의 발견』의 속표지 그림. 동료를 지목하는 마녀가 그려져 있다.

17세기, 악마는 현실적인 위협이었다.

1647년, 홉킨스 저 『마녀의 발견』이 출간되었다.

● 1640년대
내전 중의 사법
내전 중, 사법제도에 변화가 생겼다. 순회재판은 정지되고 법적지식이 부족한, 혹은 전혀 없는 치안판사가 심리를 담당하게 되었다.

● 1647년
『마녀의 발견』
마녀 박해 수법을 지도하는 홉킨스의 저서는 머나먼 뉴잉글랜드에서도 널리 읽혔다고 한다.

● 1647년
국외의 영향
뉴잉글랜드의 청교도 이주민도 홉킨스의 수법을 따랐다. 코네티컷주 하트포드에서는 앨리스 영이 약초를 조합했다는 것만으로 미팅하우스 스퀘어에서 처형당했다.

● 1647년 8월 12일
죽음
매닝트리에서 쇠약사해 매장되었다.

● 1650년대
불만의 씨앗
1649년 1월 30일 찰스 1세가 처형되자 잉글랜드는 의회가 있는 공화국이 되었으며, 뒤이어 올리버 크롬웰이 실권을 쥐었다. 잉글랜드의 마녀재판은 기세를 잃었으나 바다 건너 미국에서 편집증적인 요술에 대한 광기가 퍼지기 시작했다. 뉴잉글랜드에서는 1650년대에 악명 높은 세일럼 마녀재판이 열렸다.

그대, 하지 말지어다

16세기부터 17세기, 청교도는 엄격한 윤리법칙에 따라 신이 정한 규정을 중심으로 생활했다.

1. 그대, 크리스마스를 기리지 말지어다

청교도는 크리스마스를 지나친 음주가무를 부추겨 '육욕과 관능의 기쁨을 해방'하는 것으로 보아 금지했다. 내전 중에는 런던에서 크리스마스에 영업하던 가게가 습격당하고 폭동이 발발했다. 그래도 크리스마스 예배는 몰래 이루어졌다.

2. 그대, 미신을 경시하지 말지어다

마녀도 근세의 무수한 미신 중 하나다. 행운을 불러오는 동물의 뼈를 집에 두고 왔다, 침대의 잘못된 방향에서 일어났다, 넘어졌다, 여행을 떠나는데 물건을 깜빡하고 집으로 돌아갔다, 빵과 버터를 떨어뜨렸다 등, 모두 재수가 없다고 여겼다.

3. 그대, 가톨릭교도와 사귀지 말지어다

실패로 끝난 화약 음모 사건 후, 가톨릭교도에 대한 불신감과 히스테리가 현저하게 높아져 반가톨릭 팸플릿, 트럼프, 시가 잇따라 나왔다. 그 대부분은 은연중에 찰스 1세와 프랑스 출신(그리고 가톨릭교도) 왕비 헨리에타 마리아를 표적으로 삼았다.

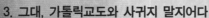

4. 그대, 약을 먹지 말지어다

17세기의 의학은 위험했다. 인체에 관한 지식이 부족하고 '돌팔이 의사'에 속을 위험이 있었으며 마술과 의학의 경계가 흐릿했기 때문이다. 약초로 약을 조합했을 뿐인데 처형당하기도 했다.

5. 그대, 극장에 가지 말지어다

내전이 시작되자 극장이 폐쇄되었다. 역사적으로 폭동과 연관이 있었기 때문이리라(1601년 에식스 백작의 반란미수 사건과 극장의 관계는 기억에 새롭다). 실권을 쥔 청교도는 극장을 부도덕하고 매춘의 온상으로 단정하며 폐쇄가 최선책이라고 여겼다.

6. 그대, 메이폴 주위에서 춤추지 말지어다

청교도는 메이폴이라 불리는 상징적인 기둥 주위에서 춤추는 민족무도인 모리스 댄스(Morris dance)의 전통을 방종한 짓이라고 단정했다. 여성이 숲에서 메이폴을 꾸미기 위한 꽃을 꺾는 것도, 여성이 숲에서 무언가를 '저지를지'를 감시할 수 없으므로 금기로 여겼다.

7. 그대, 스포츠를 즐기지 말지어다

스포츠는 다른 모임처럼 수상쩍은 것으로 여겨졌다. 신의 가르침이라는 관점에서 보기에 스포츠는 경망스러운 짓을 촉발하는 것이며, 또 운동이나 경쟁으로 남성이 '남색' 행위에 빠질 위험이 있다고 여겼다. 그 때문에 많은 지방에서 경기가 중지되었다.

8. 그대, 스코틀랜드를 언급하지 말지어다

스코틀랜드는 공화제 잉글랜드와 사이가 좋지 않아, 크롬웰이 잉글랜드를 지배하게 되자 장로파 언약도(장로파 개신교, 칼뱅파의 흐름을 받아들인 일파. 언약도는 장로파 지지를 맹약한 사람들)가 반란을 일으켰다. 결과적으로 찰스 2세가 스코틀랜드 왕으로서 스콘에서 대관했으나 훗날 크롬웰이 침공해 권력을 쥐었다.

9. 그대, 아일랜드를 언급하지 말지어다

근세, 아일랜드는 통제되지 않는 무법지대로 여겨졌다. 크롬웰은 아일랜드에 무자비하게 침공해서 제압해, 인구 대부분을 점하는 가톨릭교도에게 가혹한 법을 부과하고 많은 사람들을 카리브 제도로 보내 플랜테이션에서 일하게 했다.

10. 그대, 제5왕국파를 거스르지 말지어다

제5왕국파는 신의 심판에 앞서 예수가 조만간 강림해 천년왕국을 열 것이라 믿는 종말론자의 일파다. 그들은 1666년(성경에서 666은 짐승의 숫자)에 강하게 집착함과 동시에 청교도체제에서 요직을 점했다.

용의자 대부분은 콜체스터 성에 감금되어 심문받았다.

홉킨스의 초상. 『마녀의 발견』 1837년판에서.

TONY TENSER presents
VINCENT PRICE
IAN OGILVY RUPERT DAVIES
WILFRID BRAMBELL
WITCHFINDER GENERAL

영화 『심판(Witchfinder General)』(1968년)의 고문 장면은 지나치게 가학적인 탓에 검열로 삭제되었다.

"또 하나의 '반드시 확실한' 검사로는 용의자의 몸을 상처 입혀 출혈이 부족하면 악마에 씌었다는 증거로 간주했다."

이 가장 현실에 가깝지 않을까. 스턴이 저지른 맹렬한 소행은 정신병적이라 할 수 있을 정도다.

스턴은 "마녀는 악마를 숭배하며, 악마에게 호소하며, 악마의 도움을 필요로 하며, 악마에 부역하며, 충성을 맹세하며, 산 제물을 바친다. 마녀가 최악의 우상숭배자라면 당연히 죽어 마땅하리라"라고 하고, 사악한 자들이 매우 교활하게 사회에 영향을 미치고 있다고 보았으며, "마녀 따위는 없다. 궁핍하고 무지하며 부당하게 교수형을 당한 많은 이들이 있을 뿐으

로, 처형은 명백히 사적인 목적이나 이익을 위해 이용되고 있다" 같은 주장은 정정해야 한다고 생각했다.

홉킨스도 금전을 목적으로 마녀 수색 일을 하고 있다는 규탄에 반증할 필요를 느껴 저서에서 자기변호를 시도했다(저서는 그의 사후 발표되었다). 그는 교구로 가 심문하는 것은 요청을 받았을 때뿐이

미국 식민지에서 열린 마녀재판에서도 홉킨스의 저서는 영향력이 커져 갔다.

며, 한 번에 20실링(1파운드. 대략 농장 노동자의 반년 급여 수준)밖에 받지 않았으며, '말을 세 마리 거느리고 장사하기에는 너무나 부족하다고 주장했다.

1644년 중반부터 47년 여름까지 스턴과 홉킨스가 이끄는 이단심문 일당은 행렬을 이루어 이스트 앵글리아, 이웃한 베드퍼드셔와 노샘프턴셔의 마을을 돌았다. 이동 서커스와 같은 행렬에는 심문관은 물론 여성들도 있어서 용의자의 신체검사를 하였다. 그들이 조사한 것은 '악마의 증표'로, 세 번째 유두나 이상한 돌출부—실제로는 단순한 명이나 혹, 변색—가 없는지 면밀히 조사했다. 또 하나의 '반드시 확실한' 검사로는 용의자의 몸에 상처를 내는

서한을 읽는 크롬웰을 그린 찰스 랜저의 그림. 네이즈비 전투 이후 화가의 캐비닛에서 발견된 작품.

"마녀라는 것, 즉 악마와 관계가 있다는 것만으로 유죄로 확정돼 그에 따른 벌을 받았다."

것으로, 출혈이 부족하면 악마에 씌었다는 증거로 간주했다. 물도 쓰였는데, 용의자는 의자에 묶여 강이나 연못에 던져졌다. 떠오르면 물(세례의 심볼)에 거부당한 증거다. 앞서 언급했듯 재우지 않는 고문도 있었다. 가톨릭 각국에서 열린 이단재판도 그러했지만, 무슨 수단을 쓰든 용의자에게서 자백을 이끌어내는 것만이 중요했다. 유럽 대륙의 이단심문 방식과 가장 가까운 방법이 잉글랜드에서 채택된 시기가 바로 이 마녀재판 시대다. 하지만 1645년 말, 물에 빠뜨리는 방법이 위법이 되는 등 당초부터 상당한 곤란이 뒤따랐다.

마녀재판이 개정한 의의에 대해 잉글랜드와 유럽 대륙 사이에는 예로부터 큰 격차가 있었다. 1604년 이전의 사법제도에서는 악의를 가진 마술이나 요술로 타인에게 해를 끼치는 행위에 초점이 맞춰졌지만 1604년의 요술금지령을 통해 잉글랜드도 타국의 관점을 따라 '의도, 목적을 불문하고 악마나 사악한 영에게 도움을 청하거나 계약하거나 대접하거나 고용하거나 음식이나 보수를 주는 등

의 일을 죄로 단정했다. 이후 마녀가 인간이나 동물을 죽이거나 신체적 상해를 입히거나, 병들게 하거나, 작물을 시들게 했다고 증명하지 못하더라도 기소가 가능해져 마녀라는 것, 즉 악마와 관계가 있다는 것만으로 유죄가 확정되고 그에 따른 벌을 내렸다. 이러한 관점의 전환은 이단심문관이 자백에 더 집착하게 된 이유를 이해하는 단서가 된다. 마녀가 이웃에게 피해를 주었다고 증명하기는 어려우나, 악마와의 관계를 자백시키기는 비교적 간단하다.

그런데 1604년 이후 마녀재판과 처형이 급증하지 않은 이유는 무엇일까. 스턴과 홉킨스는 어떤 점에서 돌출되었을까. 1640년대에서 그들에게 유리하게 작용한 상황은 무엇이었을까. 마녀사냥꾼은 항간의 공포를 틈탔으나 그 공포 지배는 오래 가지 않았다. 1645년부터 47년에 이르기까지

내전은 정점에 달했고, 나라는 분열했다. 1645년 6월의 네이즈비 전투에서는 의회군이 압승해 왕권이 실추되고 찰스 1세가 사로잡혔다. 내전은 사람들을 괴롭혔고 사회에는 미래에 대한 불안이 감돌았다. 더 중요한 점은 사법 시스템이 마비되어 통상업무가 정체된 것이었다. 마녀재판은 순회재판이 아닌 지역의 치안관사가 담당하게 되었으나, 그들의 법에 관한 지식이 불충분해 지역 주민의 압박을 받기 쉬웠다. 이러한 불안정한 시기에 사람들은 희생양을 찾아다니며 구원자를 원했다. 구원자는 성직자들이 인간이나 국가를 좀먹는 병이라고 비난한 영적인 악을 열성적으로 공격했다. 한편 의회는 서서히 지배력을 확립하고 사회는 건전성을 되찾았다. 홉킨스는 1647년 8월 결핵으로 사망했으나 그 이전부터 마녀사냥꾼의 위엄은 떨어졌다(그 자신도 교수형을 당했다는 드라마틱한 전승도 있으나 사실이 아니다). 생전 그는 노포크에서 활동 근거와 고문 이용에 대해 순회재판관에게 심문을 받은 적이 있으며, 그에 대한 대답을 출판해 응수하기로 했

다. 하지만 간행될 즈음 본인은 사망하고 스턴도 사회에서 모습을 감추어, 그들의 마녀사냥 활동은 시작한 시기처럼 갑자기 막을 내렸다. 스턴과 홉킨스는 약 250명을 재판에 회부해 약 100명을 교수대로 보냈다.

그들의 공포지배의 상징, 그리고 희생자가 여성만이 아니었다는 한 가지 사례로, 불운한 존 로즈(John Lowes)를 주목해보자. 프램링햄 근처, 블런데스톤 교구의 목사였던 80대 노인인 로즈는 교구민에게 오만한 태도를 보이고 다혈질이었으며(지역 주민과 유혈사태를 일으킨 적이 있다), '친가톨릭적'이라며 미움을 샀다. 주민들은 주교에게 청원해 그를 다른 지방으로 보내려

했으나 소용없었다. 그래서 그들은 로즈가 요술로 고발당한 여성을 변호하자 이때라는 듯 악마와 결탁했다고 로즈를 규탄했다. 홉킨스는 사태의 전말을 알아차리고 마찬가지로 고발을 받은 두 여성에게서 로즈가 마녀 집회에 참가했다는 정보를 얻었다. 그는 물에 던져지는 시험을 받고, 수면을 금지당하고, 기진맥진할 때까지 뛰고, 결국 온갖 것들을 자백해 태풍을 일으켜 서퍽 연안에서 배를 침몰시켰다는 등의 여러 기소 내용을 인정했다. 로즈에게 침몰선 희생자의 목숨에 대한 책임은 전혀 없다는 것은 말할 필요도 없다. 한편 홉킨스는 의도적으로 많은 죄 없는 사람들을 죽음으로 내몰았다.

홉킨스의 공포시대는 잉글랜드의 제1차 내전(1642~46년)과 시기가 같다.

신과 계약을 맺는 잉글랜드의 청교도.

The taking of the Holy League and Covenant.

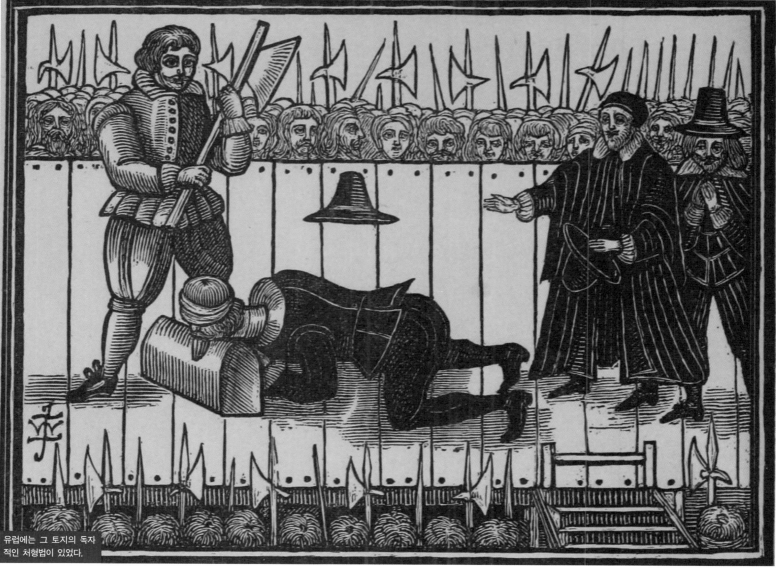

유럽에는 그 토지의 독자적인 처형법이 있었다.

© Corbis: Alamy

The Witch Hunter's Handbook

마녀사냥꾼의 활동

악마의 위협에 노출된 유럽에서 안전이 보장된 사람은 한 명도 없었다.
마녀의 특정과 근절은 혼과 목숨의 구제가 달린 중대사였다.

마녀사냥꾼이란 용의자가 마녀인지를 분간할 수 있는, 혹은 할 수 있다고 주장하는 사람을 가리킨다. 요술이 박해받았던 시대, 유럽 각지에는 공식 혹은 비공식으로 활동하는 마녀사냥꾼이 있었으며, 당시 최대 규모의 마녀사냥에 참가한 자도 있다. 그들이 맡은 역할은 악의를 품은 마녀가 존재한다는 확신과 밀접하게 연결되어, 마녀사냥꾼은 여러 마을을 오가며 사람들을 체포하고 처형대에 보냈다.

마녀사냥의 형식과 규모는 다양했으며 마녀사냥꾼의 연령, 성별, 경력도 다양했다. 성직자 계층의 마녀사냥꾼은 순회활동을 하고, 기록도 남겼다. 지방귀족이나 지방판사도 마찬가지였다. 카탈루냐에서 고발이 급증하자 지방귀족은 전문 마녀사냥꾼을 불러 대처했다. 한편 헝가리에서는 독일이 점령하는 동안 독일인 병사가 요술의 혐의로 현지인을 고발했다는 흥미로운 자료가 있다.

마녀사냥꾼의 활동기간은 비교적 짧아서 평생 직장이 아니었다. 그들의 인기와 영향력은 정치적·종교적 동란의 시대에 가장 컸다. 마녀사냥꾼은 보통 한 명 혹은 다수의 용의자가 있는 공동체에 불려갔으며 요술 의혹이 발생하지 않은 지역에서 그들이 마녀사냥이나 패닉을 부추겼다는 증거는 거의 발견되지 않았다. 마녀사냥 활동이 사태를 점차 확대시켜서 박해가 급증한 원인이 되어

결과적으로 마녀 패닉이 발발했다는 것은 분명하나, 마녀사냥꾼이 앞장서서 계기를 만들지는 않았다. 그들은 자신들을 불러들인 공동체가 받아주는 한 안전하고 평안했으나 도가 지나치거나 부정을 저질렀다고 여겨지면 영향력도 권력도 순식간에 실추했다.

국가 공인 마녀사냥꾼도 있었으나 대개는 공적인 허가를 거의 받지 않은 채 활동했다. 영국

내전기의 매튜 홉킨스와 존 스턴도 마찬가지여서 1640년대 이스트 앵글리아에서 마녀를 추적했으나, 지극히 한정적인 본래의 권한을 넘은 탓에 궁지에 몰렸다. 프랑스 툴루즈에서도 공동체의 공금을 편취하고 마녀사냥의 권위를 부여받았다고 사칭한 세 마녀사냥꾼을 의회가 교수형에 처했다.

마녀를 추적하라
유럽의 가장 끔찍한 박해에 가담한 마녀사냥꾼들

잉글랜드 England

1645년

자칭 '마녀사냥 장군' 매튜 홉킨스는 잉글랜드 내전 시기 이스트 앵글리아의 마을을 전전하며 조수 존 스턴과 함께 마녀를 추적했다. 잉글랜드의 법률은 자백을 끌어내기 위한 고문을 금지하고 있었으나, 홉킨스는 수면 금지나 발에 피가 날 때까지 걷게 하는 등, 수상쩍은 수단으로 자백을 강요했다. 80대의 목사 존 로즈를 물에 빠뜨리기도 했다. 동시에 홉킨스 자신이 요술사여서 악마와 손을 잡고 마녀를 특정할 지식을 익혔다. 모든 마녀의 이름이 적힌 책을 가지고 있다는 소문도 있었다.

스페인령 네덜란드 Spanish Netherlands.

1610~19년

에노 백작령 부상의 부관 샤를 판 델 카멜은 유능한 마녀사냥꾼을 자칭하며 고작 2년 만에 80명 이상의 용의자에게 유죄판결을 내렸다고 자부했다. 사법판결은 일원화되지 않았으며 허점투성이라 그와 같은 교활한 인물은 이러한 상황을 마음껏 이용했다. 그는 도합 150명 이상을 죽음으로 몰아넣었다고 여겨진다. 특히 불쾌하기 그지없는 것이 아이의 단죄로, 기소당한 아이 34명 중 16명이 처형당했다.

스페인, 바스크 지방 Basque

1609~14년

마녀사냥이 급증해 공포에 질린 사람들은 프랑스의 국경을 넘어 도망쳤다. 하지만 마녀사냥꾼에게 선동당한 바스크 지방에서도 2000명 이상이 심문받고 고문을 당했다. 큰 패닉 속에서 귀족, 성직자, 마을 주민 등 여러 계층의 사람들이 고발당하고 심문을 받았다. 성별도 연령도 방패가 되지 못해서 여성도 남성도 아이도 말려들어 처형당했다. 이단심문이 제대로 조사받게 되자, 공포 시대는 겨우 끝나고 요술의 증거를 제출하지 못할 경우 마녀사냥은 중지되었다.

독일, 바덴바덴 Baden-Baden, Germany

1627~31년

바덴바덴 변경백의 유능한 참사관 마테른 에샤흐 박사는 지역 일대의 마녀를 궤멸시켜 이름을 떨쳤다. 개신교에서 가톨릭으로 개종을 강요받은 이 지역에서는 종교적 긴장이 계속되었으며, 박사는 대대적인 마녀사냥으로 고문을 통해 자백을 받아내고 아이들을 고소해 더 많은 용의자를 짚어냈다. 정부 고관조차 예외는 아니어서 그들의 아내나 남매, 뒤이어 고관 자신도 처형당했다. 그의 활동에 따른 처형은 적어도 200건이 기록되었으며, 그 외에도 많은 사람이 추방당하거나 투옥됐다.

마녀 분간법

마녀사냥꾼은 여러 방법으로 마녀를 분간했다.
지역 특유의 방법도 있는가 하면 유럽 각지에서 공통으로 쓰이는 방법도 있다.

가장 유명한 것이 용의자를 물에 던지는 방법으로, 유럽 대륙에서 널리 쓰였다. 용의자는 손을 발끝에 묶여 물에 던져졌다. 뜨면 세례의 물에 거부당했기 때문에 유죄이며, 가라앉으면 무죄로 보았다. 이 방법은 1597년 출판된 제임스 6세의 『악마학』을 통해 온 잉글랜드에 퍼졌으나, 첫 적용사례가 기록된 것은 한참 뒤인 1612년이었다. 이 해, 베드퍼드셔의 메리 서튼(Mary Sutton)이 물에 던져져 마녀로 확정되었다.

성경과의 중량비도 유럽 각지에서 채용된 방법으로, 성경보다 가벼우면 마녀로 간주되었다. 악마에게 혼을 팔아넘긴 마녀는 혼이 없어 가볍다

고 여겨졌기 때문이다. 네덜란드 위트레흐트에 있는 마녀의 저울의 집은 유명해서 고발당한 사람들이 무죄를 증명하기 위해 아득히 먼 곳에서 찾아왔다(여기서 마녀라고 판정된 사람은 한 명도 없었다). 마녀를 분간할 때 신의 말씀은 절대적인 효과를 보인다고 여겨졌다. 주기도문, 사도신경 등 기독교도라면 마땅히 알아야 할 말을 암송할 수 없으면 마녀의 증거로 보았다.

용의자의 몸에 있는 증표도 중요한 단서였다. 이러한 증표는 악마가 마녀와 계약했을 때 남아 있었다거나, 소악마나 사역마가 피를 빤 흔적이라고 했다. 증표를 바늘로 찔러도 아프지 않으

면 확실한 유죄의 증거다. 또 마녀는 눈에도 증표가 있다고 하였으나 이것을 확인할 수 있는 것은 마녀를 분간하는 능력이 있는 자뿐이었다. 신체적 단서로는 마녀의 머리카락은 자를 수 없다는 설도 있었다.

마녀의 몸을 할퀴는 것도 널리 알려져 있었던 방법으로, 마녀사냥꾼은 물론 독단으로 이웃을 추궁하던 사람들도 이 방법을 사용했다. 피가 나오지 않거나 물 같은 액체가 나오면 마녀의 증거였다. 이 방법은 잔혹하게 심화되기도 했으며, 특히 쓰이는 도구에 따라서는 용의자가 두들겨 맞거나, 그것이 원인이 되어 트라우마가 생기기도 했다.

'마녀'라고 바로 의심받는 타입은?

이러한 테스트 없이도 상황이나 조건에 따라 의심받기 쉬운 사람이 있었다. 해당되는 점이 있다면 당신도 마녀로 판정될지도 모른다.

1. 과부
2. 혼자 살며 고양이, 패럿, 두꺼비 등을 기른다
3. 노인
4. 다혈질
5. 방종하며 윤리관이 부족하다는 이야기를 듣는다
6. 수다스럽다
7. 기가 세며 생각한 것을 바로 말한다
8. 매주 교회에 가지 않는다
9. 해가 진 뒤 밖을 나돈다
10. 기묘한 신체적 특징이 있다
11. 혼잣말이 많다
12. 교회 행사를 자주 쉰다
13. 남을 욕하는 것으로 유명하다
14. 유력자와 땅 때문에 싸우고 있다

마녀를 불에 태워라!

용의자가 마녀로 확정되면 고문부터 처형까지 다양한 벌이 기다리고 있었다.

벌금

유죄가 확정된 마녀가 '피해자'에게 벌금을 내야 하는 경우도 있었다. 다만 그 목적은 벌이 아니라 보통 배상이었다. 이는 가해자의 후회와 쌍방의 관계 수복을 물리적으로 상징하며, 쌍방이 만족할 만한 형태로 질서가 회복되고 둘은 화해했다. 마녀사냥이 횡행한 시대 동안 벌금형은 폴란드나 웨일즈의 시골 재판에서 빈번하게 부과되었는데 이런 지역에서 처형이 매우 적었던 것은 주목할 만하다.

갤리선

교수형이나 화형을 면해도 갤리선 노잡이는 지옥과도 같은 벌이었다. 죄수에게는 각인이 찍혔기 때문에 도망칠 수도 없었으며 권리를 박탈당해 가혹한 환경에 던져지고 전장의 군대에 동원되었다. 1684년, 노르망디 고등법원은 유죄가 확정된 양치기를 갤리선에 태우고, 파리 고등법원도 1687, 88, 93년에 요술과 가축에 독을 탄 혐의로 유죄판결을 받은 자들을 갤리선 노잡이 형에 처했다. 1779년에는 나바르의 젊은 마녀사냥꾼이 갤리선에 태워졌다.

추방처분

추방은 얼핏 가벼워 보이지만 실상은 가족과 고향으로부터 멀리 떨어진 곳에서 평생을 보내는 비정한 형이다. 다만 형이 번복되기도 했다. 프랑스 메스의 고등법원에서 처음으로 열린 마녀재판에서는 두 자매가 추방 처분을 받았으나 유형지에서 재심을 받은 결과 불행히도 마을 경계선 밖에서 투석형을 당하게 되었다. 러시아에서는 요술로 유죄판결을 받은 자는 나라의 변경으로 유배돼 국경 경비나 황제를 위한 농작을 강요받았는데 가족은 합류가 허가되는 경우도 있었다.

채찍질

채찍질은 요술의 벌로서는 가벼운 편이지만 그래도 끔찍했다. 이탈리아에서 연애마술, 치료, 보물찾기 마술을 쓴 자는 가톨릭 이단 심문에 따라 유죄 판결을 받고 거리에서 채찍질을 당했다. 폴란드 시골의 재판에서도 채찍질을 선고했으며, 러시아에서는 용의자를 고문해 자백을 강요한 뒤 곤봉이나 가죽 채찍으로 때렸다. 이탈리아의 오르베텔로에서도 연애마술의 용의자는 거리에서 채찍질을 당했다. 1669년 스웨덴 모라 마녀재판에서는 148명의 아이들이 채찍질을 당했다.

처형

요술로 유죄판결을 받은 뒤의 형으로는 가장 무거우며, 처형 방식은 지역이나 시대에 따라 달랐다. 마녀의 처형법이라 하면 화형을 떠올리기 쉬우나, 유럽 내에서도 지역에 따라 다양해서 많은 마녀가 교수대에 보내졌다. 잉글랜드에서도 교수형이 일반적이어서 화형을 당한 사람은 하나뿐이라고 한다. 반대로 스코틀랜드에서는 마녀는 우선 교수한 뒤 태웠다. 참수형도 빈번히 이루어졌으며 유럽 이외에서는 투석형이 일반적인 처형법이었다.

The Witch's Spell Book
마녀의 마술서

오랜 세월을 살아남은 고대문서는
현대의 마술에도 영향을 주었다.
한편, 마녀도 예로부터 주문이나 주술을
기록해 참고해왔다.

유명한 그리모어 『검은 암탉(Black Pullet)』에 수록된 부적의 그림.

요술의 개념과 실천은 고대까지 거슬러 올라가며, 약을 조합하거나 주문을 외거나 거는 자는, 자신은 물론 후세를 위해서도 그 방법을 기록해왔다.

중세나 근세에서 요술의 혐의로 재판받은 자는 마녀사냥꾼의 표적이 된 절호의 희생양이었으며, 기아, 전염병, 질병 등의 역경의 이유를 설명하는 데 이용되어왔다. 이러한 마녀들은 학식이 있었으며 글을 읽고 쓸 줄 알아서 사본가나 동료들과 협력했다. 16세기부터 18세기 유럽에서 요술의 혐의로 고발당한 자 중 약 80%가 여성으로 추정되었는데, 대부분 늙고 빈곤하며, 용모가 매력적이라고는 할 수 없었다. 특필할 점은 이른바 마녀들은 의학, 화학, 그 외 학문의 선구적 존재이기도 하며, 그 지식—요술—을 문서로 적어 보호했다는 것이다.

고대 이집트인과 그리스인은 파피루스에 전령이나 학술적인 정보를 적고, 주문에도 '프랑킨센스 공물'이 필요하다거나 타오르는 불 앞에 황홀한 상태의 '청결하며 순수한' 아이를 둔다는 등의 주석을 달았다. 11세기까지 거슬러 올라가는 『피카트릭스(Picatrix)』는 원래 아라비아어로 적힌 책으로, 요술은 문화의 경계를 넘어선다고 주장한다. 400페이지를 넘는 이 책에는 기분 나쁜 재료가 들어간 약의 조합법이나, 지식과 힘을 추구하는 점성술 에너지에 초점을 맞춘 주문이 기록되었다. 마찬가지로 16세기 아이슬란드의 책 『갈드라복(Galdrabók)』에도 다양한 마녀의 지식이 적혀 있다. 47가지의 주문에는 초자연적 성질을 내포했다는 룬문자도 쓰였으며, 그 대부분이 피로, 두통, 불면, 산통 등의 증상을 치료하는 것과 관련이 있다. 『호노리우스의 맹세의 서(The Sworn Book Of Honorius)』는 정확한 연대는 알 수 없으나 보관되어 있는 가장 오래된 사본은 1347년의 것으로, 14세기에는 이미 확인되었다. 강령술(Necromancy)이나 죽은 자와 교류할 때의 참고서로 여겨지며, 서두에서 로마 가톨릭 교회를 신랄하게 비판하고 있다. 3부만 복제가 허용되어 이 책의 가르침을 따르는 자는 여승과의 교제를 삼가야 하며 적절한 후계자를 찾지 못한 사본 소유자는 무덤으로 가져가야 한다고 이야기한다.

고대로부터 근세에 걸쳐 많은 중요한 마도서가 세상에 나온 것은 명백하며 이러한 책 대부분은 본래 목적인 마술은 물론 역사적 중요성 때문에도 철저하게 연구되었다.

> "마녀들은 의학, 화학,
> 그 외 학문의 선구적 존재이기도 하며,
> 그 지식을 문서로 적어 보호했다."

환각과 신비의 책

일반적인 질병을 다루는 의술서부터 악마를 불러내는 방법이 적힌 그리모어까지 마술을 지도하는 책은 매우 다양하다.

요술에 관한 문서는 '그리모어'라고 불리는 마술서부터 '리치북(leechbook)'이라 불리는 중세 앵글로색슨의 의술서, 그리고 종종 마술과 결부되어 악마의 서명이라 불리는 비밀의 심볼인 시길(Sigl)을 적은 책까지 아주 다양했다.

그리모어는 마녀의 기본서로, 그 기원은 마술 그 자체에 버금갈 만큼 오래되었다. 주문, 주술, 부적이나 액막이 제조법, 천사, 악마, 그 외의 혼령을 부르는 법이 적혀 있다. 가장 오래된 것은 기원전 4세기 이전, 고대 메소포타미아에서 만들어졌다고 추측된다. 마술서는 마녀 활동의 기본 골자로, 1000년이 넘는 세월 동안 제작되었으며, 한때는 책 자체에 초자연적인 힘이 있다고 믿었다. 『솔로몬의 서』는 매우 유명한 그리모어 중 하나로, 솔로몬 왕 자신이 적었다고도 하나 14세기 르네상스 시기 이탈리아에서 쓰였다는 설이 더 유력하다. 책은 두 권으로 이루어졌으며, 여러 번역본이 있고 판본에 따라 미묘한 차이가 있다. 주술, 주문, 정화를 비롯한 마술을 해설하며 이슬람교, 유대교, 후기 고대 그리스·로마 등 여러 문화의 영향을 반영했다.

9세기에 쓰인 『발드의 리치북(Bald's Leechbook)』은 이러한 서적 중에서도 잘 알려져 있으며, 현존하는 것은 런던의 대영박물관에 소장된 한 권뿐이다. 2부 구성으로 제1부에서는 외부질환을, 제2부에서는 내부질환을 다루며 두통, 대상포진, 발의 아픔에 대한 실용적인 대처법이 적혀 있다.

중세의 마녀는 의존하는 악마나 천사의 심볼로 시길을 사용했다. 『솔로몬의 작은 열쇠(The Lesser Key Of Solomon)』에는 72명의 악령과 그들의 지옥 내 계급 구조, 각각의 시길 일람이 수록되어 있는데, 악마의 시길을 손에 넣은 마녀는 그 악령을 어느 정도 다룰 수 있다고 여겼다.

> '그리모어'라는 말은 '이해하기 어렵다'를 의미하는 프랑스어 비유 표현에서 유래한다.

『그림자의 서』

1940년대 말, 위카(네오 페이거니즘, 신이교)의 아버지로 알려진 제럴드 가드너(Gerald Gardner)는 『그림자의 서(Book Of Shadow)』를 적어, 브리켓 우드 마을의 집회에서 참가자에게 소개했다.

'그림자의 서'란 일반적으로 마녀마다 독자적인 주술과 의식을 적은 개인적인 자료를 가리키는 용어로, 가드너는 그로부터 수십 년 전 뉴포레스트 마을 집회에서 얻은 정보와 자신의 지식도 담았다고 적혀 있다.

그는 이 책의 일부 출전은 초기 마녀의 역사적 문헌이라고 주장했는데, 그 외에도 르네상스 시대의 것으로 추정되는 『솔로몬의 열쇠』나, 이탈리아 마녀집회의 종교서라는 찰스 고드프리 리랜드(Charles Godfrey Leland)의 『아라디아, 혹은 마녀의 복음(Aradia, or the Gospel of the Witches)』, 시인 러디어드 키플링(Rudyard Kipling)이나 오컬티스트이자 요술사 알레이스터 크로울리(Aleister Crowley)의 책에서 유래하는 부분도 있다. 브리켓 우드 마을의 집회에서 고위 여사제였던 도린 발리엔테는 가드너의 책의 진정한 저자가 누구인가에 대해 논하고 훗날 이 책을 크게 손보았다.

가드너에 따르면 과거 마녀는 박해를 두려워해 의식과 주문을 적어 남기지 않았으나, 시대가 지나 기록을 남기게 되었다. 『그림자의 서』가 발표되자 위카는 널리 주목받게 되었다.

『그림자의 서』에는 주문, 주술, 시길, 그 외 요술의 실천에 빼놓을 수 없는 정보가 포함되어 있다.

마녀는 주술을 쓸 때 마도서를 참고했다. 마도서는 대부분 소유자의 손이 더해진 독자적인 내용이었다.

마녀라는 존재의 핵심은 악마와의 관계나 주문을 외거나 미래를 맞추거나 병을 고치거나 저주를 거는 등의 능력이었다. 고발당해 체포당한 마녀는 잔혹한 심문이나 고문을 받았다. 강제로 짜내어진 자백은 대체로 연상을 따라가 빗자루, 봉, 동물을 타고 하늘을 날았다거나 악마를 만나 유혹을 받았다, 음탕한 성적 의식에 참가했다, 어둠의 힘을 대가로 혼을 팔아넘겼다는 등의 내용이었다. 고발당한 마녀는 옷을 벗겨져 악마에게 홀린 증거를 확인하기 위해 신체검사를 받았다.

주문의 목적은 연인 찾기, 경제적 및 사회적 성공, 적대자에 대한 보복, 싫어하는 상대를 눈앞에서 제거하기 등 다양했으며, 농사를 위해 주문을 사는 자도 있었다. 반대로 마녀가 어린이를 비롯한 살인 혐의를 받는 경우도 있었다. 중세시대 내내 현저한 기후변동이 일어나 흉작, 역병이 발생하고 그에 따른 다양한 범죄행위의 증가를 사람들은 마녀의 탓으로 여겼다. 14세기 유럽에서 흑사병이 대유행해 마을이 전멸할 위기에 놓이자, 그때까지의 마녀에 대한 호기심과 관용이 공포와 박해로 바뀌었다. 암부터 입 냄새나 피부염까지 온갖 지병을 고치는 것도 마녀의 일상적인 일이었다. 신선한 얼레지 뿌리나 독사의 혀를 우유에 끓여 만든 약은 위궤양에 좋다 하였으며, 소량의 철쭉 잎을 삶은 물을 하루에 여러 번 마시면 신장 결석에 좋다고 했다.

> 흉작이나 아이의 돌연사 등 마녀는 온갖 불행의 원흉으로 규탄당했다

랭커서에서 1612년 열린 펜들 재판은 잉글랜드에서 가장 악명 높은 마녀재판일 것이다. 여성 9명과 남성 2명이 교수형을 당한 이 재판이 열린 당초의 원인은 저주의 말이었다. 한 여성이 행상인에게 바늘을 양도해 달라(혹은 사고 싶다)고 했지만 거절당했다. 여성이 저주의 말을 뱉고 떠나자 얼마 지나지 않아 행상인은 발작을 일으켰다. 그 뒤 여성은 사탄에게 혼을 팔았으며 행상인의 손발을 불구로 해달라고 악마에게 부탁했다고 고백했다. 주문은 단순한 것부터 복잡한 것까지 다양했고 단순히 침을 뱉기만 하는 주문도 있는가 하면 종이에 글을 적고 나중에 태우거나, 사람의 형상을 한 점토 혹은 인형을 쓰거나, 긴 시간이 필요한 의식도 있었다. 그래도 사람들은 마녀의 천리안과 예지능력에 의존했다. 잉글랜드 요크서의 나레스보로에 사는 마녀 마더 시프튼은 열차, 비행기, 자동차, 전보가 발명되기 수백 년 전에 이것들을 예언했다고 한다. 액막이와 부적에도 효과가 있다고 믿었다. 이것들은 약초가 들어간 자루, 시길, 미니어처, 혹은 못이나 말의 편자와 같은 일상용품으로, 지니고 있거나 창가에 매달아 두고는 했다.

주문의 효과

✵ 이웃집 아이가 기묘한 증상을 앓거나 불가사의한 행동을 한다

✵ 죽은 자의 영을 불러낸다

✵ 날씨를 좌우하고 비나 눈이 내리게 한다

✵ 악몽을 꾸게 해 괴롭힌다

✵ 사랑의 주문을 외워 연모하는 남성의 마음을 사로잡는다

✵ 적대자를 저주해 불운을 불러온다

✵ 병으로부터 몸을 지킨다

✵ 남편이 싫어하는 이웃사람을 남편에게서 해방한다

✵ 잃은 물건을 찾아낸다

✵ 소문을 좋아하는 사람의 입을 다물게 한다

BARCLAYS DICTIONARY, WORD
문서를 참고해 악마를 불러내는 마법사.

집에 불을 질렀다고 규탄당하는 마녀.

악의적인 마술로부터 몸을 지킨다

죽은 고양이Dead Cat

고양이 시체를 집 벽 안에 묻는 관습은 유럽의 경우 지금도 남아 있다. 고양이는 행운의 부적으로 쓰이는 경우가 많으며, 그 시체는 마녀를 집에 다가오게 하지 못하거나 집에서 쫓아낸다고 여겼다. 고양이를 벽에 생매장했다는 설도 있으나 발견된 메마른 시체의 상태로 보아 죽은 뒤 묻었다고 추측된다. 벽에서는 설치류나 새의 시체 등도 발견되었다.

엘프의 화살Elf Arrow

고대 엘프의 화살은 사실 신석기 시대 사람들이 만든 화살촉이지만, 엘프가 가축을 사냥하거나 아픔을 일으키는 데 썼다고 믿어졌다. 이것을 엘프샷(Elfshot)이라고 한다. 그러나 상처가 회복되면 화살은 액막이나 부적으로 쓰였으며 보통 은을 곁들이고 목에 걸어 마녀가 다가오지 못하도록 했다. 엘프의 화살은 찾는다고 발견되지는 않지만 의외인 곳에서 나왔다. 입수하면 햇빛이 닿지 않는 곳에 보관해서 마녀가 빼앗아가 사악한 목적을 위해 쓰지 못하도록 주의했다.

마녀의 병(위치보틀)
Witch Bottle

16세기까지 거슬러 올라가는 관습으로, 적대하는 마녀에게 걸린 저주를 푸는 수단으로 쓰였다. 다른 마녀나 민간요법사와 협력해 만들기도 했으며, 저주받은 사람의 머리카락, 손톱, 오줌, 또 가능하면 로즈마리, 휜 바늘과 핀, 레드 와인을 넣는다. 저주받은 사람의 집의 가장 구석, 난로 아래, 그외 별 특징이 없는 곳에 묻으면 저주를 건 마녀에게 나쁜 일이 일어나 마녀가 저주를 풀 수밖에 없어진다고 한다.

마녀의 의자Witch's Seat

마녀의 돌이라고도 하며, 굴뚝의 튀어나온 돌을 가리킨다. 원래는 초가지붕과 돌로 만들어진 굴뚝 사이에서 물이 집으로 들어오지 않도록 만들어졌다고 하나, 세월과 함께 악마의 집회에서 하늘을 날아 집으로 돌아가는 마녀가 이 돌에서 잠시 쉰다고 여기게 되었다. 돌이 없으면 마녀가 굴뚝을 통해 집으로 들어와 집에 문제를 일으킨다고 한다.

마녀의 공Witch Ball

밝은 색 유리로 만들어진 구체로, 중세시대에 전파됐다. 초기 물품은 만듦새가 조잡했지만 19세기에는 진보해 질 좋은 유리가 쓰이게 되었다. 동향 창문에 실로 매달면 마녀의 접근을 막으며 마녀를 공 안에 가둔다. 민화에 따르면 악마의 눈의 저주로부터도 집을 지켜주었다고 한다. 효과를 높이기 위해 성수나 소금을 넣기도 했다.

마가목Rowan

영국에서는 악마가 자신의 어머니를 마가목에 묶는다고 했다. 집 정면 문과 가까운 곳 등 소유지 안에 심으면 마녀에 대항하는 절대적인 효과를 발휘한다고 믿어졌다. 이 열매가 심홍색이며 오망성처럼 열려서 힘을 가져오는 식물로 여겼으며 이 나무로 십자가를 만들어 들고 다니며 부적으로 삼는 사람도 있었다. 가축에게 달기도 했다.

The Basque Witch Trials

바스크 마녀재판

이단심문소는 관용이 없으며 잔혹하다고 알려져 있으나,
스페인의 바스크 지방에서 마녀열이 휘몰아쳤을 때는 억지력을 발휘했다.

스페인의 이단심문에서 사형선고를 받는 피고. 《종
교재판소(The Inquisition Tribunal)》〈부분〉 프란시스
코 고야(Francisco José de Goya), 1808~12년.

1610년 11월, 팜플로나에서 100km 가량 떨어진 로그로뇨 마을에서 6명이 요술의 죄로 처형당했다. 옥사한 다른 다섯 명은 인형을 만들어 대신 태웠다. 이단심문을 담당한 지방재판소는 1년 동안 증거를 조사하고 자백을 모았으며, 죄를 부인한 불운한 피해자들은 수천의 구경꾼이 지켜보는 가운데 목숨을 빼앗겼다. 스페인 북부는 다시 마녀열에 휩싸였다. 다행히 이때의 학살은 얼마 안 가 수습되었으나 그 뒤 수 년 동안 또 수천 명의 남성, 여성, 아동이 박해를 당하게 되었다.

당초, '요술'의 급격한 증가는 주가라무르디를 비롯한 일부 시골 마을의 이야기로 여겨졌다. 하지만 대대적인 조직적 이단 교파에 대한 공포가 급속하게 퍼져, 당연하게도 사악한 죄의 고발이 쏟아졌다. 밤에 사바트가 열리고 음탕한 춤과 악마와의 성교가 벌어지고 있다는 이야기가 퍼져, 동시대의 사람들은 '너무나도 끔찍한 성행위어서 입에 담기도 꺼려진다'고 했다고 적혀 있다. 마녀는 마

을 언덕을 여기저기 돌며 독이 든 음료를 만드는 데 필요한 두꺼비를 찾고 있다며, 살인이나 불행한 사건의 죄를 덮어씌웠다. 기묘한 야간비행이 보고되어 마녀는 집파리나 큰까마귀로 변신한다는 소문이 돌았다.

그러나 처음부터 모든 사람이 이러한 충격적인 이야기를 믿지는 않았다. 왕실 사료 편찬관 페드로 데 발렌시아(Pedro de Valencia)는 그들이 인정한 것 중 몇 가지는 지나치게

> **1616년, 비스카야 당국이 매우 냉혹한 마녀사냥을 개시하자, 살라자르가 개입했다**

> ## "당연하게도
> ## 사악한 죄의 고발이 쏟아졌다."

스페인 이단심문관의 임무

1. 경종을 울린다

이단심문관이 정기적으로 지역을 돌지는 않았으며, 필요에 따라 요술에 대처했다. 보통 자백이든 고발이든 우선 교구의 사제가 사악한 행위를 보고받았다. 보고가 신뢰할 만하다고 판단하면 사제는 탐문해서 확인한 사실을 지역의 이단심문소에 보고한다.

2. 이단심문 개시

지방재판소 관리의 요청에 따라 용의자가 이단심문소의 감옥으로 이송되고 증거 확인이 시작된다. 피고에게 자백을 받는 것이 중요했다. 지방재판소는 마드리드의 이단심문 최고회의에 진척상황을 보고한다. 이 시점에서의 선택지는 둘. 불기소나 정식 기소 절차뿐이었다.

3. 판결

보통 요술을 자백한 자는 용서를 받고 종종 대중의 모임에 인도되었으며 교회와의 관계를 회복했다. 이 경우 사형을 선고받는 경우는 지극히 드물다. 이단심문관이 유죄를 확신하는데 요술을 부인한 자는 더 지독한 벌을 각오해야 한다. 이단심문소의 사형판결은 드물었지만 사형일 경우 넓은 공공장소에서 집행되었다. 이는 피고의 가족에게는 심각한 타격이어서, 피고의 가족은 공적 활동 참가, 재산의 소유, 사회관계 등 많은 사항을 수 세대 동안 제한받았다.

4. 수사망 확대

예심 결과에 따라 지방재판소는 광범위 및 조직적으로 요술을 쓰는 일파의 존재를 확신한다. 바스크 마녀재판이 이에 해당한다. 또 다른 죄인을 찾아내 고발의 신뢰성을 판단하기 위해 이단심문관이 파견된다. 이렇게 고발의 첫바퀴가 돌았다.

말도 안 되는 내용이어서 많은 사람들이 믿으려 하지 않았다'고 하였으며, '이야기 자체를 마녀가 지어낸 이야기로 추측하는' 편이 이치에 합당하다고 주장했다. 로그로뇨에서 재판과 처형을 감독한 이단심문관 사이에서도 불신을 품은 자가 있었다. 알론소 데 살라자르 프리아스(Alonso de Salazar Frías)는 지방재판소에서 최연소 제3이단심문관으로 임명돼 1609년 6월 로그로뇨에 도착했다. 고명한 살라망카 대학 출신으로, 교회 법률학자로서 눈부신 커리어를 쌓던 참이었으나, 착임하고 얼마 지나지 않아 의문을 느꼈다. 마드리드 왕실도 이단심문 최고회의도 마찬가지였던 듯, 살라자르는 1611년 5월부터 이듬해 1월에 걸쳐 바스크 지방을 시찰하라는 지시를 받았다.

그는 요술을 자백한 자와 그들을 고발한 자 양쪽에게서 이야기를 들었다. 그 수는 수백 명에 이르렀다. 그는 '독약'을 동물에게 먹이거나, 악마와 육체관계를 맺었다는 여성의 신체를 검사하거나 사바트가 열렸다는 장소의 진술과 실제 현장을 비교하는 등, 증거를 엄밀하게 확인했다. 결과는 놀랍게도 '독약'으로

죽은 동물은 없었으며, 신체검사를 받은 여성 대부분은 처녀였고 밤의 집회에 관한 진술은 실제 상황과 일치하지 않았다. 그는 이단심문 최고회의에 보낸 일련의 보고서에서 '허위, 거짓 보도, 부정'이 너무나도 심해 '그녀들이 마녀라고 믿어서는 안 된다'고 설명했다. 그런데 왜 용의자는 자신의 죄를 인정했을까. 그들은 악마가 아니라 망상에 사로잡혀 있었을 것이라고 살라자르는 주장했다. 이것이 악마의 짓이라면 완벽하다고 할 수밖에 없다.

예컨대 오노로스에 사는 80세 노인 마리아 데 에체바리아는 '깊이 죄를 뉘우치고' 고백했으나, '이 선량한 여성이 요술을 고백한 것은 명백히 망상이라고밖에 할 수 없다'라고 했다. 그녀는 잠에 빠져 사바트에 끌려갔다고 주장했지만 '그녀가 집을 나갔다 귀가한 장면을 목격한 자는 없었다. 같은 침대에서 잠든 장녀조차 보지 못했다.' 다른 여성은 사탄과 거래하고 발부리 세 개가 뽑혔다고 주장했으나, 친척이 지적해 어렸을 때부터 발부리가 짧았다는 것이 밝혀졌다.

살라자르는 단도직입적으로 '요술이 실제로 이루어졌다고 증명하는 단 하나의 증거도, 흐릿한 징후조차

> 바스크 지방의 밤의 사바트에서는 악마가 숫양의 모습으로 나타나기도 한다고 일컬어졌다.

"고발하는 쪽은 대개 악의에 따라 행동하므로 신용할 수 없으며 고발당하는 쪽은 환상에 사로잡혀 있다."

마녀들이 밤의 의식에 참가했다는 주가라무르디의 동굴.

찾지 못했다'고 진술했다. 고발하는 쪽은 대개 악의에 따라 행동하므로 신용할 수 없으며 고발당하는 쪽은 환상에 사로잡혀 있거나, '가혹한 유도신문과 온갖 끔찍한 수단으로 자백을 강요당했기 때문에 쇠약해져 있거나였다. 공포와 강박관념의 분위기가 감돌아 '온갖 일이 바로 요술로 단정되는 규실이 되며, 소문에 꼬리가 달려 이제는 마녀의 탓으로 여겨지지 않는 실신이나 발작, 질병, 죽음, 사고는 없다.' 동시에 마녀사냥열이 프랑스에서 밀려닥친 것도 패닉을 조장했다.

시찰 중인 살라자르에게는 은사의 칙령이라는 무기가 있었으며, 이를 통해 '죄를 고백하는 모든 자의 파문을 철회하고 교회로 복귀시킬 수 있었다. 살라자르에게 이 특별조치를 받은 1802명 중 1384명이 14세 이하의 아동이었다. 이단심문 최고회의는 스페인 북부가 절망적일 정도로 제어 불가능한 상태에 빠졌을 것이라고 믿었는데 살라자르의 보고는 이를 뒷받침했다. 그는 이단심문소가 '피고가 받은 잔혹한 처사는 정말 유감이라고 널리 알릴' 필요를 설파하고 '지금까지 받아낸 요술에 관한 자백과 증언은 예외 없이 무효라고 선언해야 한다'고 주장했다. 이단심문 최고회의는 그의 충고에 따라 향후의 심문방법에 관한 방침을 신속히 발표했다. 사실을 거듭해서 확인하고, 모든 단계에서 '이러한 일에 따라다니는 의혹에 주의를 기울이라고 지시해 매우 만족스럽게도 1610년 로그로뇨에서 억울하게 죽은 자들의 혐의는 풀었다.

당연히 모두가 살라자르의 일처리를 환영했을 리 없었다. '어떠한 분별과 지성을 지닌 자가 진실을 의심하도록 그를 부추겼는지 이해할 수 없다고 비판한 자도 있었다. 요술은 '기독교권의 모든 학자가 완전히 증명했으며 인정했기' 때문에 그것이 현실이자 긴급한 위협이라는 것은 자명한 이치였다. 한편 살라자르의

행동의 근거는 '자신의 생각 말고는 없다.' 혹은 살라자르 자신이 악마에게 농락당하고 있거나 어쩌면 악마와 손을 잡지는 않았는가. 이러한 비난을 보면 살라자르는 요술에 대해 합리적인 자세를 보인 진보적 선구자는 아니었는지, 독불장군 같은 존재가 아니었는지 싶어진다. 하지만 지레짐작은 금물이다. 그는 종종 언급된 것처럼 진보적 사상의 소유자도 아니었으며 시대의 흐름에서 벗어나지도 않았다. 먼저 그는 요술이 실존한다, 악마와의 위험한 계약이 마술을 불러낸다는 기본적 개념에 의문을 던지지 않았다. 그는 1610~20년대 스페인 북부의 특정한 케이스에는 그러한 대규모 요술이 작용

마녀는 벽의 작은 개구부를 지나다닌다거나, 동물로 변신해 갓난아기의 피를 빤다고 믿은 자도 있었다.

하지 않았다는 결론을 내렸을 뿐이며, '진정으로 따져야 할 것은 마녀가 그렇게 말한 것만으로 요술이 쓰였다고 믿어야 하느냐는 것이다'라고 주장했다. 증거를 보면 답은 '아니다'이며, 그는 친절심이나 근대적인 감성을 따른 것이 아니라 엄밀한 법학적 사고에 따라 행동했을 뿐이다.

두 번째로, 요술 고발에 회의적 태도를 보인 살라자르가 특별하다는 생각은 잘못이다. 악명 높은 스페인의 이단심문소는 비밀 신자를 무자비하게 몰아붙여 무시무시한 벌을 내렸다고 생각하기 마련이지만 그것은 오해다. 15세기 말 스페인에 이단심문소가 설립되고 수십 년 동안 요술을 심각한 불안요소라고 여긴 것은 사실이었다. 마녀는 지극히 간단하게 이단을 박멸하려는 재판소의 표적이 되어, 악마에게 충성을 맹세해 세례의 맹세를 버리고 의식으로 성경 구절과 성스러운 것을 업신여긴다고 여겼다. 최초의 화형은 1490년대에 집행되었으며, 사라고사를 비롯한 지방 지부는 요술의 소문을 조금이라도 들으면 엄격하게 대처했다. 하지만 이미 일찍부터 살라자르와 같은 신중한 자도 있었다. 대부분의 이단심문관은 기본적으로 마녀가 사탄을 신봉하지 않고 현혹되었을 뿐이라고 여겼으며, 1520년대 중반에는 심문의 상세한 규제가 강화되었다. 이단심문 최고회의의 포고 중 하나에도 적혀 있듯, 그들의 임무는 요술을 고백한 자가 '그 죄를 정말로 저질렀는지, 아니면 현혹되었는지'를 판단하는 것이었다.

의외로 스페인의 이단심문소는 요술 사건에 비교적 관대한 태도를 보였다. 북유럽 개신교 교회의 권

마녀는 악마와 여러 부정을 저질렀다고 믿었다.

《마녀들의 연회》(부분), 프란시스코 고야, 1820~23년, 《검은 그림》연작에서.

© Corbis/Alamy

력자들은 대개 비정했으나 스페인에서는 반드시 피고를 고문하지는 않았으며, 피고의 토지도 무조건 몰수되지는 않았고 사형 판결도 드물었다. 지방 재판소가 과격한 방법을 동원하는 일도 있었으나, 그럴 경우에도 이단심문 최고회의가 견책 처분을 내렸다. 이단심문관이 내린 최후의 처형은 아라곤에서 1530년대 중반, 카탈루냐에서 1540년대 후반에 집행되었다. 스페인 남부의 재판소가 요술의 건에 개입하는 일은 드물어서 당초는 비정했던 사라고사 재판소에서조차 1550년부터 1600년까지는 셀 수 있을 정도밖에 다루지 않았고 사형판결도 내리지 않았다. 1568년 주술을 가르친 혐의로 한 명이 갤리선에 보내졌으며, 1574년에는 예언의 죄로 한 명이 채찍질을 당했다. 16세기 말의 50년 동안 본격적인 요술재판은 한 건뿐으로, 30세 여성이 동물과 사람을 주살했다고 고발당해 채찍질과 4년의 추방처분을 선고받았다.

실제로 이베리아 반도 각지에서 집행된 마녀의 처형은 대부분 세속 당국이 주도하였으며 지중해 지역의 나라들은 이단심문소의 비교적 온건한 대처를 따랐다. 한 가지 예시를 들자면 1550년부터 1650년까지 베네치아의 지방재판소가 처리한 600건의 요술 관련 재판 중 대다수는 무죄로 결심했고 사형판결은 전무했다.

어떤 의미로는 바스크 지방에서 1609년부터 14년까지 일어난 사건은 일종의 일탈이었다고 할 수 있다. 이단심문 최고회의는 박해 초기에는 가혹하게 대처했으나 시간과 함께 변질되어 급속하게 신중한 태도를 취하게 되었다. 살라자르가 시찰로 파견된 이유도 여기에 있다. 이 지역은 자타 모두 인정하는 요술의 온상이었으며, 박해 급증이 이목을 끌지 않을 리 없었다. 살라자르가 표명한 의혹은 과도하게 열성적인 지방 상급 심문관에 대한 반응이었으며, 오랜 세월에 걸쳐 쌓아온 신중함과 회의적 자세의 발로였다.

> 스페인의 이단심문에서는 1610~1700년에 걸쳐 요술로 5000명이 고소되었으나 화형을 당한 자는 전무했다.

"이 지역은 자타 모두가 인정하는 요술의 온상이었다."

15세기에 간행된 『마녀를 심판하는 망치』의 표지. 근세 마녀의 대우에 큰 영향을 미쳤다.

《마녀들의 연회》(부분), 프란시스코 고야, 1798년. 사바트의 한 장면. 스페인의 대중 및 엘리트층의 문화에서 마녀의 사바트의 이미지의 영향은 길게 그림자를 드리웠다.

스페인의 이단심문 재판을 그린 그림.
피고가 형벌과 고행을 선고받고 있다.

밖의 여성

도나스 데 푸에라(Donas de fuera)의 이야기는 과신과 의심이 교차하는 불가사의한 기담이다. 도나스 데 푸에라란 요정을 닮은 여성 마물(놀랍도록 아름다우나 동물의 손발이 달려 있다)과, 그 동료들을 가리킨다. 원래 당시 스페인령이었던 시칠리아의 마물인데 스페인 이단심문관의 주의를 끌었다. 여기서도 이단심문소는 엄벌을 내리기보다 조사 쪽에 힘을 쏟았다고 하며, 1579년부터 1651년까지 8명의 남자를 포함한 65명이 도나스에 관한 일로 고소당했다. 피고 일행은 선행과 악행 양쪽을 저지른 듯했다. 도나스를 화나게 한 자는 병드는 한편, 도나스와 맺어진 자는 카리스마적인 치유력을 지녔다고 믿었으며 이웃 공동체에서 집을 정화하는 등 남들의 도움이 되었다.

현존하는 법정기록에 따르면 도나스는 의논의 대상이었다고 하며, 고소당한 자는 자신들의 '재능'을 당당히 인정했다고 한다. 실제로 도나스의 동료—빈곤한 노인 여성이 압도적으로 많았다—는 이러한 활동으로 식량과 금전을 얻었으며, 요정과의 가까운 거리는 일종의 특권으로 간주되었다. 다양한 마술을 배울 수 있는 자는 달콤한 피(싱그레 둘체)를 지닌 자뿐이었다.

이단심문소로 연행된 여성 중 일부는 지어낸 이야기임을 인정했고, 의뢰자에게 어필하기 위해 요정족과의 교신을 가장했다고 진술한 자도 있었다. 밤하늘을 비행하는 경이로운 재능을 지닌 혼령은 근세의 초자연적 세계관에 반복해서 등장하는 모티브로, 스코틀랜드 등 몇몇 지역에서는 사람들의 마음속에서 요정과 요술이 강하게 엮여 있었다. 다만 당시 페어리는 현대인이 상상하는 천진난만한 소요정이 아니었다.

그래도 살라자르의 업적은 여전히 중요하다. 근세 유럽에서는 마녀의 새로운 개념이 생겨났으며, 마녀들은 악마의 영감을 받아 고도로 조직화된 비밀스러운 일파로 간주되게 되었다.

살라자르는 악마가 인간의 세계에 개입해 파멸적인 영향을 미칠 수 있는지에 대해서는 의문을 품지 않았겠지만, 요술의 기적을 감지하자, 뛰어난 엄밀함과 신중함으로 대처했다. 상세한 내용이 일치하는 어마어마한 수의 자백을 앞에 둔 동료 이단심문관은 대대적인 요술 재해가 유행하고 있다고 믿었으나, 살라자르는 반대로 이 점에 의문을 품었다. 이것이야말로 집단망상의 징후는 아닌가.

살라자르의 보고를 바탕으로 이단심문 최고회의가 추진한 개혁과 규칙이 성문화되어 변화가 일어났다. 이제는 요술의 고발을 뒷받침할 증거가 필요하게 되었으며, 모든 진술은 요약되지 않고 전문이 기록되었다. 이를 통해 불일치, 모순, 또 살라자르의 말을 빌리자면 '인간의 이성을 넘어서는

온갖 주장'을 발견하기 쉬워졌다.

살라자르의 공적 중 하나는 자신도 결과적으로 강박관념의 불을 부추겼다는 것을 깨닫고 남은 커리어 내내 바스크 지방을 집어삼킨 패닉이 다시 일어나지 않도록 힘쓴 것이다. 이단심문관으로서의 명성이 높아질수록 지방재판소의 활동에 주의를 기울였으며, 세속 당국의 열의가 지나치게 높아져 있다 싶으면 직접 개입했다.

1424년부터 1782년까지 유럽에서는 6만 명이 요술의 죄로 합법적으로 목숨을 빼앗겼으나 그 대부분은 1560년부터 1640년까지 일어났다. 역사가는 이따금 '지중해 지방의 온화한 태도'를 주장하는데, 스페인이 박해에서 큰 역할을 맡았다는 것은 사실이라고는 하나, 유럽 각지와 비교해도 비교적 억제가 통했다고 할 수 있다. 악명 높은 스페인의 이단심문이 대학살을 억제할 열쇠를 쥐었다는 것은 매우 의외다. 이단심문관 중 하나인 살라자르는 '마녀 옹호자'의 명성에 합당한 인물이며, 이단심문의 역사에서 중요한 역할을 맡았다.

> 스페인어로 사탄을 의미하는 '불샤스'는 카탈루냐어로 밤의 마물을 가리키는 말에서 유래한다.

제임스 6세는 『악마학』에서 마녀는 페어리와 결혼한다고 주장했다.

The Würzburg Witch Trials

뷔르츠부르크 마녀재판

산 채로 화형당하는 자도 있었으나, 대부분은 참수한 뒤 화형에 처했다.

17세기 초, 독일의 뷔르츠부르크는 사상 최악의 대량 마녀재판의 한 무대가 되었다

마녀라 하면 대부분은 빈곤하고 메마른 노파를 상상할 것이다. 도저히 무죄를 주장할 수 없는 미혼 여성이나 농부를 상류 계급이 마녀라고 규탄한다. 뷔르츠부르크 마녀재판에서는 이런 전형적인 시나리오가 뒤집혔다. 괴팍한 노인은 당연히 고발당했으나 유복하고 용모 단정한 사람도 무사하지 않았다. 1626년부터 31년까지 독일 마을에서 일어난 대규모 히스테리는, 고발의 위험으로부터 안전한 자는 없으며 누구에게나 도끼와 불이 가까이 있다는 사실을 통감시켰다.

1626년 악명 높은 뷔르츠부르크 마녀재판이 발생하기 이전, 1616년부터 이듬해까지 잠깐 재판이 열린 적은 있었으나, 1625년의 다른 재판까지는 지극히 조용했다. 마녀재판이 열린 것은 보헤미아에서 개신교주의가 괴멸된 뒤, 가톨릭주의가 독일에서 회복된 시대에 해당한다. 전쟁과 기아로 피폐해진 나라를 종교열이 덮쳐 고발이 폭발적으로 늘었다. 이 시대에 죽음과 병은 일상생활의 일부여서 사람들의 신앙심이 시험받았다. 그 때문에 '마녀열'의 정점은 비참한 결말을 초래했다.

뷔르츠부르크 최초의 박해는 주교공 율리우스 에헤터 폰 메스펠브룬(Julius Echter von Mespelbrunn)에 의해 일어났다. 그는 반종교개혁을 열성껏 설파하는 예수회 사제로, 그의 열성적인 메시지를 듣고 고작 3년 만에 10만 명이 가톨릭교회로 복귀했다. 그의 조카 필립 아돌프 폰 에렌베르크가 집권한 뒤에도 종교의 열기는 식지 않았으며, 에렌베르크는 가경을 맞이한 마녀재판을 감독해 유럽사상 가장 많은 목숨을 앗아간 영주로 기억되었다.

에렌베르크는 메스펠브룬의 활동을 이어받아 재판을 주도했다. 약 8년 사이 뷔르츠부르크 마을에서만 219명이 요술의 죄로 처형당했다고 추측되나 기록되지 않은 자도 포함하면 실제로는 더 많은 사람이 희생되어 영내 전체에서 약 900명이 사망했다고 추정된다. 희생자의 직업과 계급은 다양했고, 히스테리가 지나치게 확산돼 사회의 소수자만으로는 피에 대한 욕구를 채우지 못했다. 악마는 어디에나 있다고 여겼으며 귀족, 성직자, 의사, 행정관을 비롯한 온갖 계층의 사람들이 체포당했다. 이전까지는 재산이 방패가 되었으나 이제는 조금이라도 눈에 띄면 온갖 트집을 잡히고 악마에 감화되었다는 이유로 많은 유복한 자가 목숨을 빼앗겼다. 아름다움도 무기가 되지 않아 '마을 제일의 미인', 조신하고 순결하다는 19살 처녀도 처형당했다.

그중에서도 비참한 것이 아이들로, 고작 7살에 처형된 아이도 있다. 희생된 아이들 대부분은 귀족 출신으로, 유복한 집의 후계자였다. 에렌베르크는 자신의 조카마저 재판에 회부해 처형대로 보냈으나, 이것은 특이한 케이스가 아니었다. 많은 아이들이 악마와 손을 잡았다고 규탄당하고, 참수당하거나 산 채로 화형당했다. 반복해서 리듬을 흥얼거리거나 부적을 가지고 있다는 것만으로도 '악마적'이었다. 저주받은 아이는 부모가 저지른 죄의 벌이라는 견해도 있었지만 대부분은 아이 자신의 과오로 여겼다. 당국은 아이라는 이유로 자비를 베풀지 않았으며 죄만을 근거로 심판하는 것을 방침으로 삼았다. 마녀재판은 마을 단위로 소외계층에게 뭇매를 때리는 행위라고 생각되기 쉬우나, 뷔르츠부르크에서는 어미도 아비도 자기 아이가 화형당하는 것을 말없이 지켜보았다.

고발 내용은 다양해서 무슨 일이든 처형 이유가 되었으나 주로 악마와 결부된 것이 많았다. 처형에도 살인이나 악마숭배부터, 노래를 불렀다(악마와 부른다고 여겼을 것이다)와 같은 죄가 없는 것까지 온갖 이유가 따랐다. 사회 밑바닥에 있는 사람을 체포할 때는 이유가 필요 없어서 죄 없는 부랑자 32명이 체포당했다고 전해진다. 뷔르츠부르크 마을을 지나가기만 해도 의혹의 대상이 되어, 당국이 납득할 여행 이유를 대지 못하면 체포당하기도 했다. 거의 모든 판결이 가혹한 고문을 통해 얻은 자백을 근거로 삼았다. 예수회 사제 프리드리히 스페(Friedrich Spee)는 재판 기간 중 고해사제를 맡아 고문(고문대가 쓰이는 경우가 많았다)으로 쥐어짜낸 자백을 들었는데 이때의 경험이 트라우마로 남아 젊은 나이에 백발이 되었다고 한다. 그는 이런 경위를 통해 냉철한 눈을 가지게 되어, 자백은 모두 가치가 없으며 이런 절차를 통해 처형당한 마녀는 모두 무죄라고 여겼다. 그는 고문에 반대하는 자

막대한 군사비가 들었기 때문에 거의 각국이 파산 상태에 빠져 국민은 큰 희생을 강요당했다.

왜 마녀재판이 발발했는가?

30년 전쟁과 뷔르츠부르크 마녀재판의 시기가 겹친 것은 우연이 아니다. 1618년부터 48년까지 이어진 이 전쟁은 역사상 가장 잔혹한 전쟁 중 하나로, 유럽의 종교전쟁 중 가장 큰 파괴가 발생했다고 한다. 당초는 개신교도와 가톨릭교도의 전쟁이었으나 권력투쟁으로 변질돼 주위의 모든 대국이 휘말렸다. 각지는 기아와 역병으로 황폐해지고 공포가 유럽 대륙을 뒤덮었으며 농촌을 삼켰다. 동맹이 성립하거나 파기되거나를 반복하며 신뢰는 사라지고 의심이 사회 곳곳에 침투했다.

가장 큰 피해를 받은 곳은 아마 독일로, 마녀재판을 비롯한 히스테리 현상이 뿌리를 내려 제어가 불가능할 정도로 심화되었다. 이 암흑시대에 종교의식에는 의문이 던져지고 사람들은 살아남기 위해 싸웠다. 17세기 독일과 같은 경건한 사회에서는 실제로 사회를 분열시킨 전쟁이라는 복잡한 역학을 비판하기보다 악마나 요술을 규탄하는 쪽이 받아들이기 쉬웠다. 마녀사냥이 대개 기아나 질병이 만연한 지역에서 일어난 것은 우연이 아니며, 사람들은 초자연적 원인을 의심하는 데 저항을 느끼지 않았다. 절망에 빠져 갈 길을 잃은 사람들은 재판을 열어 용의자를 죽임으로써 표면적으로 사태를 제어하고 자신과 자신의 행동이 이 비참한 상황을 조금이라도 개선하는 데 도움이 되고 있다는 허상에 기댔다. 전쟁은 그만큼 그들을 몰아넣고, 상처 입히고, 무자비하게 끌어들이고, 옭아매었다.

악마와의 성행위는 뷔르츠부르크 마녀재판에서 자주 보이는 고발 이유였다.

신의 생각을 『범죄에 대한 경종(Cautio Criminais)』이라는 책으로 정리해 가톨릭, 개신교 양 교도의 독자에게 큰 영향을 끼쳤다.

약 900명이 사망하고 많은 가족이 갈라지고 죄 없는 아이들이 죽어 사람들의 생활은 돌이킬 수 없는 타격을 입었다. 에렌부르크가 타계하고 마을이 스웨덴 왕 구스타브 2세 아돌프에게 넘어가자 마녀재판은 막을 내렸다. 트라우마로 괴로워한 곳은 뷔르츠부르크뿐만이 아니었다. 독일 각지에서 종교열, 자포자기, 공포가 수천 명의 사람들을 파멸시키고 오래도록 사람들의 마음에 그림자를 드리웠다.

©Alamy

Salem Witch Trials
세일럼 마녀재판

혹독한 시련 속에 숨겨진 진실
1692년 9월 22일

메사추세츠주 세일럼의 주민은 정의의 종막을 보고자 갤로우즈 힐에 모였다. 긴장된 분위기 속에서 8명의 남녀가 짐차를 타고 도착했다. 그들은 군중의 이웃이자 친구, 가족이었다. 그렇기 때문에 그 배신은 더더욱 용서받을 수 없었다. 마사 코리(Martha Corey), 앨리스 파커(Alice Parker), 메리 파커(Mary Parker), 마거릿 스콧(Margaret Scott), 메리 이스티(Mary Eastey), 앤 푸디아토르(Ann Pudeator), 윌모트 레드(Wilmot Redd), 새뮤얼 우드웰(Samuel Wardwell Sr.). 이 여덟 명은 신이 가장 증오하며 용서할 수 없다고 판단하는 요술의 죄를 저질러 유죄를 선고받았다.

유죄는 기정사실이었다. 저승으로 떠날 그들을 태운 짐차는 좀처럼 나아가지 못했고, 사람들은 악마의 짓이라고 불평을 토했으나 악마도 벗어날 수는 없었으리라. 마사 코리

> 세일럼 마을 사람들은 악마의 존재를 확신했기 때문에 많은 사람들을 향한 고발도 진지하게 받아들였다

는 누구보다 열심히 기도한 뒤 처형당했다. 메리 이스티는 목에 밧줄이 감기기 전에 남겨지는 사람들에게 이별을 고했고 그 말을 들은 자는 눈물을 흘리지 않을 수 없었다. 다른 자들은 냉정했다. 한 구경꾼이 '지옥의 선동자'라고 부른 일당은 당연한 응보를 받았다.

불행 중 다행이라고 할까. 군중은 이 시점에는 알 수 없었지만 세일럼 주민들이 요술의 혐의로 집행되는 교수형에 입회하는 것은 이 날이 마지막이었다. 이 날, 규탄하는 쪽이든 당하는 쪽이든 적지 않은 사람들이, 왜 자신들이 이렇게 되어버렸는지 자문했을 것이다. 모든 일은 그 해 1월 세일럼 마을에서 시작되었다. 11살의 애비게일 윌리엄스와 사촌동생인 9살 엘리자베스 패리스가 병에 걸렸다. 그것 자체는 딱히 특별한 일은 아니지만, 이번에는 평범한 병이 아니었다. 소녀들은 심한 발작을 일으켰고 주위는 걱정되어 눈물을 흘렸다. 말을

세일럼 마을 주민 중 마녀재판에 말려들지 않은 사람은 한 명도 없었다.

메리 위트레지

로저 투스헤이커:
아마 고문이나 학대가
원인이 되어 공판 전 사망

한나 타일러

윌리엄 바커 시니어

메리 그린: 도망

잡 투키

리디아 더스틴:
무죄판결을 받았으나 옥사

에드워드
패링턴

네헤미아 애보트
주니어

윌리엄 바커 주니어

메리 머스튼

사라 오스본:
공판 전 옥사

사라 비숍

아서 애보트

메리 바커

애비게일 로

프랜시스 데인: 메사추세츠주
앤두와 목사

애비게일 바커

마거릿 프린스

사라 클로이스: 레베카 너스와
메리 이스티의 자매

에드워드
비숍

존 포터 시니어

레이첼
클린튼

사라 리스트

사라 스위프트

존
브래드스트리트

에드워드
비숍III

스테판 존슨

베사이어 카터
시니어

자일즈 코리:
압사

애비게일 포크너 시니어는
임신했기 때문에 석방되었다.

메리 브릿지스 시니어

카테리나
비스

엘리자베스
다이서

메리 레이시 시니어는
유죄를 인정해 석방되었다.

존 버스:
메인주 웰즈 목사

토마스 캐리어
주니어

윌리엄
프록터

브리짓 비숍
레베카 너스

메리 브래드버리:
도망

베사이아
카터 주니어

메리 브릿지스
주니어

엘리자베스 하우

수잔나 마틴

조지 버로스 목사

사라 버클리

머시
워드웰

엘리자베스 부스(18세)
엘리자베스 허버드(17세)
머시 루이스(17세)
엘리자베스 베티 패리스(9세)
앤 파트넘 주니어(12세)
마거릿 룰(연령불명)
수잔나 셸든(18세)
머시 숏(15세)
마사 스프레잉(16세)
메리 월콧(17세)
메리 워렌(20세)
애비게일 윌리엄스(11세)

레베카 다이크

사라 캐리어

티투바

사라 와일즈

마사 캐리어

도로시 포크너

사라
브릿지스

조지 제이콥스 시니어

존 프록터

사라 콜

포비 데이

마사 코리

메히터블
다우닝

더들리
브래드스트리트

시라 우드웰은
'자백'해 석방되었다.

존 윌라드

토마스 파라 시니어:
보스턴에서
7개월 구류된 뒤 석방

사라 더스틴

앨리스 파커

에드워드 패링턴: 도망

메리 이스터

마거릿 제이콥스

대니얼&리디아 임스

메리 파커

앤 포스터:
구류 중 사망

앤 푸디아토르

유니스 프라이

레이첼
빈슨

엘리자베스 프록터는
임신했기
때문에 석방되었다.

사라 호크스
주니어

앤 브래드스트리트

마거릿 스콧

시라 굿

에스터
엘윈

사라 헤일:
메사추세츠주 비버리 목사
존 헤일의 아내

존 알든
주니어

마거릿
프린스

새뮤얼 우드웰 시니어

윌모트 레드

도르카스 호어는
'자백'해 석방되었다.

레베카
제이콥스

헤제키아
어셔II

존 제이콥스
주니어

이스라엘 포터

애비게일
로

메리 타일러

제임스 하우:
엘리자베스 하우의 남편

대니얼 앤드류

엘리자베스
존슨 시니어

토마스 캐리어
주니어

윌리엄 바커 주니어

한나 포스터

앤 포스터

메리 레시 주니어:
메리 레시의 딸,
앤 포스터의 손녀

메리 로

엘리자베스 다이서

메리 투스헤이커:
로저 투스헤이커의 아내,
마서 캐리어의 자매

에드워드 울랜드

애비게일 포크너
주니어

조안 페니

수잔나 포스트

메리 로

사라 캐리어

프랜시스 허치슨

도로시 굿:
사라 굿의 딸

사라 윌슨

메리 블랙:
노예. 체포, 고발당하나
법정에는 서지 않음

메리&필립
잉글리시

수잔나 루츠:
석방 혹은 무죄판결

레이디 메리 핍스:
메사추세츠 총감
윌리엄 핍스 경의 아내

엘리자베스 허치슨 하트:
아들 토마스의 주장에 따라
7개월 구류 후 석방

머시: 사라 굿의 딸.
감옥에서 태어났으나
모친 처형 전 요절

마거릿 시프 대처:
조나단 코윈의 양모

화자 ■유죄(+7 스혀) ■피고

피고인은 괴롭히는
소녀들 앞에 출정했다.

할 수 없게 되는가 하면 눈에 보이지 않는 힘의 호흡을 느끼고 숨이 차는 경우도 있었다. 그 정도로는 부족하다는 듯 소녀들은 찔리는 듯한 아픔을 느낀다고 호소했다.

엘리자베스의 아버지이자 목사인 새뮤얼 패리스는 절박한 심정으로 의사를 찾았다. 하지만 의사는 희망을 주기는커녕 죽음을 선고했다. 소녀들이 걸린 것은 단순한 병이 아니었다. 저 괴로움은 악마의 무리가 저지른 짓이다. 소녀들은 저주에 걸렸다는 것이었다. 가족은 그 진단에 큰 충격을 받았다.

같은 시각, 딸들의 친구이자 세일럼 마을에 사는 앤 퍼트넘 주니어(Ann Putnam Jr)와 엘리자베스 허버드(Elizabeth Hubbard)에게도 같은 증상이 나타났다. 주민들은 이 불안한 상황에 대해 이야기하며, 이웃에 사는 메리 시브리가 해결에 나섰다. 그녀는 패리스의 하인인 미국 원주민 노예 티투바에게 '마녀의 케이크'를 만들라고 지시했다. 호밀과 환자의 오줌을 섞어 만든 이 케이크를 개에게 먹이고 주의 깊게 관찰했더니 병의 원인이 판명되었다. 소녀들

은 티투바가 자신들을 저주했다고 외쳤고, 케이크를 만든 티투바 본인이 자신의 관여를 후회하며 고백한 것이다. 사실을 알게 된 패리스 목사는 전율했다. 마녀의 케이크로 마법에 대항하는 것은 자신들이 물리치려는 악마의 소행과 맞먹는 악행이며, 또 성질이 나쁘게도 자신의 하인이 범인이라고 지목됐다. 추궁을 받은 티투바는 자신은 마녀가 아니며 소녀들에게 해를 끼친 적도 없다고 주장했으나 이미 늦었다. 소녀들은 티투바 때문이라고 외쳤으며, 세일럼에 사는 사라 굿과 사라 오스본도 공범이라고 주장했다.

세 여성은 정식으로 고발당해 세일럼 마을에서 가장 큰 건물인 집회장에서 존 해손(John Hathorne)의 심문을 받았다. 마녀의 말을 듣기 위해 몰려든 마을 사람들로 집회장은 가득 찼다. 세 명은 우물쭈물하나 싶더니 달변가가 되어 도전적으로 행세했다. 사라 굿은 자신은 아무것도 하지 않았으며 사라 오스본을 탓해야 한다고 답했고, 오스본도 죄상을 부인하며 악마가 자신의 모습을 한 영혼을 썼다고, 그 일은 자

도로시 혹은 도카스 굿의 증언은 친모 사라 굿을 유죄판결로 몰아넣었다. 자신이 마녀라고 고백한 도로시는 고작 4세였다.

당신의 마녀도 체크

해당하는 것을 체크해보자. 셋 이상 해당되면 사탄의 저주를 받았을지도 모른다.

50살을 넘었다 ☐
미혼 ☐
남편을 여의었다 ☐
결혼했다 ☐
멍이나 사마귀가 있다 ☐
수다가 많다 ☐
도발적인 패션을 좋아한다 ☐
고양이를 기른다 ☐
고발당한 사람을 옹호한 적이 있다 ☐
마을 유력자와 싸우고 있다 ☐
남편과 말싸움하는 경우가 있다 ☐
돈이 많다 ☐
가난하다 ☐
교회에 가지 않는다 ☐

마녀재판은
왜 일어났는가?

고발이 급증한 데는
몇 가지 이유를
추측할 수 있다.

신의 손 Hand of God
세일럼 사람들은 재판을 신의 뜻을 따르지 않은 벌이라고 여겼다. 자신들이 죄를 저질러 '현세에 지나치게 집착했기 때문에 신은 악마가 자신들을 속이도록 두고 악마는 이웃사람을 규탄해 처형하도록 자신들을 부추겼다고 믿었다.

사기 Fraud
재판 직후 소녀들의 이야기는 단순한 날조라는 설이 퍼졌다. 그녀들은 주의를 끌고 싶었고, '발작'이나 그 외의 고통을 가장하면 주목받아 바람을 이룰 수 있으리라고 여겼다.

환각 체험 Acid Trip
소녀들의 증상은 깜부기나 호밀 중독 때문이 아니냐는 설이다. 오염된 호밀로 만든 빵을 먹은 탓에 무시무시한 발작이나 경련이 일어났을 가능성이 있다.

인디언에 대한 공포
Indian Scare
시기상 세일럼 마녀재판은 제2차 인디언 전쟁과 겹친다. 미개척지 인접지역에서 느끼는 아메리칸 인디언 습격에 대한 두려움 때문에 마녀에 대한 공포가 생기지 않았을까. 세일럼에서 고발한 소녀들 중 몇 명은 격전지에서 도망쳐 왔다.

히스테리 Hysteria
소녀들이 히스테리를 일으켰지는 않았을까. 연령상 호르몬이나 생리적 변화에 골머리를 앓고 혼란스러운 시대를 사는 소녀들의 마음과 몸에 쌓이는 스트레스가 무의식에 나타난 결과가 발작이었을지도 모른다.

병원체 Biological Pathogen
육체적 질병이 원인이라고도 추측된다. 세일럼의 동물에도 비슷한 기묘한 증상이 발견된 것, 유행성 뇌염 증상과 비슷하다는 것 등이 보고되었다.

여성혐오와 억압
Misogyny and Repression
재산 관리권을 가진 여성은 규격 외이며, 세일럼에서 고소나 처형당한 자들 중에서도 높은 비율을 차지했다. 이런 '독립한' 여성은 기존의 부권사회에 대한 위협이며, 제거해야 한다는 인식이 있었다.

이웃사람은 무슨 일만 있으면 서로를 고발하여 세일럼 마을은 혼란 상태에 빠졌다.

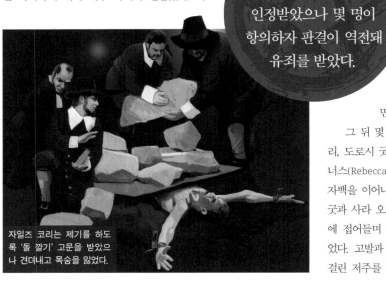

자일즈 코리는 제기를 하도록 '돌 깔기' 고문을 받았으나 견뎌내고 목숨을 잃었다.

신의 탓이 아니라고 주장했다. 한편 티투바는 아연해하는 사람들 앞에서, 자신은 유죄이며, 마술로 소녀들에게 해를 입혔다고 인정했다.

그녀는 자신은 그녀들을 해할 생각이 없었으나 사라 굿과 사라 오스본의 명령을 따랐을 뿐이라고 주장하고, 두 사람이 악행을 저지를 때 쓰는 사역마에 대해 매우 자세히 진술했다. 사

> 레베카 너스는 배심원에게 무죄라고 인정받았으나 몇 명이 항의하자 판결이 역전돼 유죄를 받았다.

라 굿에게 노란 새가 있으며 손가락 사이에서 피를 빤다. 사라 오스본에게 두 사역마가 있으며 한 마리는 털이 수북하게 난 기묘한 생물이고, 또 하나는 여성의 머리와 발이 달렸고 날개가 자라나 있다고 했다.

보란 듯이 괴로워하던 소녀들도 티투바가 말하기 시작하자 입을 다물었다. 회장은 순간 조용해진 듯했으나, 티투바가 말을 끝내자 소녀들도 다시 괴로워하기 시작했다. 티투바는 이것이 사라 굿 때문이라고 말했으며 소녀들도 끄덕였다. 회장은 떠들썩해졌고 세일럼의 선량한 마을사람들은 저마다 이야기를 나누면서 집으로 돌아갔다.

그 뒤 몇 주 뒤, 소녀들은 괴로워했으며, 추가로 마사 코리, 도로시 굿(Dorothy Good, 사라 굿의 4살 딸), 노인인 레베카 너스(Rebecca Nurse)가 고발을 받고 체포되었다. 티투바는 자백을 이어나가 자신의 피로 악마의 책에 서명했으며, 사라 굿과 사라 오스본의 서명도 보았다고 진술했다. 3월에서 4월에 접어들며 공포에 사로잡힌 마을에서 내부붕괴가 시작되었다. 고발과 체포가 눈덩이처럼 가속해 누구나 자신들에게 걸린 저주를 풀기 위해 필사적으로 발버둥 쳤다.

세이럼
빌리지

하프스위치
로드

세이럼
타운

오래된 시골과 새 마을의 경쟁이 마녀사냥의 밑바탕이 되었다?

재판 당초, 세일럼은 둘로 나뉘어 있었다. 농가가 많으며 전통적 가치를 지닌 가족이 사는 세일럼 빌리지(시골)와, 20년 정도 전부터 대두된 신흥기업가 계층이 사는 세일럼 타운(도시)이다. 한 쪽은 그리 유복하지 않은 전통적 농가, 한쪽은 여관, 상인, 시장에 적응한 농가였으며 둘 사이에서 긴장이 높아져 갔다. 주목할 점은 첫 요술 고발의 출처가 시골이며, 피고는 도시 근방의 교외 출신이었다는 것이다. 자본주의의 침식에 저항하는 고민하는 전통주의자가 재판을 일으켰을까.

🧙 피고

👈 원고

이 혼란 속에서, 메사추세츠 총감으로 임명받은 윌리엄 핍스(William Phipps) 경이 착임했다. 5월 14일 보스턴에 도착한 그는 38명이나 요술의 혐의로 투옥되어 혼돈의 소용돌이 속에 있는 지역을 목격하고 전율했다. 유능하다고 평판이 높은 그는 바로 업무에 착수해 한시도 낭비하지 않고 순회재판소(Oyer and Terminer, 청송 재판)를 설치하고 9명의 판사를 임명해 심리를 맡도록 지시했다. 세일럼 주민은 소식을 듣고 가슴을 쓸어내렸을 것이다. 혼란을 일으킨 자가 드디어 대가를 치를 것이라고 누구나 생각했다. 하지만 고발은 누그러지기는커녕 변함없는 기세로 발생해 더 많은 사람이 체포되었다. 고작 2주 뒤인 6월 2일 세일럼에서 개정할 즈음은 62명이 구치되었다. 최초로 판사의 앞에 출정한 자는 브리짓 비숍(Bridget Bishop)으로, 당시의 많은 피고처럼 그녀의 상황도 불리했다. 사건이 재판으로까지 발전하면 유죄는 거의 확실했다. 하지만 브리짓에게는 이 재판을 두려워할 다른 이유가 있었다. 왜냐하면 그녀에게는 세 번의 결혼 이력이 있었으며, 요술의 혐의로 법정에 서는 것은 이번이 처음이 아니었기 때문이다. 그녀의 두 번째 남편 토마스 올리버는 생전 그녀를 고발한 적이 있었으며, 항간

조지 버로스 목사는 강력한 요술의 증거를 근거로 고발당했다.

에서는 그녀가 적어도 남편 한 명을 저주해 죽였다는 소문이 돌았다. 한 번은 교수형을 면했으나, 세일럼의 소녀들의 증언은 결정적이었다. 증언에 따르면 브리짓은 유령과 같은 모습으로 나타나 꼬집거나 찔러 고통을 주고 악마의 책에 서명하지 않으면 물에 빠뜨려버리겠다고 협박했다고 한다.

방청객으로 붐비는 집회실에서 사람들은 브리짓이 유죄라는 증거를 목격했다. 피고가 소녀를 힐끗 쳐다본 것만으로 그녀들은 발작을 일으키고 울부짖고 몸부림쳐 사람들의 동정을 불렀다. 그리고 다른 사람이 유령의 모습을 한 브리짓이 코트를 찢었다고 증언했다. 제출된 코트는 확실히 찢어져 있었다. 브리짓은 그때까지 소녀들을 만난 적이 한 번도 없으며 자신은 무죄라고 반론했으나 소용없었다. 고발은 유지되고 유죄판결을 받아, 6월 10일 교수형이 집행되게 되었다. 세일럼 마녀재판은 최초의 희생자를 원하고 있었다.

지역에서 가장 저명한 성직자에게 조언을 구하기 위해 심리가 연기되어 광기 속에서도 잠깐의 정적이 돌아왔다. 그중 하나인 코튼 매더(Cotton Mather)—그의 이름은 세일럼의 비극과 함께 기억된다—가 대표로 조언을 보내왔다. 조언의 서두는 온당했다. 그는 악마가 악행을 저지르거나 모두를 농락할 경우, 특히 피고가 평판이 좋은 인물일 경우, 증거에 미심쩍은 부분이 있으면 '매우 확실하고 완벽한 주의'가 필요하다

요술로 고발당해도 자일즈 코리는 진술을 거부했다.

고 설명했다. 하지만 서한이 뒤로 갈수록 이러한 주의환기는 부정됐다. 소녀들의 괴로움은 불행이며, 어떻게든 막아야만 했다. 성직자들의 말을 빌리자면 자신들은 '요술이 발견돼 비난받는 신세로 전락한 자들을 신속하고 엄격하게 추궁할 수 있도록 정부에게 신청해야만 한다. 그럴 경우 신의 법에 적혀 있는 지시,

그리고 잉글랜드 국가의 건전한 법률을 따라야 한다'고 했다.

판사 중 한 명인 나다니엘 솔톤스탈(Nathaniel Saltonstall)은 브리짓이 처형된 것을 보고 혐오감을 느껴 재판에서 손을 뗐으나, 성직자의 보증을 받은 재판소는 6월 말 전원을 재소집했다. 판사는 신속히 작업을 추진해 사라 굿, 엘리자베스 하우(Elizabeth Howe), 수잔나 마틴(Susannah Martin), 사라 와일드(Sarah Wildes), 노인 레베카 너스가 유죄판결을 받고 3주도 지나지 않아 교수대에 올랐다. 또 6명이 8월 5일 유죄로 사형선고를 받고 엘리자베스 프록터(Elizabeth Proctor)만이 목숨을 건졌다(8월 19일). 그녀는 임신했기 때문에 처형이 연기된 것이다. 모두의 시신은 암석지대에 매장되었다. 그들은 공동체의 생활을 관리하는 교회에서 파문되고, 비난받았으며, 개별 매장도 거부당해 형상뿐인 묘에 묻혔다. 탄식하는 가족이 오밤

> 조지 버로스는 교수대에 올라도 주기도문을 완벽하게 읊었지만 악마의 함정이라고 일축당하고 처형당했다.

타임라인

세일럼 마녀재판에 이르기까지의 급전개

1692년 1월~2월 중순
사촌자매인 애비게일 윌리엄스와 엘리자베스 패리스가 기묘한 병에 걸린다. 지역 의사는 이를 저주라고 진단하고 마녀의 케이크로 진단이 확정되었다.

3월
소녀들의 고발을 받아 사라 굿, 사라 오스본, 티투바가 체포되어 집회소에 모인 군중 앞에서 심문받는다. 티투바는 다른 둘의 명령으로 소녀들에게 해를 끼쳤다고 고백했다.

4월
요술에 대한 공포가 퍼지면서 더 많은 주민이 악마를 따르고 있다고 고발, 체포된다. 원래 세일럼 교회를 담당하던 조지 버로스 목사도 소녀들에게 고발당했다.

무조건 확실한 일곱 가지 기준

마녀를 분간하는 것은 난제다. 다음에 열거하는 기준과 대조하면 무죄인지 유죄인지 판정하는 데 도움이 된다.

유령 Spectral evidence

1 요술의 희생자는 다른 곳에 있을 용의자 마녀가 나타나 자신을 괴롭혔다고 주장했다. 세일럼의 재판에서는 이러한 증거를 인정할지 말지가 격론의 대상이 되었다.

접촉 Witch's touch

2 증언을 확인하기 위한 가장 단순하면서 드라마틱한 검사가 용의자에게 요술의 희생자를 건드리도록 하는 것이다. 희생자가 발작을 일으키며 경련하면 용의자가 요술을 걸었다는, 즉 유죄의 증거가 된다.

목격증언 Eyewitness account

3 요술의 목격증언이 있으면 완벽하다. 증인의 평판이 좋고 용의자의 평판이 좋지 않을 경우 특히 효력이 컸다.

주기도문 Lord's Prayer

4 청교도라면 주기도문을 외울 수 있을 것이다. 제대로 외우지 못하면 유죄가 확실하며 악마와 공모하고 있다는 뜻이다. 공포나 수면부족도 변명은 되지 않았다.

물 Swimming

5 용의자의 엄지손가락과 발끝을 묶고 물에 던진다. 빠지면 무죄다(그 경우 바로 건져진다). 뜨면 유죄여서 처형대로 보내진다.

유두 Witch's teats

6 마녀의 몸을 검사하면 유두가 발견될지도 모른다. 보통 옆구리 아래, 유방 아래, 발 사이 등 '숨겨진' 부위에 있으며, 마녀는 이 유두로 사역마나 악마에게 젖을 준다.

마녀의 케이크 Witch cake

7 호밀과 저주에 걸렸다는 자의 오줌을 섞어 '케이크'를 만들고 개에게 먹인다. 개가 기묘한 행동을 하면 저주가 고통의 원인이라는 뜻이다. 이 케이크가 마녀를 알아내기 위해 쓰인다는 잘못된 설도 있다.

5월
조지 버로스가 체포. 사라 오스본이 옥사. 신임 총감 윌리엄 핍스가 순회재판소를 설치하고 마녀재판에 착수하도록 지시했다.

6월
순회재판소에서 제1회 심리가 열려 용의자 브리짓 비숍이 처음으로 출두. 그녀는 유죄 판결을 받고 갤로우즈 힐에서 교수형을 당했다.

7월
사라 굿, 엘리자베스 하우, 수잔나 마틴, 사라 와일드, 그리고 71살의 레베카 너스가 요술의 혐의로 유죄 판결을 당해 갤로우즈 힐에서 교수형을 당했다.

8월
소녀들의 증상은 호전되지 않아 세일럼 마을의 6명이 추가로 교수형을 선고받았다. 5명은 교수형을 당했으나 엘리자베스 프록터는 임신했기 때문에 목숨을 건졌다.

9월
처형은 계속됐다. 자일즈 코리는 진술을 거부해 압석 고문을 받다 숨을 거두었다. 월말 갤로우즈 힐에서 최후의 처형이 집행되었다.

1693년 1월~5월
최고법원이 구류 중인 자를 심리하기 위해 관계자를 소집한다. 고발은 파기되고 다섯 명을 제외한 피고 전원의 무죄가 확정되었다. 다섯 명은 총감의 은사를 받게 되었다.

훗날 그려진 재판의 모습은 상상을 바탕으로 하여 정확하지 않다.

숫자로 보는 재판

세일럼에서 도합 19명이 교수형으로 처형되었다

여성 14명 & 남성 5명

54 세일럼 마녀재판에서 요술을 자백한 사람의 수.

12 1692년 이전 뉴잉글랜드에서 요술의 혐의로 유죄 판결을 받아 처형당한 사람의 수.

132 피고 전체 중 여성의 수.

마사 코리는 요술로 교수당한 최후의 인물.

중에 시신을 거두러 오지 않았으면 새의 밥이 되거나 먼지가 되었을 것이다.

세일럼의 주민은 출구 없는 저주에 사로잡혔다고 느꼈겠지만, 그래도 끈기 있게 악마의 재난을 근절하도록 노력했고, 또 다른 마녀가 발견되었다. 9월이 되어도 사태는 호전되지 않아 18명의 마녀가 기소됐으며 9월 17일 9명이 유죄판결을 받고 처형을 선고받았다. 자일즈 코리(Giles Corey, 당시 81세)는 진술을 거부하며, 유죄도 무죄도 주장하지 않았다. 4월 소녀들에게 고소당한 코리는 쇠약해진 채 감옥에서 심리를 기다렸다. 많은 사람들이 그의 유죄를 증언했으나 코리는 조금도 동요하지 않고 진술을 계속 거부했다. 법률에 따라 그는 압석 고문을 받았다. 이것은 가슴 위

© Mary Evans, Top Foto, Look & Learn

에 무거운 돌을 올려 누르는 가혹한 형벌이다. 콜리는 일관적으로 묵비를 관철하고 진술을 전혀 하지 않은 채 이틀 뒤 사망했다.

9월 22일, 세일럼 사람들은 이 비극적인 처형을 보기 위해 모였다. 최후의 8명의 목숨을 구하기에는 너무 늦었으나, 10월이 다가오면서 재판에 이론을 제기하는 목소리가 커져갔다. 그중 하나가 성직자 인크리스 매더(Increase Mather)로, 세일럼 마녀재판에서 증거로 종종 언급된 유령은 도저히 인정할 수 없다고 주장했다. 핍스 총감은 아내 메리도 고소당해 동요했는지, 재판을 재검토하고 10월에 재판을 중지하도록 런던에 권고서를 보냈다. 답장이 올 때까지 체포는 중단되고 많은 사람들을 죽음으로 몰아넣은 순회재판소는 해산됐다.

1693년 1월, 앞선 재판에서 유죄판결을 내린 윌리엄 스토튼(William Stoughton)을 중심으로 새 법정이 소집되었다. 되도록 많은 죄수에게 사면을 내려 해방하는 것. 이것이 새 법정의 임무였다. 그 뒤 수개월 동안 대부분 무죄가 확정되었다. 다만 불운한 세 명은 유죄가 되어 갤로우즈 힐의 처형대에 오르게 되었다. 그들의 운을 좌우한 사람은 핍스 총감이었다. 그는 재판에 대한 험오감을 드러내며 역정을 내는 스토튼을 거들떠도 보지 않고 도합 8명에게 은사를 내려, 구치되었던 자들 전원을 해방했다. 이렇게 결판이 나 세일럼의 요술을 둘러싼 광기는 힘을 잃었다.

해방된 최후의 무리 중에는 초기부터 규탄되었던 노예 티투바의 모습도 있었다. 1년 이상 구치되었기 때문에 다시 햇빛을 보았을 때는 비참한 상태였을 것이 틀림없다. 그녀가 그 뒤 어떻게 되었는지는 분명하지 않으며, 주인이었던 패리스 목사는 구치 비용을 내지 않았기 때문에 다른 자가 그녀를 사들여 비용을 청산했다.

피폐해진 세일럼은 애가 탈 정도로 천천히, 무엇이 일어났는지를 이해하려 하며 일상을 재건해 나갔다. 양심의 가책에 괴로워하는 전 관계자도 있는가 하면 정의가 실현되었다고 주장하는 자도 있었다. 1697년 1월 단식일, 새뮤얼 슈월(Samuel Sewall) 판사의 사죄문이 낭독되고 배심을 맡은 열 명 이상의 사람들도 용서를 구했다. 그 뒤 수십 년 동안 처형당한 자들의 사면을 청하는 진정서가 제출되었으나 사건으로부터 300년 이상 지난 2001년이 되어 겨우 모두가 무죄라고 선언되었다. 그들은 평안하게 잠들었을까. 집요하게 따라붙는 망령에게서 세일럼이 해방될 날은 올 것인가.

압석
고문을 당한 자일즈 코리는 빵 두 조각과 물밖에 받지 못했다. 이틀 뒤 사망했다.

1845년 간행된 『그림으로 보는 아메리카 합중국의 역사(Pictorial History of the United States)』에서, 세일럼에서 교수형이 일상의 일부였던 모습을 그리고 있다.

Salem witchcraft.

1560년부터
1717년까지
영국에서는 요술의
죄로 약 500명이 재판에
회부되어 처형당했다고
추측된다.

Reason and Righteousness: Witchcrafts Legal History

이성과 정의, 요술을 둘러싼 법의 역사

교회와 왕실의 요술에 대한 견해는 발전을 이루어,
수 세기에 걸쳐 죄와 벌에 대한 관점에 변화가 생겼다.

1727

년, 요술의 혐의로 유죄판결을 받은 자넷 혼(Janet Horne)은 알몸이 되어 타르를 발린 채 도노흐 거리를 끌려 다닌 뒤 화형을 당했다. 브리튼 제도에서 이런 끔찍한 형이 '유죄'인 자에게 내려진 마지막 사례다.

자넷은 자신의 딸을 말처럼 타고 악마의 밀회에 간 혐의로 이웃에게 고발당했다. 딸은 날 때부터 손발에 장애가 있었는데, 타기 쉽도록 악마가 딸의 손발에 편자를 박았다는 소문이 돌았다. 이러한 증거를 토대로 지방관이 모녀에게 사형을 내렸으나 딸은 도망치는 데 성공했다.

자넷이 유죄가 된 법적 근거가, 2세기 동안 효력을 발휘한 의회의 요술죄에 관한 법적 견해와 교황 칙서를 따른 것은 명백하다. 하지만 최종적으로 법적 견해는 변화하여 요술과 그 악의는 더욱 온건하게 이해받게 되었다. 수 년 동안 요술은 이단으로 여겨져 왔다. 마녀가 악마와 공모했기 때문이었다. 흑마술은 성스러운 것의 대극에 있었다. 신비주의, 자연현상을 설명하고 해석하려는 시도, 요술사, 샤먼, 예언가, 점술가, 마녀의 개념은 인류의 역사만큼 오래되었다. 성경에는 마녀에 관한 언급이 많으며 고대 이집트의 『죽은 자의 서(Book Of The Dead)』에도 주문이 적혀 있고, 고대 그리스·로마 문명에서도 마녀의 존재가 확인됐다. 중세에는 기독교 교회와 요술사가 대립하고 1400년대 말에는 대립이 유럽 각지에 도깨비불처럼 번졌다.

1484년 12월 5일 교황 인노첸시오 8세가 발표한 칙서 '지고의 것을 추구하는 이들에게'는 200년 동안 벌어진 열성적인 마녀 박해의 계기가 되었다. 이것은 도미니코회 소속이자 이단심문관이었던 하인리히 크라머와 그의 협력자이자 마찬가지로 도미니코회 소속인 야콥 슈프랭거의 요청을 받아들여 발표되었으며, 교황은 도미니코회 수도사가 독일에서 혹독하게 마녀를 박해하는 것을 용인했고, 마녀는 낙태하며, 흉작을 부르고, 악마와 신나게 놀며, 숭배하고 있다고 단언했다.

1486년, 두 도미니코회 수도사는 공저로 『마녀를 심판하는 망치』를 발표했다. 이 책은 가차 없는 마녀의 추적과 근절의 지침서가 되어, 신의 권위 앞에서 무력해야 했을 마녀를 괴멸시켜야 할 위험으로 재정의했다. 그 뒤 40년 동안 책이 13쇄를 거듭하는 한편, 마녀를 둘러싼 히스테리는 유럽 각지에 퍼져 잉글랜드, 스코틀랜드, 아일랜드에서는 실제로 행동이 일어났다.

1589년 첼름스퍼드에서 마녀로 유죄판결을 받고, 교수형을 당한 세 여성을 그린 그림.

> 1616년 재판에서는 13세 아이가 15명의 여성을 악마에 썼었다고 고발해 적어도 9명이 교수형을 당했다.

헨리 8세 시대, 1542년 요술 금지령에 따라 요술은 중죄가 되었으며 처형으로 벌하게 되었다. 엘리자베스 1세 시대인 1563년에도 다시 요술 금지령이 반포되어, 주살은 중죄이며 사형당해 마땅하다고 정해졌다. 같은 해 스코틀랜드에서도 요술 금지령이 반포되어 마술을 행사하는 것도 마녀에게 조언을 구하는 것도 죽어 마땅한 죄라고 명기되었다.

스코틀랜드 왕 제임스 6세가 잉글랜드의 왕위에도 앉아 제임스 1세로서 즉위하자, 1604년 요술 금지령을 발포해 요술을 행사하거나 '사역마'와 협력하는 자를 극형에 처한다고 정했다. 1649년, 신앙을 강요하는 다양한 법령이 나오는 한편, 스코틀랜드 교회 총회는 1563년 금지령을 확대해 '악마와 사역마에게 기대는 자는 사형에 처한다고 규정했다. 이러한 금지령은 '성직자 특전'(요술로 유죄를 선고받아도 성경 한 구절을 읽을 수 있으면 화형이나 교수형을 면한다는 기묘한 조치)의 효력에 제한을 걸면서 수차례 강화되어 갔다.

18세기 초, 계몽사상으로 과학, 의학, 기술, 철학, 비판정신이 발달하자 영국에서 요술과 요술 사용자에 대한 인식이 큰 영향을 받았다. 1735년 요술금지령은 요술을 행사하거나 악마와 공모했다고 입증하는 것은 사실상 불가능하다는 대중의 견해를 받아들여 수정하는 자세를 보이면서, 마술을 제공하는 자, 의뢰자 대신 죽은 자와 교신하거나 미래를 예언하거나 수상쩍은 목적을 달성할 수 있다고 약속하는 자는 부랑죄

영매를 사칭한 헬렌 던컨은 1735년 요술금지령에 따라 투옥된 최후의 인물이다.

최후이 복역자

헬렌 던컨(Helen Duncan)은 어린 시절부터 영적인 재능을 지녔으며, 훗날 강령술 모임을 열어 입에서 엑토플라즘이라는 물질을 뿜어내고 죽은 자와 교신했다. 하지만 이 엑토플라즘은 분석을 통해 치즈 제조에 쓰이는 천과 계란 흰자를 섞어 만든 물질이라고 판명되었다. 1933년 모임 도중 영의 출현이 가짜라고 밝혀져서, 던컨은 체포되어 영매 사기 행위로 10파운드의 벌금을 물었다.

당국은 이전부터 그녀를 주목하고 있었으나 제대로 착수하게 된 계기는 제2차 세계대전 중 1941년 11월 포츠머스에서 열린 강령술 모임이었다. 모임에서 그녀는 영국 전함 바럼호가 침몰한다 말했고, 익사한 승무원 중 하나의 영혼이 나타났다. 전시중인 탓도 있어 바럼 침몰은 기밀사항으로 처리되고 희생자의 가족만이 소식을 들었다. 해군 관계자가 그 뒤 모임에 참가해 던컨이 사기꾼이라는 확실한 증거를 모았다. 그녀는 1944년 체포되어 1735년의 요술금지령 제4조를 근거로 고소되었다. 판결은 유죄였으며 9개월간 복역한 뒤 1945년 석방되었다. 그녀는 18세기 법률로 투옥된 최후의 인물이다.

를 물어 사기꾼으로 기소한다고 명기되었다.

영국에서는 기존의 요술금지령은 폐지되었고, 그 뒤 216년 동안 영내에서는 1735년의 금지령의 표준이 되었다. 1951년 영매 사기 행위 금지령으로 영능력자, 초능력자, 영매, 마녀가 금전을 대가로 능력을 제공하는 것이 금지되었으나 이 금지령도 2008년 5월 제정된 불공정거래로부터의 소비자 보호 규칙에 따라 폐지되었다.

© Gettyimages, Alamy

이성과 정의, 요술을 둘러싼 법의 역사

The End of Witchcraft
요술의 종언

불이 꺼지듯 유럽의 마녀박해도 가라앉았다. 박해를 끝낸 계기는 무엇이었을까?

17세기, 유럽의 마녀 박해와 수색은 천천히, 착실히 기세를 잃어갔다. 기소 건수는 점차 하락해 수가 적어지다 이윽고 소실했다. 유럽 각국은 속도는 달랐으나 마찬가지의 경과를 거쳐 17세기 후반 즈음 마녀재판은 완전히 쇠퇴했다. 하지만 예외도 있어서 잉글랜드에서는 내전 중 매튜 홉킨스의 주도로 짧은 기간이나마 마녀재판이 재개해 1682년 비드포드의 마녀가 처형되었으며, 17세기 최후의 10년에는 세일럼 마녀재판이 열렸다. 이러한 사건은 흔치 않다는 의미로 주목할 만하나, 6만 명을 죽음으로 몰아넣었다는 마녀박해 시대는 여러 상황이 겹쳐져 끝을 맞이했다. 열로 들뜬 듯한 마

> 폴란드에서는 법으로 징벌 대상이 아니게 될 때까지 수많은 요술 고발이 이어졌다

녀박해에도 불구하고—아니, 바로 그래서라고 해야 할까—, 유럽에서는 마녀재판 시대 초기부터 마녀와 요술의 실존에 의문이 던져졌다. 이미 16세기에는 적게나마 언변이 뛰어난 사람들이 피와 혼란을 부추기는 움직임을 저지하고자 펜을 들었다. 이런 교양이 넘치는 저술가들은 낙담, 분개, 불안을 표명하고 마녀박해에 이견을 제기해 사회에 씨앗을 심었다. 그 씨앗이 싹을 틔워 드디어 요술고소가 단절되기에 이르렀다.

잉글랜드 최대의 마녀재판인 세인트 오시드에서의 처형이 집행된 직후, 레지널드 스콧의 『마술의 폭로』가 발표되었다. 1584년의 일이다. 요술을 입증하는 증거의 문제점과 마녀재판을 일

사건에 대한 서적은 18세기가 되어도 마녀의 실존을 변함없이 믿는 사람들의 실태를 그리고 있다.

으킨 불합리한 사고를 밝힌 이 책은 큰 영향을 미쳤다. 스콧은 단순히 마녀가 마력을 손에 넣는 것을 신이 용납할 리 없다고 생각했다. 그러면서 고소당한 자는 기만당했을 뿐이며 악의적인 고발의 무고한 피해자이므로 두려워할 것이 아니라 동정해야 한다, 정말 해를 끼치려고 한다면 독과 같은 흔한 수단을 쓸 것이다, 주술이 존재하지 않으므로 있지도 않은 죄로 고발할 수는 없다고 주장했다. 요한 바이어(Johann Bayer)도 마찬가지로 유럽의 기소 절차와 자백을 이끌어내기 위한 고문의 유효성에 의문을 제기하고 그런 상황에서 나온 용의자의 말을 신뢰할 수 있느냐고 물었다. 이런 의문을 제시한 것은 마녀사냥 열기를 우려하는 사람들이었다.

이런 견해는 사람들을 동요시키고 혼령의 존재를 모조리 부정하는 무신론이라는 성가신 사고방식으로

이어졌다. 의논은 논쟁을 부르고 논객을 애먹였으나 수십 년이 지나자 한 문제가 부상했다. 초자연적인 방법으로 해를 입었다는 것을 어떻게 증명할 수 있는지, 할 수 있다 하더라도 그 마녀가 진범이라고 어떻게 단언할 수 있는지 말이다.

주목해야 할 점은 애초에 유럽 각지에서 마녀재판이 쇠퇴한 것이 마녀나 요술의 존재를 부정하는 태도가 전파되었기 때문이 아니라 입증에 관한 문제가 발생했기 때문이라는 점이다. 증거가 필요한데 제출할 수 없다, 증거에 관한 새 규칙이 필요하다는 것이 얼마 안 가 분명해지고, 유럽의 사법제도가 발전하고 진화하면서 요술 관련 증언이 얼마나 빈약한지를 숨길 수 없게 되었다. 판단력이 떨어지는 마을 사람에게는 의미가 있는 증거라도 유럽의 지식인에게는 충분하지 못했다.

잉글랜드의 1736년 요술 금지령 제정의 반대표는 단 한 표였다.

최후의 마녀

제인 웬햄(Jane Wenham)은 요술의 혐의로 유죄판결을 받은 잉글랜드의 최후의 인물이다. 하트퍼드셔, 워컨 마을에 사는 노인인 제인은 마녀로 규탄당해 유죄를 받았다. 당초 채프먼 집안의 하인에게 마법을 걸었다고 고발당했으나 그 뒤 17세인 앤 손(Ann Thorne)에게도 고발당해 마을도 이웃 일대도 시끄러워졌다. 웬햄이 받은 혐의는 발작을 일으키게 했다, 여자아이에게 바늘을 뱉게 했다, 고양이로 변신해 앤을 괴롭혔다 등, 과거의 마녀사냥 시대와 다름없었다. 소란이 퍼지면서 웬햄은 비웃음당하고 공격당하고, 마을은 광란 상태에 빠졌다. 웬햄을 둘러싼 여론은 둘로 나뉘어, 끈질기게 남은 초자연적 힘에 대한 확신과 이를 근절하고자 하는 계몽사상이 주장하는 회의주의가 대립했다. 웬햄이 유죄인지 아닌지, 또 요술의 문제에 대해 수많은 팸플릿이 발표되어 격론이 오갔고, 몇 년 뒤 1736년 요술금지령 제정으로 이어지게 되었다.

웬햄에게는 운이 좋게도 공판을 담당한 존 파웰(John Powell) 경은 신중파였다. 하늘을 나는 것은 위법이 아니라는 그의 주장에는 마녀 고발에도 관련된 새로운 사법상의 합리성이 명확하게 드러난다. 그는 무죄 판결을 권고했으나 배심원은 유죄를 선고했다. 그 뒤 그녀는 상고했고, 왕실의 특사를 얻어 석방돼 이성이 승리를 거두었다.

17세기 후반으로 갈수록 고문에 대한 이견은 더욱 커져 의논을 거듭한 결과 폐지되었다.

이것이야말로 철학적, 과학적 사고로 전환됐다는 사실을 여실히 보여주며, 이런 사고는 계몽사상에서 정점을 맞이하게 된다. 17세기 말경 명확한 변화가 일어나 사람들은 요술금지령이 아닌 자연법을 신뢰하고 저주의 효력을 믿지 않게 되었다. 사회는 더욱 세속적인 신념체계로 전향해서 이미 소멸해가던 시대에 막을 내렸다.

온갖 영역에서 실증할 수 있는 증거의 필요성이 높아졌으나, 요술의 고발에는 이것이 부족했다. 잉글랜드의 의사 윌리엄 하비(William Harvey)는 '마녀의 사역마'를 해부해 평범한 두꺼비와 다를 바가 없다는 것을 증명했다고 한다. 그것이 사실인지는 차치하고, 이 이야기는 유럽 각지에서 사람들이 경험적 사고로 전환되고 있는 것을 잘 보여주고 있다. 마술과 요술이 면밀한 조사의 대상이 되어 의문을 제기하게 되자, 신념 체계 자체와 규탄에 금이 가, 이윽고 와해되었다. 잉글랜드에서는 그 이전인 1604년의 요술금지령과 같은 조치를 계기로, 악마와의 공모나 마녀의 증표와 같은 대륙의 개념도 잉글랜드의 요술금지령에 편입되어 제시하기 어려운 증거를 요구하게 되었다.

이 새로운 지적 풍조 속에서 고문에 반대하는 요한 와이어(Johann Wier) 등 선구자의 의견도 착실히 뿌리를 내렸다. 공식적으로든 비공식적으로든 당시 방식에 대한 이견은 기세를 높여, 여러 의논이 오가고 다수의 문헌이 참조되었으며, 유럽의 지적 사고의 틀 안에서 토론하게 되었다. 종교로 분열된 두 진영의 논객이 이 의논에 참가할 수 있게 되고 예수회 수도사도 개신교도도 저속한 물리적 수단으로 얻은 증거를 이용하는 행위를 비난했다. 그 결과, 논문 등의 문서가 보급되면서 마녀재판에서의 고문이 줄고, 예상대로 도미노 효과가 일어나 시간이 지나면서 고발과 처형수가 감소했다.

종교상의 사고 전체가 전환된 것은 마녀 박해에 대한 불쾌감을 조장하는 요소 중 하나이기도 했다. 마녀를 근절하라는 교회의 명령은 이제 상식적으로 통하지 않았고, 존재가 용납되지 않던 '마녀'란 점술가나 독을 다루는 자를 가리킨다고 받아들여졌다. 근

거가 애매한 마녀사냥꾼의 주장을 바탕으로 박해가 이루어졌으나, 증거재판주의의 관점에서 보면 문제가 있었으며 마녀사냥의 개념 자체도 위태로워져 마녀재판은 중대한 국면을 맞이했다. 악마와 그 힘을 믿는 것은 비판의 대상이 되었고 어둠의 제왕 따위는 실제로는 무력하다는 것이 밝혀졌으며, 신의 적과 그 '수하들'은 존재감을 잃기 시작했다. 그 전까지 악마는 강력한 존재여서 자신과 손을 잡은 자에게 힘을 주었으나, 이제는 정체가 드러나 신심 없는 사기꾼, 협잡꾼이라는 사실이 판명되었다. 만약 정말 그런 자가 있다면 말이다. 악마나 악마에게 조종당한 자의 말에는 귀를 기울이지 않게 되고, 법이 정비되었으며, 끝내는 요술 고발이 봉인되었다.

사회 및 경제, 정치적인 논쟁이 요술 쇠퇴에 미친 역할도 무시할 수는 없다. 가장 가혹한 마녀사냥이 전개된 지역은 여러 차례 중앙집권이 붕괴했거나, 기능하지 않았던 곳이기도 했다. 환경이 개선되고 사법 제도와 정치적인 개혁이 추진되면서 불안정한 상황은 해소되고 결과적으로 요술의 고발 건수도 줄었다. 마녀사냥의 원인이 된 빈곤, 인플레이션, 엄격한 도덕, 흉작, 전쟁, 기아 등 일련의 상황도 시대가 지나며 개선되어갔다. 이러한 변화와 생활환경 전체의 향상, 안정성은 고발 감소로 이어졌다. 이성, 과학, 정치적 및

> 안나 골디는 고문을
> 받아 악마와 손을
> 잡았다고 고백했다.
> 그 뒤 자백을 철회했으나
> 처형당했다

"종교상의 사고 전체의 전환은, 마녀 박해에 대한 불쾌감을 조장하는 하나의 요소이기도 했다."

유럽에서 마녀로 처형당한 최후의 인물, 안나 골디.

비드포드의 마녀의 특사를 바라는 호소도 덧없게도 명예는 여전히 회복되지 않았다.

마녀의 사역마의 존재를 증명하거나 그 외의 '증거'를 제시하기 어려워서 요술 고발은 종식을 맞이했다.

최후의 마녀

인류학자이자 민속학자인 마거릿 앨리스 머레이 (Margaret Alice Murray)는 현대의 마법사와 박해를 받은 옛날의 마법사를 비교해 20세기의 마녀의 기원에 관해 탁월한 이론을 제창했다. 그녀는 1921년 발표한 『서유럽의 마녀숭배(The Witch Cult In Western Europe)』에서 마녀재판 시대에 박해를 받은 남녀는 풍요를 바라는 고대종파의 일원이며, 그들이 행한 마술과 의식은 오랜 세월 숭배되어온 전통이라고 주장했다. 박해의 시대가 지나자 남겨진 마녀 그룹은 더 이상의 문제를 피하기 위해 지하로 숨었다. 하지만 그룹은 완전 소멸하지 않고 멤버들은 조용히 의식을 계속해 현대에는 위카로서 다시 태어나 또다시 등장했다는 것이다.

머레이와 그녀의 이론의 열성 지지자에게는 안타깝게도 이 주장을 뒷받침할 근거는 거의 없다. 과거의 마녀재판에서 벌어진 13의 집회를 알아내기 위해 조사를 시도했으나 좌절됐으며, 유각신 숭배나 의식 마술 등의 기둥이 될 논거도 증명하지 못했다.

요술의 역사에 관한 머레이의 연구는 학문적 신빙성이 부족했다.

사회적, 경제적 요소에 의해 유럽사상 가장 끔찍하고 비참한 시대는 막을 내렸다.

17세기가 끝나갈 즈음, 유럽 각지에서 마녀에 관한 공식 견해가 발표되었다. 1682년에는 프랑스에서 왕령이 반포되어 요술은 적어도 표면상으로는 형벌의 대상이 아니게 되었다. 1714년에는 프로이센도 이를 따랐으며, 1736년에는 영국에서도 마녀 고발이 금지되었다.

18세기가 되고 수 년 동안 마녀를 형벌의 대상에서 제외하는 나라는 착실히 늘어났다. 합스부르크 가문이 지배하는 오스트리아에서는 1768년, 러시아에서는 1770년, 폴란드에서는 1776년에 똑같은 법률이 제정되었다. 스웨덴은 요술을 범죄로 여긴 중앙 유럽 최후의 나라로, 마녀 고발을 금지하는 법령은 1779년에야 반포되었다.

이렇게 마녀고발은 종식한 듯했으나, 현실은 그리 단순하지 않았다. 애당초 요술을 완전히 형벌의 대상에서 제외해 마녀 고발을 철저히 일소한 나라는 폴란드와 스웨덴뿐, 타국을 돌아보면 법령이 보류에 부쳐져 마녀를 고발하는 것도 처형하는 것도 여전히 이론상 가능했다. 요술 단속을 일찍이 금지한 프랑스에서 실제로 요술이 완전히 죄가 아니게 된 것은 그로부터 1세기 뒤인 1791년이었다. 독일에서는 1805년이 되어도 뷔르츠부르크에서 마녀재판이 열리고, 스페인에서는 1820년까지 이따금 요술을 고발하는 사례가 있었다. 잉글랜드에서 요술이 법령집에서 완전히 자취를 감춘 것은 20세기 중반의 일이었다.

요술 합법화를 사회 상류층은 거의 문제없이 받아들였으나 민중의 관점과 태도는 그리 쉽게 바뀌지 않았다. 유럽 각지에서 법은 성립했으나 인식이 변하기까지는 지배층이 기대한 것보다 훨씬 시간이 걸렸다. 많은 지역에서는 마녀와 악마의 힘이 실존한다고 굳게 믿었으며, 이웃사람에게 저주를 걸었다는 혐의를 받은 자도 적지 않았고 때로는 의심암귀에 사로잡힌 사람들이 스스로 매듭을 짓고자 '마녀'를 습격해 비참한 결말을 맞이하기도 했다.

낡은 사고방식과 공포는 뿌리 깊게 남아 19세기 전반, 또는 20세기가 되어도 시대착오적인 전형적 마녀의 특징에 해당하는 인물은 '마녀'로 불리며, 이른바 '피해자'에게 일어난 불행이나 병의 원흉이라고 비난받았다. 잉글랜드 남서부는 그러한 지역 중 하나여서 마녀 사건이 드물지 않았다. 1736년의 요술금지령으로 마력을 쓰는 일 자체가 아니라, 마력을 지니고 있다고 자칭하거나 마력을 믿는 일이 범죄가 되었으나, 당시의 신문은 놀랍

VINCE TE IPSVM

P. Holstern Sculp.

IOANNES WIERVS
ANNO ÆTATIS LX SALUTIS M.D.LXXVI.

요한 와이어는 마녀재판에 이견을 던진 최초의 인물로, 1563년 『악령의 환혹과 주법과 독에 관하여(The Demons And On Spells and Poisons)』를 발표했다.

태양왕 루이 14세의 이름 아래 프랑스에서 처음으로 반요술법이 제정되었다.

도록 빈번하게 마녀를 습격하거나 고발한 사건을 보도하고 있다. 실제로 18세기 전반부터 19세기 전반에 걸쳐 요술 금지령을 통해 요술이 잉글랜드에서 소멸하는 줄 알았으나, 마녀로 지목된 자가 종종 부상을 당하거나 습격을 당해, 저주를 풀기 위해 마술로 대항하는 사례도 여럿 일어났다. 하지만 '마녀'가 법령을 방패로 도움을 구하며 박해자를 고발하면 공격자와 그 친인척들은 대경실색해, 사법이 이제는 자신의 편이 아니라는 것을 알고 놀랐다. 그중 한 사례가 데본의 수잔나 세릭이다. 이 노인 여성은 10년에 두 번 자신을 공격한 자들을 고소했다. 법정은 두 번 다 그녀의 고소를 인정하고 가해자들을 벌했다.

2003년에는 비드포드의 마녀의 특사를 원하는 소송이 제기되었으나 실현되지는 않았다.

1782년 유럽의 사법제도에 의해 마녀로 처형당한 최후의 인물이 스위스 글라리스에 사는 안나 골디(Anna Göldi)다. 튜디 집안에서 하인으로 일하던 그녀는 초자연적인 힘으로 그 집안 딸들의 식사에 바늘을 넣었다고 고발당했다. 처형당한 많은 희생자와는 달리 그녀에게는 공정한 판단이 내려져서 과거에 스위스 정부가 선고한 유죄판결이 2007년 뒤집어졌다. 마녀재판 시대, 비참한 오심이 무수히 내려졌는데도 불구하고 이렇게 명예를 회복하려는 움직임은 지극히 드물었다.

영매사 헬렌 던컨은 잉글랜드에서 요술 금지령으로 투옥당한 최후의 인물이다. 그녀는 전함 발람의 침몰이 공표되기 전에 이를 맞추어 당국의 주목을 받았다. 그녀의 능력의 진위가 의논의 대상이 되고 수차례 비난받았는데, 죽은 자의 영과 교신할 수 있다고 주장한 혐의로 1736년 요술 금지령으로 유죄판결을 받고 9개월 복역했다.

세계에는 아직 요술의 혐의로 목숨을 잃는 지역이 있다. 이성의 시대라 불리는 현대를 사는 우리도 이러한 상황을 성찰해야 하며, 간과해서는 안 된다.

하지만 이러한 사상에는 밝은 면도 있다. 오랫동안 추하고 고독한 외지인이라고 비웃음을 사고 두려움을 받아온 마녀들은 우리들에게로 돌아왔다. 긍정적인 존재로 다시 태어난 현대의 마녀 위카와 그들의 마법은 20세기에 착실히 인기를 모아, 긍정적이고 힘차게, 드높은 의지를 품은 커뮤니티를 형성했다. 암흑의 시대를 잊어서는 안 되지만 21세기의 마녀는 새로운 시대를 맞이하려 하고 있다.

마녀의 역사

초판 1쇄 인쇄 2024년 5월 10일
초판 1쇄 발행 2024년 5월 15일

저자 : Future Publishing
번역 : 강영준

펴낸이 : 이동섭
편집 : 이민규
디자인 : 조세연
영업 · 마케팅 : 송정환, 조정훈, 김려홍
e-BOOK : 홍인표, 최정수, 서찬웅, 김은혜, 정희철, 김유빈
관리 : 이윤미

㈜에이케이커뮤니케이션즈
등록 1996년 7월 9일(제302-1996-00026호)
주소 : 08513 서울특별시 금천구 디지털로 178, 1805호
TEL : 02-702-7963~5 FAX : 0303-3440-2024
http://www.amusementkorea.co.kr

ISBN 979-11-274-7514-7 03920

History of Witchcraft
Original content reproduced or translated from History of Witchcraft,
a publication by Future Publishing Limited, a Future plc group company,
UK 2024. Future Publishing Limited owns or licenses the mark.

창작을 위한 아이디어 자료
AK 트리비아 시리즈

-AK TRIVIA BOOK

No. 01 **도해 근접무기**
오나미 아츠시 지음 | 이창협 옮김
검, 도끼, 창, 곤봉, 활 등 냉병기에 대한 개설

No. 02 **도 해 크툴루 신화**
모리세 료 지음 | AK커뮤니케이션즈 편집부 옮김
우주적 공포인 크툴루 신화의 과거와 현재

No. 03 **도해 메이드**
이케가미 료타 지음 | 코트랜스 인터내셔널 옮김
영국 빅토리아 시대에 실존했던 메이드의 삶

No. 04 **도해 연금술**
쿠사노 타쿠미 지음 | 코트랜스 인터내셔널 옮김
'진리'를 위해 모든 것을 바친 이들의 기록

No. 05 **도해 핸드웨폰**
오나미 아츠시 지음 | 이창협 옮김
권총, 기관총, 머신건 등 개인 화기의 모든 것

No. 06 **도해 전국무장**
이케가미 료타 지음 | 이재경 옮김
무장들의 활약상, 전국시대의 일상과 생활

No. 07 **도해 전투기**
가와노 요시유키 지음 | 문우성 옮김
인류의 전쟁사를 바꾸어놓은 전투기를 상세 소개

No. 08 **도해 특수경찰**
모리 모토사다 지음 | 이재경 옮김
실제 SWAT 교관 출신의 저자가 소개하는 특수경찰

No. 09 **도해 전차**
오나미 아츠시 지음 | 문우성 옮김
지상전의 지배자이자 절대 강자 전차의 힘과 전술

No. 10 **도해 헤비암즈**
오나미 아츠시 지음 | 이재경 옮김
무반동총, 대전차 로켓 등의 압도적인 화력

No. 11 **도해 밀리터리 아이템**
오나미 아츠시 지음 | 이재경 옮김
군대에서 쓰이는 군장 용품을 완벽 해설

No. 12 **도해 악마학**
쿠사노 타쿠미 지음 | 김문광 옮김
악마학 발전 과정을 한눈에 알아볼 수 있게 구성

No. 13 **도해 북유럽 신화**
이케가미 료타 지음 | 김문광 옮김
북유럽 신화 세계관의 탄생부터 라그나로크까지

No. 14 **도해 군함**
다카하라 나루미 외 1인 지음 | 문우성 옮김
20세기 전함부터 항모, 전략 원잠까지 해설

No. 15 **도해 제3제국**
모리세 료 외 1인 지음 | 문우성 옮김
아돌프 히틀러 통치하의 독일 제3제국 개론서

No. 16 **도해 근대마술**
하니 레이 지음 | AK커뮤니케이션즈 편집부 옮김
마술의 종류와 개념, 마술사, 단체 등 심층 해설

No. 17 **도해 우주선**
모리세 료 외 1인 지음 | 이재경 옮김
우주선의 태동부터 발사, 비행 원리 등의 발전 과정

No. 18 **도해 고대병기**
미즈노 히로키 지음 | 이재경 옮김
고대병기 탄생 배경과 활약상, 계보, 작동 원리 해설

No. 19 도해 UFO
사쿠라이 신타로 지음 | 서형주 옮김
세계를 떠들썩하게 만든 UFO 사건 및 지식

No. 20 도해 식문화의 역사
다카하라 나루미 지음 | 채다인 옮김
중세 유럽을 중심으로, 음식문화의 변화를 설명

No. 21 도해 문장
신노 케이 지음 | 기미정 옮김
역사와 문화의 시대적 상징물, 문장의 발전 과정

No. 22 도해 게임이론
와타나베 타카히로 지음 | 기미정 옮김
알기 쉽고 현실에 적용할 수 있는 입문서

No. 23 도해 단위의 사전
호시다 타다히코 지음 | 문우성 옮김
세계를 바라보고, 규정하는 기준이 되는 단위

No. 24 도해 켈트 신화
이케가미 료타 지음 | 곽형준 옮김
켈트 신화의 세계관 및 전설의 주요 인물 소개

No. 25 도해 항공모함
노가미 아키토 외 1인 지음 | 오광웅 옮김
군사력의 상징이자 군사기술의 결정체, 항공모함

No. 26 도해 위스키
츠치야 마모루 지음 | 기미정 옮김
위스키의 맛을 한층 돋워주는 필수 지식이 가득

No. 27 도해 특수부대
오나미 아츠시 지음 | 오광웅 옮김
전장의 스페셜리스트 특수부대의 모든 것

No. 28 도해 서양화
다나카 쿠미코 지음 | 김상호 옮김
시대를 넘어 사랑받는 명작 84점을 해설

No. 29 도해 갑자기 그림을 잘 그리게 되는 법
나카야마 시게노부 지음 | 이연희 옮김
멋진 일러스트를 위한 투시와 원근법 초간단 스킬

No. 30 도해 사케
키지마 사토시 지음 | 기미정 옮김
사케의 맛을 한층 더 즐길 수 있는 모든 지식

No. 31 도해 흑마술
쿠사노 타쿠미 지음 | 곽형준 옮김
역사 속에 실존했던 흑마술을 총망라

No. 32 도해 현대 지상전
모리 모토사다 지음 | 정은택 옮김
현대 지상전의 최첨단 장비와 전략, 전술

No. 33 도해 건파이트
오나미 아츠시 지음 | 송명규 옮김
영화 등에서 볼 수 있는 건 액션의 핵심 지식

No. 34 도해 마술의 역사
쿠사노 타쿠미 지음 | 김진아 옮김
마술의 발생시기와 장소, 변모 등 역사와 개요

No. 35 도해 군용 차량
노가미 아키토 지음 | 오광웅 옮김
맡은 임무에 맞추어 고안된 군용 차량의 세계

No. 36 도해 첩보·정찰 장비
사카모토 아키라 지음 | 문성호 옮김
승리의 열쇠 정보! 첩보원들의 특수장비 설명

No. 37 도해 세계의 잠수함
사카모토 아키라 지음 | 류재학 옮김
바다를 지배하는 침묵의 자객, 잠수함을 철저 해부

No. 38 도해 무녀
토키타 유스케 지음 | 송명규 옮김
한국의 무당을 비롯한 세계의 샤머니즘과 각종 종교

No. 39 도해 세계의 미사일 로켓 병기
사카모토 아키라 | 유병준·김성훈 옮김
ICBM과 THAAD까지 미사일의 모든 것을 해설

No. 40 독과 약의 세계사
후나야마 신지 지음 | 진정숙 옮김
독과 약의 역사, 그리고 우리 생활과의 관계

No. 41 영국 메이드의 일상
무라카미 리코 지음 | 조아라 옮김
빅토리아 시대의 아이콘 메이드의 일과 생활

No. 42 영국 집사의 일상
무라카미 리코 지음 | 기미정 옮김
집사로 대표되는 남성 상급 사용인의 모든 것

No. 43   중세 유럽의 생활
가와하라 아쓰시 외 1인 지음 | 남지연 옮김
중세의 신분 중 「일하는 자」의 일상생활

No. 44   세계의 군복
사카모토 아키라 지음 | 진정숙 옮김
형태와 기능미가 절묘하게 융합된 군복의 매력

No. 45   세계의 보병장비
사카모토 아키라 지음 | 이상언 옮김
군에 있어 가장 기본이 되는 보병이 지닌 장비

No. 46   해적의 세계사
모모이 지로 지음 | 김효진 옮김
다양한 해적들이 세계사에 남긴 발자취

No. 47   닌자의 세계
야마키타 아츠시 지음 | 송명규 옮김
온갖 지혜를 짜낸 닌자의 궁극의 도구와 인술

No. 48   스나이퍼
오나미 아츠시 지음 | 이상언 옮김
스나이퍼의 다양한 장비와 고도의 테크닉

No. 49   중세 유럽의 문화
이케가미 쇼타 지음 | 이은수 옮김
중세 세계관을 이루는 요소들과 실제 생활

No. 5Ø   기사의 세계
이케가미 슌이치 지음 | 남지연 옮김
기사의 탄생에서 몰락까지, 파헤치는 역사의 드라마

No. 51   영국 사교계 가이드
무라카미 리코 지음 | 문성호 옮김
빅토리아 시대 중류 여성들의 사교 생활

No. 52   중세 유럽의 성채 도시
가이하쓰샤 지음 | 김진희 옮김
궁극적인 기능미의 집약체였던 성채 도시

No. 53   마도서의 세계
쿠사노 타쿠미 지음 | 남지연 옮김
천사와 악마의 영혼을 소환하는 마도서의 비밀

No. 54   영국의 주택
야마다 카요코 외 지음 | 문성호 옮김
영국 지역에 따른 각종 주택 스타일을 상세 설명

No. 55   발효
고이즈미 다케오 지음 | 장현주 옮김
미세한 거인들의 경이로운 세계

No. 56   중세 유럽의 레시피
코스트마리 사무국 슈 호카 지음 | 김효진 옮김
중세 요리에 대한 풍부한 지식과 요리법

No. 57   알기 쉬운 인도 신화
천축 기담 지음 | 김진희 옮김
강렬한 개성이 충돌하는 무아와 혼돈의 이야기

No. 58   방어구의 역사
다카히라 나루미 지음 | 남지연 옮김
방어구의 역사적 변천과 특색 · 재질 · 기능을 망라

No. 59   마녀 사냥
모리시마 쓰네오 지음 | 김진희 옮김
르네상스 시대에 휘몰아친 '마녀사냥'의 광풍

No. 6Ø   노예선의 세계사
후루가와 마사히로 지음 | 김효진 옮김
400년 남짓 대서양에서 자행된 노예무역

No. 61   말의 세계사
모토무라 료지 지음 | 김효진 옮김
역사로 보는 인간과 말의 관계

No. 62   달은 대단하다
사이키 가즈토 지음 | 김효진 옮김
우주를 향한 인류의 대항해 시대

No. 63   바다의 패권 400년사
다케다 이사미 지음 | 김진희 옮김
17세기에 시작된 해양 패권 다툼의 역사

No. 64   영국 빅토리아 시대의 라이프 스타일
Cha Tea 홍차 교실 지음 | 문성호 옮김
영국 빅토리아 시대 중산계급 여성들의 생활

No. 65   영국 귀족의 영애
무라카미 리코 지음 | 문성호 옮김
영애가 누렸던 화려한 일상과 그 이면의 현실

No. 66   쾌락주의 철학
시부사와 다쓰히코 지음 | 김수희 옮김
쾌락주의적 삶을 향한 고찰과 실천

No. 67 에로만화 스터디즈
나가야마 카오루 지음 | 선정우 옮김
에로만화의 역사와 주요 장르를 망라

No. 68 영국 인테리어의 역사
트레버 요크 지음 | 김효진 옮김
500년에 걸친 영국 인테리어 스타일

No. 69 과학실험 의학 사전
아루마 지로 지음 | 김효진 옮김
기상천외한 의학계의 흑역사 완전 공개

No. 70 영국 상류계급의 문화
아라이 메구미 지음 | 김정희 옮김
어퍼 클래스 사람들의 인상과 그 실상

No. 71 비밀결사 수첩
시부사와 다쓰히코 지음 | 김수희 옮김
역사의 그림자 속에서 활동해온 비밀결사

No. 72 영국 빅토리아 여왕과 귀족 문화
무라카미 리코 지음 | 문성호 옮김
대영제국의 황금기를 이끌었던 여성 군주

No. 73 미즈키 시게루의 일본 현대사 1~4
미즈키 시게루 지음 | 김진희 옮김
서민의 눈으로 바라보는 격동의 일본 현대사

No. 74 전쟁과 군복의 역사
쓰지모토 요시후미 지음 | 김효진 옮김
풍부한 일러스트로 살펴보는 군복의 변천

No. 75 흑마술 수첩
시부사와 다쓰히코 지음 | 김수희 옮김
악마들이 도사리는 오컬티즘의 다양한 세계

No. 76 세계 괴이 사전 현대편
아사자토 이츠키 지음 | 현정수 옮김
세계 지역별로 수록된 방대한 괴담집

No. 77 세계의 악녀 이야기
시부사와 다쓰히코 지음 | 김수희 옮김
악녀의 본성과 악의 본질을 파고드는 명저

No. 78 독약 수첩
시부사와 다쓰히코 지음 | 김수희 옮김
역사 속 에피소드로 살펴보는 독약의 문화사

No. 79 미즈키 시게루의 히틀러 전기
미즈키 시게루 지음 | 김진희 옮김
거장이 그려내는 히틀러 56년의 생애

No. 80 이치로 사고
고다마 미쓰오 지음 | 김진희 옮김
역경을 넘어서는 일류의 자기관리

No. 81 어떻게든 되겠지
우치다 다쓰루 지음 | 김경원 옮김
우치다 다쓰루의 '자기다움'을 위한 인생 안내

No. 82 태양왕 루이 14세
사사키 마코토 지음 | 김효진 옮김
루이 14세의 알려지지 않은 실상을 담은 평전

No. 83 이탈리아 과자 대백과
사토 레이코 지음 | 김효진 옮김
전통과 현대를 아우르는 이탈리아 명과 107선

No. 84 유럽의 문장 이야기
모리 마모루 지음 | 서수지 옮김
유럽 문장의 판별법과 역사를 이해

No. 85 중세 기사의 전투기술
제이 에릭 노이즈, 마루야마 무쿠 지음 | 김정규 옮김
검술 사진으로 알아보는 기사의 전투 기술

No. 86 서양 드레스 도감
리디아 에드워즈 지음 | 김효진, 이지은 옮김
유럽 복식사 500년을 장식한 드레스

No. 87 발레 용어 사전
도미나가 아키코 지음 | 김효진 옮김
일러스트를 곁들여 흥미롭게 들려주는 발레 이야기

No. 88 중국 복식사 도감
류융화 지음 | 김효진 옮김
중국 복식의 역사를 한 권에 담은 최고의 입문서!